公民連携白書

アフターコロナとPPP

2020〜2021

東洋大学PPP研究センター 編著

時事通信社

はじめに

本書は、2006年度に、東洋大学にPPP（Public/Private Partnership）専門の社会人大学院公民連携専攻を開設して以来、全国の関係者に多くの事例や論考を提供することで、政府と市場のあり方の国民的議論の一助とすることを目的として毎年発行しており、今回が15回目の発行となる。

連続して発行することは決して容易なことではないが、15回目を迎えることができたのは、PPPの推進のためにご後援いただいている機関、ならびに、本書を楽しみにしてくださっているすべての読者、また、企画段階から尽力いただいている時事通信出版局の永田一周氏の支援のおかげであることは言うまでもない。この場を借りてあらためてお礼申し上げたい。

今回は、第Ⅰ部の特集テーマを「アフターコロナとPPP」とした。

周知の通り、新型コロナ感染症の拡大は、広い範囲にわたって大きな被害と深刻な影響を与えている。

PPPにおいても例外ではない。すでに運営開始済みのPPPプロジェクトが利用者の減少や費用の増加に見舞われ、顕在化したリスクを官民いずれが負担するのかというミクロ的な論点から、感染拡大防止や経済へのマイナスの影響の補償や積極的な経済再生において官民はどのように役割分担するのか、あるいは日本において成功したと言われている「自粛」はPPPの文脈ではど

う位置付けられるかというマクロ的な論点まで、さまざまな論点が提起された。

まず、根本祐二「新型コロナ感染症が提起した官民市民の役割分担」では、対応が3つのステージに分かれること、および、それによって生じる問題を自然災害後の対応と比較して論じた後、PPPの主体間の関係を分析する手法である「PPPのトライアングル」を用いて政府、市場、地域の各セクターおよび各セクター間のPPP契約の役割の変化および今後の変化の可能性について俯瞰的に論じた。

次いで、難波悠「コロナ対応に見る不可抗力に対する考え方」では、パンデミックを不可抗力と捉えるかどうかについて、日本、英国、フランスの法制度的な位置づけや政策対応の違いを分析した。その後には、国内外のPPP有識者19名から寄せられた「アフターコロナとPPP」のコメントを掲載した。これは、2020年11月にYouTube公開した第15回国際PPPフォーラムのスピーチビデオでの発言を、編集者の責任において、引用し整理したものである。

第Ⅱ部は、「PPPの動き」である。まず、序章として、2020年2月の内閣府PPP/PFI推進委員会の提言をもとに、根本祐二が「PPP推進上の課題と施策の方向性」を執筆した。第1章以降は、公共サービス型、公共資産活用型、規制・誘導型のPPPの3分類に沿って整理した後、PPPを取り

巻く環境とPPPの各分野での動きを整理している。

　紹介している事例は、例年通り、時事通信社iJAMPからの情報を元に取り上げた。対象期間は、2019年10月〜2020年9月を対象としている。事例数は、1040に上り類書の中では圧倒的に多数の事例を紹介している。

　是非多くの方々に本書をご一読いただき、参考としていただければ幸いである。

2020年11月
「公民連携白書」執筆者の代表として
根本祐二（東洋大学）

目　次 | 公民連携白書
2020 〜 2021

第Ⅱ部 公民連携の動き　61
2020 ～ 2021 年

序章
PPP推進上の課題と施策の方向性—内閣府PPP/PFI推進委員会提言を中心に—　63

装幀・大島恵里子
出口　　城

第 I 部

アフターコロナと
PPP

第1章 新型コロナ感染症はPPPに何をもたらしたか

東洋大学　根本祐二

1. 3つのステージによる論点整理

多様な意見を収集

新型コロナ感染症の拡大は、全世界、全分野を巻き込む未曽有のショックを与えている。

2020年、東洋大学PPP研究センターでは、毎年主催している国際PPPフォーラムのテーマを「アフターコロナとPPP」に設定し、同年12月に第15回PPPフォーラムとして開催した。

企画が立ち上がった春の時点では例年通りの集合形式の可能性も視野に入れていたが、結果的には、コロナ感染拡大防止のため、基調講演やゲストスピーチをYouTubeにて公開し、日英字幕も付して国内外問わず広く自由に閲覧していただく方式を採用した。

PPPは行動原理の異なる官民の相互理解によるパートナーシップである。対面コミュニケーションができないことはきわめて残念であったが、一方では、移動コストがかからない分、例年より多くの有識者の意見を得ることができた。PPPに関連する各国政府、国際機関、自治体関係者、研究者など計19名からスピーチ動画の提供をいただいた。スピーカーや聴衆の安全が万全に確保されることは言うまでもない。逆に言えば、新しい時代のフォーラムになったとも考えている。

各スピーカーの意見の概要は第Ⅰ部第3章にて紹介する。

スピーカーの意見は、3つのステージに整理される。筆者が驚いたのは、全員がこうしたステージごとの対応を意識したコメントをしていたことである。国や分野を問わず、同様の認識を促したという意味では、新型コロナは人類全体に対する共通の災厄であったと言えるとともに、問題の把握方法や課題の解決方法もまた共有できることを示唆している。以下、3つのステージ別に論点を整理する。

なお、残念ながら、本稿執筆時点（2020年12月上旬）でもコロナ禍は終息するどころか、拡大傾向を示している。あくまでも、現時点での論点整理ということでご容赦願いたい。

第1ステージ

図表1-1-1は3つのステージを図示したものである。

第1ステージは、図の下段の緊急対応で

図表Ⅰ-1-1　新型コロナ対応の3つのステージ

第3ステージ	
構造変化（ワークスタイル、ライフスタイル、都市構造、産業構造、インフラ・公共サービス）	
第2ステージ	
治療薬・ワクチン	経済対策
第1ステージ	
検査・治療	経済活動抑制

出典：筆者作成

ある。

この段階では、コロナウイルスの検査、陽性者の隔離や治療という医療活動が最優先される。方針策定はもっぱら政府の仕事であるが、検査や治療は政府ではなく多くの民間医療施設で行われている。軽症者用に民間ホテルの借り上げも行われている。

医療サービスの持続性は、どの国でも必要不可欠なライフラインであるが、自由主義国家では、だからといってすべて官が供給するのではなく、保険制度を含む利用者負担の原則のもと、実質的に民間主体で運営されていると言える。ちなみに、日本の場合、病院の総ベッド数のうち78％、一般診療所の総ベッド数のうち95％が医療法人、私立学校法人、社会福祉法人等の民間である。

つまり、緊急段階ですでにPPP[1]が機能していると言える。平常時に民間を中核とする医療システムが正常に機能していることが、コロナ禍においても役立つのである。

医療サービスとは別に、緊急段階では、感染拡大防止のため企業や国民に対する行動制限がかけられた。マスクの着用、商店の休業や営業時間の短縮などの措置である。大規模に行う場合は、都市封鎖、ロックダウンとも呼ばれた。いずれも、政府による規制で経済活動を制御するものであり、これもPPPの一種である。

海外では罰則を伴う措置として導入されることが一般的であったが、日本では特別措置法[2]に罰則規定はなく、それぞれの判断で導入の有無を決めるいわゆる自粛とされた。海外からは総じて称賛されている。

日本企業はなぜ自粛を受け入れるのかという点は、実は日本人にとっても難しい問題である。

第2ステージ

第2ステージは、図の中段の本格段階の対応である。

医療分野においては、治療薬・ワクチン開発が登場する。民間の医薬品会社が開発するが、開発費の支援や許認可における政府の役割も大きい。これもPPPである。

経済分野においては、企業の損失に関する補助金の支給など、経済封鎖や自粛に対する代償や、疲弊した企業を維持し再生させるための補助や需要喚起策など経済対策が発生する。経済分野としての性質上、当然民間が主体になるが、政府は規制、規制緩和、補助等の誘導措置を講じて、活動を促すもしくは抑制する。

第1ステージでは休業の代償としての給付金が支給されたが、第2ステージに入ると、経済を回す方向での拡大対策が取られる。日本におけるGo Toキャンペーンはその典型である。平時には企業に対する積極的な関与を行わないような国でも、大規模な経済対策が取られていること、また、それを評価するコメントが多い。

いずれもPPPである。

第3ステージ

第3ステージは、図の上段の構造変化である。

コロナ禍を機に、ワークスタイル、ライフスタイル、都市構造、産業構造、公共

1　東洋大学PPP研究センターで、民間が政府の規制・誘導政策に基づいて公共的なサービスを提供することを規制・誘導型PPPとして分類している。
2　新型インフルエンザ等対策特別措置法

サービス・インフラなどさまざまな社会経済構造が変化することである。

もともと、各国にはそれぞれ抱えていた課題がある。地球環境問題のように共通の課題もあれば、人口爆発と人口減少のような正反対の課題もある。そうした課題がコロナ禍により表面化し、経済社会の構造が課題に対応するために変化するのである。

構造変化の背景としては、デジタル化をあげる意見が多かった。コロナ感染は接触型コミュニケーションにより拡大するが、コミュニケーション自体はわれわれの仕事、生活に必須のものである。非接触型コミュニケーションを促すためのデジタル化が注目されるのは必然の流れである。

自然災害との類似性

3つのステージで考えると、自然災害との類似性に気づく。

すべての自然災害に共通するのが、救助・救命から復旧・復興、さらに、被災により表面化した地域が抱えている問題に対する構造変化の3段階である。

2011年の東日本大震災は、大規模な津波や原発事故の発生という人類史上まれにみる複合災害であるが、基本は、救助・救命→復旧・復興→構造変化の3段階を踏んでいる。この構造変化とは、被災地で進行していた人口減少、高齢化という構造問題が震災を機に深刻化し、まちづくりや既存産業の再構築を促したことを指している。

震災復興との相違点

一方、コロナ禍には顕著な特徴がある。まだ、医療が第2ステージに進んでいないにもかかわらず、経済は第2ステージとして対応しなければならないという点である。

もし、コロナ禍でも、治療薬やワクチンがすぐに実用化されて感染を恐れる必要がなくなり、その段階で経済を再開することができたならば、問題はここまで深刻化していなかっただろう。もちろん、やむを得ないことである。緊急段階で企業行動を抑制した時点で、多くの企業が多額の損失を被り持続可能性が低下していた。

多くのスピーカーも、両立させることの必要性を説きつつ、今の技術では矛盾を解決する回答を得られていないことを示唆していた。その代わり、同時に自然災害への対応のキーワードである強靭性や計画というキーワードを提示している点は興味深い。

現在、われわれ日本人が自然災害への対策としているのは、災害が発生した場合に、致命的な被害を負わない強さと、速やかに回復するしなやかさをもつこと、つまり強靭性である。そのためには、平常時に、想定される災害を幅広く予測し、災害が発生した場合の各主体の役割を事前に定めて訓練しておくこと、つまり計画性が重要である。

感染症も、自然災害と同じよう確実に起きるとは言えない。しかし、一定の確率で発生するということは予見可能である。予

図表 I-1-2　コロナ禍と自然災害後のステージの比較

コロナ禍		自然災害
第3ステージ		第3ステージ
構造変化（ワークスタイル、ライフスタイル、都市構造、産業構造、インフラ・公共サービス）		構造変化
第2ステージ		第2ステージ
治療薬・ワクチン	経済対策	復旧・復興
第1ステージ		第1ステージ
検査・治療	経済活動抑制	救助・救命

出典：筆者作成

図表Ⅰ-1-3　コロナ禍におけるねじれ

コロナ禍	自然災害
第3ステージ	第3ステージ
構造変化（ワークスタイル、ライフスタイル、都市構造、産業構造、インフラ・公共サービス）	構造変化
第2ステージ	第2ステージ
治療薬・ワクチン　経済対策	復旧・復興
第1ステージ	第1ステージ
検査・治療　経済活動抑制	救助・救命

出典：筆者作成

見できることであれば、社会として強靭性を持つことは可能といえる。

では、強靭な経済社会を作るためには、誰が何をすべきだろうか、PPPはどのような役割を担うことができるのだろうか。次節ではこの問題を考えてみたい。

2. PPPのトライアングルによる論点整理

PPPのトライアングル

本節では、「PPPのトライアングル」[3] を用いて論点整理を試みる。

図表Ⅰ-1-4　PPPのトライアングル

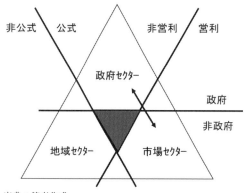

出典：筆者作成

PPPのトライアングルは、スウェーデンの政治学者ビクター・ペストフ氏が、社会

福祉サービス分野における地域内のボランティア、民間の有料サービス、政府の公的扶助などの相互関係を明確に記述したものを原型として、筆者が日本のPPPの現状に適用できるように修正・拡張したものである。

図表Ⅰ-1-4がPPPのトライアングルの概念図である。政府セクター（国、地方自治体）、市場セクター（民間企業）、地域セクター（市民、コミュニティ）が公共サービスを提供する3つの主体である。

この3つの主体は、政府か非政府か、営利か非営利か、公式か非公式かという3つの区分線によって分けられる。

社会において提供される公共サービスは、この3つの主体によって、それぞれ、もしくは連携して供給されている。公共サービスの提供主体が、トライアングル上のどこかに収れんするということではなく、多様な選択肢と、ケースバイケースでの最適な提供方法がありうるということを示している。

たとえば、介護福祉サービスを例にとると、家庭内介護や隣近所の相互扶助という地域セクター内のサービス、自治体の特別養護老人ホーム、養護老人ホームという政府セクターのサービス、民間（社会福祉法人、営利法人など）の特別養護老人ホームや有料老人ホームなど市場セクターのサービスが並存している。

民間の介護保険施設は、介護保険法という政府の制度に則りその基準を満たし介護報酬を得ることで成り立っていると考えれば、政府セクターと市場セクターの連携となる。公立の介護施設をPFIで実施する場

3　根本祐二「PPP研究の枠組みについての考察（2）」東洋大学PPP研究センター紀要2012年

合は政府セクターと市場セクターの契約で成り立つ。両者は図表Ⅰ-1-4では矢印の関係で示されている。

このように、PPPのトライアングルは、現実のPPPや政府、市場、地域セクターの関与を描写するのに優れたツールである。以下、このツールを用いてコロナ禍に対する各主体の役割を順に検討する。

政府の役割

新型コロナが社会全体に広がらないよう感染防止措置を講じること、これはすなわち公衆衛生という公共財である。一般的には政府の役割とされる。

さらに公共財には、受益の範囲によって地方公共財、全国的公共財、国際的公共財がある。

新型コロナウイルスは人の移動によって広範に拡大するものであり、広域的な政府である国や国際機関の役割が重要となる。

図表Ⅰ-1-5　政府の役割

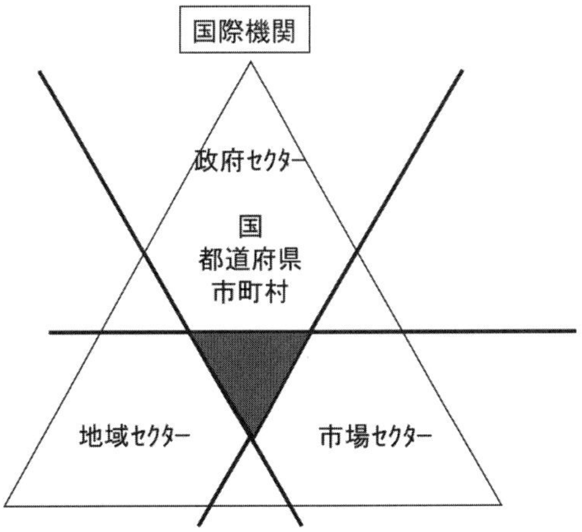

出典：筆者作成

国際機関

国際機関は国際公共財を提供する役割を担っている。コロナは疾病であり、国際機関としてはWHOが担当する。WHOが医療分野で果たした活動が適切だったかどうかの知見は持ち合わせていないが、世界的に起きた感染拡大と経済再開の論争は、医療専門機関であるWHOの範疇を超えている。他の国際機関もそのような複合的な問題を解決する能力や権限を有しているわけではない。

結果的に、医療と経済の優先順位は各国政府に委ねられた。経済を優先する国（政権）、医療を優先する国（政権）さまざまだったが、経済優先の国家の国民が比較的自由に移動することで、結果的に世界的な感染拡大を生みかねないということは言える。公衆衛生を国際公共財として位置づけ、足並みをそろえた取り組み行うための枠組みの創設は必要である。

直接公衆衛生もしくは新型コロナに対する取り組みではないが、現在、国連PPP担当では「市民ファーストPPP」（People-first PPP）を提唱している。これは、SDGsの視点から、従来のPPPの視点が経済性に寄りすぎているではないかという問題意識のもと、PPPの評価の視点を、「アクセスと公平性」、「環境の持続可能性と強靭性」、「ステークホルダーの参加」を含めた社会的な視点にシフトさせようとしているものである。今後のPPPの方向性にも影響を与える大きな動きとして注目すべきであろう（P24・25参照）。

また、経済の視点では、特に開発途上国においてコロナ禍の被害が大きく出ていることに鑑み、世界銀行が、Protecting Poor and Vulnerable People、Ensuring Sustainable Business Growth and Job Creationなどの4つの支援方針を掲げていることも大変興味深い（P27参照）。

また、多国間の枠組みとしてはEUが、

「グリーン・ディールの推進」、「経済のデジタル化推進」、「雇用の創出」を柱とするNext Generation EUという復興計画に合意した点も特筆すべきである（P54参照）。

いずれも、所得格差などによって対策にも格差が生じている状態では、世界的なパンデミックの終息も困難という問題意識に基づくものと言える。

日本における政府の役割

日本の地方分権の考え方からすれば、国よりも地方、都道府県よりも市町村の方がより提供主体になるべきであるが、新型コロナ対策は、こうした考え方よりも大きな単位で行われている。これは、ウイルスが容易に行政境界を超えるという感染症の特質による。

しかし、どの役割を誰が担うのかという観点について、必ずしもコンセンサスがあったわけではない。国と地方の役割分担はあいまいであり、地方独自の緊急事態宣言が出されたり、国がGo Toキャンペーンなど経済対策を進める一方、地方では外出自粛や時間短縮を促すなど足並みがそろっていない面もある。

都道府県と市町村で比較すると、ほぼ都道府県が役割を担ったと言える。感染拡大の範囲を想定すると市町村では狭すぎるのは確かであるが、都道府県で十分かというと実はそれでも狭い。緊急事態宣言の取り扱いに関して、首都圏4知事が足並みをそろえていた。人流の活発化、それに伴う感染リスクの拡大を考えれば、都道府県よりも大きな単位（たとえば道州）の必要性も検討すべきであろう。

民間の役割

第1節で医療について述べたほか、介護、エネルギー、交通などの公共的サービスは大半は民間が供給している。

医療、介護分野は国民健康保険、介護保険など国全体で民間（医療法人、社会福祉法人を含む）でも対応可能な仕組みが作り上げられている。民間だからといって信頼感が低下するというような状況はまったくなく、コロナ禍でも有効に機能した。

医療、介護以外のエッセンシャルワーク、たとえば、エネルギー、公共交通は、特に公共交通が需要減少に見舞われているものの、基本的には公益企業として公共的サービスを担うという社会的立場に沿って信頼性の高い行動を取っている。

以上は、いずれもPPPである。平常時に培われた社会全体としての信頼感が非常時にも機能したのは医療、介護同様である。

上記以外の一般サービスは、感染抑制期においては基本的に自粛対象になり、在宅勤務が基本になった。社会的に見てエッセンシャルではないとしても、個々の企業にとってエッセンシャルな仕事は多数ある。これらが完全に停止すれば、経済社会に与える影響は計り知れない。在宅勤務を可能

図表Ⅰ-1-6　民間の役割

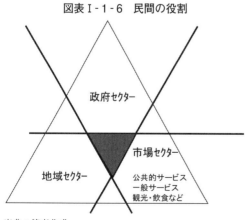

出典：筆者作成

にしたのはデジタル化の進展であり、現在、曲がりなりにも医療と経済の両立が図られていることの背景には、デジタル化によって、リスクなく経済活動ができるという要素がある。

経済を回すことの主役である民間企業は、同時に抑制された経済活動の被害者でもある。観光、飲食など中小、個人企業主体の産業は収入が激減し、廃業や経営難に陥る例も少なくない。

一方、マスク、消毒液などの衛生用品、在宅勤務用のPCや関連部品など需要が激増した産業もある。

コロナなどの感染症のリスクは今後も存在しうる。それに備えて、経済社会に新しい標準を定着させていくにあたっては、民の知恵が問われる。石油危機後にエネルギーを大量消費しない商品を開発し、それで経済を支えた省エネルギーと同様に、コロナ禍でも（あるいはコロナ禍の方が）競争力を高められる技術や商品開発が可能であろう。

第1節で述べた第3ステージの社会は民間の技術開発や創意工夫によって生み出されることは間違いないだろう。

PPP契約への影響

官と民がPPPによって役割を分担しその合意が契約によってガバナンスされているPFI等の場合、想定外のコロナ禍による影響は小さくない。

特に、市場リスクを民が負担する場合、利用者数減少は民間の利益に直結する。また市場リスクを負担しない場合でも、増加費用が発生する場合はその負担が問題となる。

この点については、国によって若干ニュアンスが異なっている。日本の場合、不可抗力として官民が誠実に協議するべきとされているが、異なる扱いがなされている国もある（第2章参照）。また、不可抗力とするとしても、事業内容、契約内容によりケースバイケースであり、官民いずれかまたは双方に不満が残ることもある。コロナにより発生した被害は、官民いずれも、相手がすべて責任を負うと期待するべきでないとの指摘もあった（P40参照）。

図表Ⅰ-1-7　PPP契約の役割

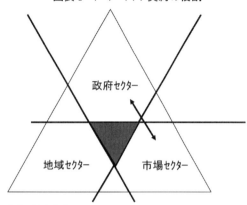

出典：筆者作成

地域の役割

日本では、緊急事態宣言以前から移動の自粛、マスクの着用などが進んでいた。世界的にはまれな現象である。

地域セクターは、PPPのトライアングル上はもっとも弱いガバナンスの領域（持続性がない）とされるが、日本に関する限り、市民の意識の高さはコロナ禍で大きな貢献をした。

しかし、あくまでも自粛であり、それに服するべきかいなか、あるいは自粛すべきケースであるかどうかのレベル感は人によって異なる。この点、法令によるガバナンスとは明らかに異なる。初期のころのパチンコ店への自粛の強要、途中での軽症者

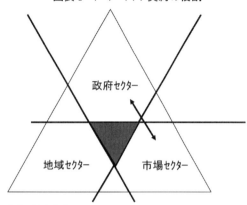

用ホテル活用への住民の反対、あるいは、マスクを着用していない利用を拒否できるかどうかという基準は、実は人によって大きく異なる。

PPPの観点からすると、こうした自粛を強制力を持つ規制にするべきかどうかが大きな論点である。

図表Ⅰ-1-8　市民の役割

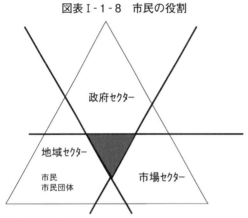

出典：筆者作成

以上は市民一人ひとりの活動であり、地域セクター全体ではない。自然災害後に大活躍するNPOなどの市民団体の活躍は、コロナ禍ではあまり聞こえてこない。感染症という特殊な事象は、団体活動自体を拒むのかもしれないが、今後の活動には期待したい。

PPPのトライアングルのまとめ

コロナの影響は、従来の官、民、市民の役割分担に混乱を与え、問い直す契機となっている。現在のところ、その完全な解は見えないが、強靭性と計画性を併せ持つ社会になるためには克服すべき課題である。本稿で述べた今後の検討課題は以下のとおりである。

①人や物の動きが日常化するグローバル化の中での感染症対策および経済との両立を調整する国際機関、多国間調整の枠組みのあり方。

②日本における感染症対策および経済との両立を調整するための国と地方の役割分担、道州など広域調整のあり方。

③政府と民間・市民との間の行動を規制するルール、自粛と補償のルール。

④第3ステージにあわせた新しい技術やサービスの開発。

⑤PFI等官民間契約における不可抗力の位置づけなど官民のリスク分担、調整ルールのあり方。

⑥NPO等市民団体の貢献のあり方。

いずれも、PPPにおける官民市民の役割の本質にかかわる問題である。他にも多数の論点があるだろう。この機会に議論や研究が深まることを期待したい。

第2章

PPP契約等におけるパンデミックの取り扱い
——日本、イギリス、フランスの不可抗力に対する考え方

東洋大学　難波　悠

コロナウイルスの感染拡大によって、空港をはじめとした観光施設や集客施設への人出が減ったことや、緊急事態宣言が出され多くの公共施設が休館となったことなどからパンデミックをPPP事業の中で不可抗力として取り扱うべきかどうかという議論が世界的に注目を集めた。ここでは、日本、イギリス、フランスでの対応を取り上げる。

1. 不可抗力の概念

日本国内では、不可抗力を法令などで明確に定義しているものはないとされる。その代わり、「天災等の不可抗力」などの表現が約30に及ぶ法令で使われているという。

PFIのリスク分担等に関するガイドラインには「不可抗力とは、協定等の当事者の行為とは無関係に外部から生じる障害で通常必要と認められる注意や予防方法を尽くしてもなお防止し得ないものと考えられる。

管理者等及び選定事業者のいずれの責めにも帰しがたい天災等、具体的には、暴風、豪雨、洪水、高潮、地滑り、落盤、落雷、地震、火災、有毒ガスの発生等の自然災害に属するものと、騒乱、暴動、戦争、テロ行為等の人為災害に属するものとに分類できる」とされている。ここでは、あくまでもしかるべき対応をしても損害が発生してしまうケースを不可抗力として認めう

ると考えられる。ただし、同ガイドラインでは同時に「維持・管理、運営期間中における天災等による施設の滅失等の不可抗力事由による損害」や「管理者等及び選定事業者のいずれの責めにも帰しがたい天災等の不可抗力事由によって、（中略）維持管理・運営段階における施設の損傷が生じ」といった表現が散見される。

この傾向は他の法令や関係する書類でも強い。建設業法では「天災等不可抗力」という表現があり、土木工事共通仕様書では「不可抗力による損害」の対応について「請負者は、災害発生後直ちに被害の詳細な状況を把握し、当該被害が契約書第29条の規定の適用を受けると思われる場合には…」と表現され、波浪、高潮、降雨、強風、河川の出水、地震、津波、豪雨などが挙げられている。

国内では、主に不可抗力としては天災や物理的ななんらかの破壊行為による施設の損傷が主眼に置かれていると考えられる。

2. 日本の対応

日本におけるPFI事業でのパンデミックの取り扱いについては、内閣府が20年7月7日に「PFI事業における新型コロナウイルス感染症に伴う影響に対する対応等について」と題した通知を発出した。当該通知では、民間事業者が「通常必要とされる注意や予防方法を尽くしても事業の設計・建

設・維持管理・運営等に支障が生じるといえる場合、基本的に『不可抗力』によるものと考えられ」る、という考え方を示した。

この通知が出される以前に緊急事態宣言が出され、3〜5月にかけて公共施設の多くが休館などを余儀なくされていたため、一部では混乱が生じた。これは、契約書の中に不可抗力に関する項目がある場合でも、地震をはじめとした天災のみや、天災に加えてテロや戦争等の人災を含んでいても、疫病を明記していないものもあり、その取り扱い方針が自治体によって異なったことや、感染予防策による追加費用の補償対象として想定されていなかったことなどによる。

サービス購入型の事業において、休館期間中に関して地方自治体がサービス対価の減額等を事業者に求めた事例もあった。

実際、PPP/PFI推進室が自治体等に対して実施した調査では、学校給食センターの案件において、休校中の給食停止期間の変動料金部分のサービス購入料の支払いについて、従来の予定給食数から一定数を引いた数で算出した事例や、「0食」として支払わない事例など、対応が大きく分かれたことも明らかになった。同調査では、現在実施中のPFI事業612件のうち影響を受けたと回答した案件が約23％の138件で、特に自治体の案件が120件に上った。影響を受けて協議を行った事業は、給食センター（28件）が最も多く、複合施設（10件）、スポーツ施設（5件）となった。

内閣府の通知では、コロナの影響が長期化することも勘案してPFI事業者との間で誠意をもって協議すること、必要な場合には各種補助金などを利用して事業者を支援することなどを求めている。また、「損害、増加費用等の中には、基本的に物件以外の損害等も含まれる」とされており、これは、地震や風水害などによる施設への物理的なダメージがない場合であっても、損害や費用増加が発生する場合には協議の対象としていると考えられる。

当然、事業の性質や提供している公共サービスの種類、契約の内容によって、コロナの感染拡大が事業に与えた影響が異なるため対応は一律ではない。これは、案件の種類や開始時期、サービスの性質、運営の安定性等が異なり、契約で定められた義務履行に与える影響が異なるためであろう。加えて、契約の中でどのような規定や補償、条件見直しの枠組み、リスク分担が規定されているかによっても異なるだろう。

特に大きな打撃を受けている空港コンセッションに関連して、国交省は、空港の経営強化に向けた支援施策パッケージの中でコンセッション空港における契約上の履行義務を緩和して空港活性化のための投資を後ろ倒しできるようにしたり、運営権対価を分割払いとしている空港の一部について支払いの猶予を認めたり、コンセッション空港の運営事業期間の延長を可能にしたりした。日本政府の対応は、事業の継続性に着目した対応であると言えるが、事業契約の内容が個々に異なるため、ケースバイケース、また、事業者からの申し出による対応等が採られている。

コンセッション事業の契約の枠組みで一つ注目されたのは、愛知県道路公社のコンセッションで導入されている「プロフィット・ロスシェア条項」である。これは、需要変動によって料金収入の目標に対して実績が増減した際に、その増減幅が一定範囲であれば運営権者の収入・負担とし、それ

を超える部分については公共の収入・負担とするものである。こういった仕組みは、従来は需要予測との乖離の緩和や事業者への事業向上へのインセンティブとして行われるものであるが、一時的な需要減少に対する対応にも役立ちうる。

国内では、コロナウイルスの感染拡大によって、入札公告前の案件が遅延したり、コロナウイルスを見越した事業そのものの見直しが行われたりした案件は出てきているものの、事業の破綻など大きな問題は生じていない。いずれにしても、PFI事業の多くが地域にとって重要な公共サービスを担っている以上、事業の継続性に配慮した対応が必要である。

3. イギリスの対応

イギリス政府は4月2日付けで、PFI/PF2契約に関するガイダンス通知（「Private Finance Initiative and PF2 Projects Supporting vital service provision in PFI/PF2（and related）contracts during the COVID-19 emergency」）を発表した。この中では、PFI/PF2事業者は、コロナ対応において「公共機関の一部として」自らを位置づけ、公共機関と連携して対応にあたるべきであると強調した上で、「コロナによる緊急事態は不可抗力事由ではなく、そのように取り扱われることもない」と明言している。これは、政府が作成しているPFIの標準契約書（SoPC）において「不可抗力」を、契約日以降に発生した①戦争、内紛、紛争、武力攻撃、②原子力、化学、生物汚染（ただし受注者、下請事業者の責によるものを除く）、③超音速で移動するデバイスによって引き起こされる圧力波―

によって受発注者が影響を受けた場合のみを限定列挙しているためである。

その上で、PFI事業者はサービス提供の義務から免れないこと、（学校の休校など）施設が閉鎖された場合には、再開の要請に対して即時に対応できる状態で施設や人員体制を維持することを求め、感染拡大予防に必要な追加費用についても措置をする方針を示した。

イギリスにおいては、PFI/PF2の最大の発注者が国民保険サービス（NHS）であり、ウイルスの感染拡大という公衆衛生の課題に直面する中で、民間事業者からサービス提供の免除や契約解除の要請が相次ぐことを危惧した面もあるだろう。

またこの通知に先立って、3月20日に内閣府が調達方針に関する通知（Supplier relief due to COVID-19）を発表している。この通知では、発注者は、仮にサービスが一時的に阻害されたり停止されたりしたとしても、当面6月末までは支払いを行うべきであるといった考え方が示された。加えてサプライヤーのキャッシュフローを支援するために、先物注文、納品時ではなく注文時の支払い、事前支払いや中間支払いなど様々な対策を講じるべきであるともしている。

費用の透明性を確保するため、受注者はオープンブック方式で情報を提供することも求めた。これらの対策は10月末まで延長され、その間に官民で対応策を協議することとした。同国内のPFI事業はサービス購入型のものが大半であることもあり、この内閣府の調達方針通知によって、当面の事業の継続については担保されるという見方であると考えられる。

さらに9月には、中央政府機関の1000

万ポンドを超える調達にあたっては「社会的価値」を評価基準として設定することを通達した。

ここでいう社会的価値とは、①コロナからの復興（コロナによる失業者の雇用、影響を受けた企業等への支援、職場環境の改善等）②経済格差の是正（雇用の創出、教育・職業訓練、サプライチェーンの強化）③気候変動対策（ネット・ゼロエミッション対策等）④機会均等（障害者雇用、職場での平等・昇進機会等に繋がる研修）⑤ウェルビーイング（職場での心身の健康、コミュニティの参画）——の５項目で、それぞれに評価対象とする活動例を示した。こういった考え方は、ウェールズのPPP手法（MIM）の調達で先行して取り入れられている。なお、ウェールズの場合、この社会的価値に関する提案内容の実施状況をサービス対価の支払いに反映させるところまで踏み込んでいる。

4. フランスの対応

フランスでの不可抗力事由の定義は英国とは大きく異なり、①債務者（受注者）の管理の及ばないこと、②予見不可能であること、③必要な対策をとっても影響が不可避であること——と民法で定義されている。2月28日には、経済財務大臣が、コロナは不可抗力と考えられ、国と中小企業の間の契約においては（契約不履行を）罰することはないと発言したと報道されている。またいくつかのプロジェクトにおいて、事業者が契約不履行について不可抗力として免責するよう求めている裁判では「不可抗力と認められる」とする判決が出されている。

経済財務省の関係者によると、コロナのパンデミックが広く不可抗力とされているかは別として、同国の法律の一般原則として、予見不可能な事象において損失が発生した場合には、官民が経済的な損失を均等に負担し合うという考え方があるという。

さらに、3月25日に公契約に関する特例法を発布した。この中では①緊急事態に対応するための業務での随意契約等の利用の他、②緊急事態宣言の期間中に満了を迎える契約で、新規契約が行えない場合に既存契約を変更し延長できる、③受注者の契約不履行や破綻があった場合には、競合禁止に関する条項がある場合でも第三者に契約業務を行わせることができる（要件を満たせば、第三者選定は事前公表なしの入札が可能）、④国の機密や安全、国益に関わる場合は公共調達の手続きから除外できる——ことを示した。この対象には、多くの場合公共調達の枠外に位置づけられているコンセッションも含んでいる。

フランスは、コンセッションの歴史が長く、PPP（フランスではサービス購入型の事業をさす）は導入後まだ15年ほどである。このため、PPPでこれまでに実施された案件は300件ほどで、それ以外はコンセッションである。医療施設等の社会サービスを中心としているイギリスとは大きく異なる。公共調達の特例法でも、不履行や破綻が起こっても第三者を探すというややドライな対応を打ち出したのは、この面も大きいだろう。

またフランスでは、不可抗力に関連してfait du prince（事実上の行為）に当たるのではないかという議論もなされた。これは、国家の命令などで民間事業者の活動に支障が生じる場合には、国家が補償を行う

とするものである。PPPやコンセッション
の契約履行にあたって、それを阻害するの
は感染症そのものよりも、感染拡大防止の
ための外出禁止令や施設の営業規制、入場
人数規制等であり、これは事実上の行為に
当たるのではないかとの考え方である。

5. PPP/PFIのこれから

　パンデミックを不可抗力事由として扱う
かどうかは、その国の法律、PPP契約の考
え方、あるいは対象となる事業者の大きさ
によっても異なる。コロナ禍は、これまで
の官民契約、リスク分担のあり方では対応
しきれないほどの影響をもたらした。

　今後のPPP/PFI事業の契約において
は、不可抗力条項の取り扱いだけでなく、
官民でのリスクの分担やリスクが顕在化し
たときの対策、費用負担や補償のあり方、
契約変更等のあり方等を契約上で定めてお
くことも必要となるだろう。特に、契約変
更についてはこれまでのPPP事業契約では
定められていないことが多く、いつ、官民
のどちらが、どのような内容について契約
変更を申し入れ、その手続きをどう進める
か、自治体の案件の場合に議会の招集・議
決のあり方、契約変更協議が調わない場合
の対応等についても今後は盛り込んでいく
ことが望ましい。リーマンショック後の
2010～15年ころには、世界各国のPPPで
契約の再交渉が行われた。

　日本ではこの傾向は見られなかったもの
の、感染拡大の長期化や今後新たに起こり
うる事象への対応のためにも、契約変更に
ついて手続きのあり方を整理しておくこと
は有用であろう。

　近年のPPP/PFI事業では、一定以上の

利益を民間事業者があげた場合に一部を事
業への再投資や公共へ還元すること等を定
めたプロフィットシェア条項を含むものが
増加している。愛知県道路公社の事例のよ
うに、損失についても官民で分担し合う仕
組みも今後検討する必要があるだろう。た
だし、この場合事業者の営業努力を促し、
怠慢を公共側に押し付けることがないよ
う、対応は必要である。

　コロナ禍がもたらした大きなリスクは、
PPP契約、官民の連携が新しい形態へ進化
するきっかけともなると期待される。

第3章 内外のPPP有識者のコメント

本章では、2020年12月にYouTube方式で掲載された第15回国際PPPフォーラム「アフターコロナとPPP」に関する内外のPPP有識者のコメントから、編集者の責任において引用・整理したものである。順番は、政府等、国際機関、自治体、専門家としている。各氏のビデオはhttp://www.pppschool.jp/で見ることができる。

各国1 波々伯部信彦

日本・内閣府民間資金等活用事業推進室　参事官

日本のPPP/PFIの動向

まず、わが国におけるPFIの実施状況について説明をさせていただきます。

1999年、今から21年前に制定されたPFI法に基づくわが国PFIの件数は、2020年の3月末の時点で累計818件、契約の合計金額は約6.6兆円になっています。

特に、2019年4月からの直近1年間の件数では77件です。単年度としては過去最高を更新したところです。

日本政府では、PPP/PFI推進アクションプランという計画を策定し、その中で、2013年4月から2023年3月までの10年間で合計21兆円という規模の事業を行うことを目標として掲げているところです。

2019年3月までの6年間の実績ですでに19.1兆円となっていまして、全体としてみれば、順調に実績を積み上げていると言えるのではないかと考えています。

ただし、問題もあります。人口20万人未満の小さな地方自治体の9割近くではまだPFI事業を実施したことがありません。

また、2011年PFI改正で導入したコンセッションにつきましても、先ほど述べたアクションプランの中で、分野別の件数の目標を掲げていますが、空港分野では進んでいるものの、上下水道分野等、その他の分野では、まだ導入が始まったばかりといういう課題もあります。

新型コロナの影響

さらに今年2020年に入ってからは新型コロナウイルスの感染拡大に伴う影響も出てきていて、今後の事業への影響がさらに大きくなっていくことも懸念しているところです。

内閣府では、この新型コロナウイルス感染症の感染拡大によるPFI事業への影響につきまして、現在PFI事業を実施している地方自治体に対して、2020年8〜9月に調査を実施したところ、約3割の自治体から何らかの影響が出てきていると回答をいただいています。

具体的な事例で申し上げますと、

① 学校の給食センターの運営事業等において自治体などから支払われるサービス対価が減少しているあるいは公共サービスの営業の停止に伴って併設されて運営されている収益施設の収益がかなり減少していること
② サーモグラフィーの設置など感染防止対策に要する費用が増加していること
③ 感染の拡大に伴う工事期間の延長に伴って費用が増加していること
などです。いずれも、現在、関係の自治体とPFI事業者との間で協議を重ねているという実態が明らかになっているところであります。

事業者支援を要請

内閣府では、このようにPFI事業が今般のコロナの影響を受けている状況から関係省庁、それから地方自治体に対して事業者に対しての支援を要請する通知を発出したところです。その内容をご紹介させていただきます。

第1に、新型コロナの感染拡大による影響が、契約上、契約当事者が制御できない不可抗力のケースに該当するのかということです。コロナの影響によって通常必要と認められる注意や予防策を尽くしたとしてもPPP/PFI事業運営に支障が生じる場合には、基本的に不可抗力に該当するものであるとの見解を示しました。

第2に、コロナの拡大のような想定外の災害が生じたような場合には、「著しい事業環境の変化」が起きているものとして、これまでのリスク分担の考え方自体が不適

切になるケースも考えられます。感染対策に要する増加費用の分担のあり方、サービスの要求水準についてもPPP/PFI事業者側と誠意をもって協議を行っていただくよう要請をしています。

第3に、公共サービスの安定的な提供や地域経済の維持のためには、現在行われているPPP/PFI事業が継続して運営されることが重要と考えられることから、感染対策に関して用意されているさまざまな補助金を最大限活用して事業者に対しての必要な支援もぜひ行っていただくことも要請をしているところでございます。

今後のPPP/PFIへの期待

新型コロナウイルスの感染症拡大による影響とその対策で、国や地方自治体の財政状況は従来にも増して厳しさを増しています。そうした状況において、今後も感染予防、あるいは社会の変化に柔軟に対応して質の高い公共サービスを引き続き提供していくためには、やはり民間の創意工夫や民間の資金を活用して効率的に公共サービスを提供するPPP/PFIの手法はむしろいっそう有効であると私どもは考えているところであります。

内閣府としましては、新型コロナウイルス感染症に伴うPPP/PFI事業への影響を引き続き注視し、またさらにその影響について検証分析を続けて、このコロナ禍、それからアフターコロナを見据えたPPP/PFIのあり方を関係者の皆様と一緒に検討していきたいと考えています。

各国2　ハビエル・エンシーナス

英国・Infrastructure Projects Authority（IPA）プロジェクト・ファイナンス・グループ
国際チーム副部長

IPAの役割

　IPAは英国政府のインフラおよび主要案件に関する専門家集団です。政府の中枢に位置し、英国財務省および内閣府の管轄にあります。IPAは、技術、商業、金融、法律、政策の多分野の専門家からなるチームで多角的な視点から活動しています。政府や産業界と協力して、個々の大型プロジェクトへの支援と世界最高のプロジェクトシステムを構築しています。

パンデミックへの対応

　コロナのパンデミックは、世界中の人々、政府機関、市場に影響を与えました。人々の心や体の健康、ライフスタイルに影響を与え、各国の生産、供給、消費のあり方を混乱させ、医療、教育、社会的保障システムの強靭性を試し、国際的に労働市場、産業、資本市場に甚大な影響を与えました。

　英国は、医療的、経済的、社会的危機に準備ができておりませんでした。これまでに80万人以上の陽性者と4.4万人以上の死者が出ています。10月のある1日だけでも2万1000人以上の新たな陽性者が出ており、これは1日当たりの症例数としては2番目に多く、パンデミックの第2段階に入っています。

　コロナ禍は、特定の人々に特に大きな影響を与えています。最も貧しい地域、マイノリティの多い地域、高齢者、基礎疾患を持つ人々、学習障害を抱える人などです。そのため、コロナへの英国の対応は社会的弱者支援を優先させようとしています。

　英国の初期対応は4つの柱を戦略として採用しました。コロナの「封じ込め」「遅延」「研究」「緩和」です。「封じ込め」には最初の陽性例の早期発見、感染者の隔離や主要な医薬品の供給を確保するための措置が含まれます。「遅延」はウイルスの拡散を遅らせ、新規感染の増加を抑制する対策です。マスクの着用と手洗いに関する啓発キャンペーン、ソーシャル・ディスタンスの確保、広範なあるいは局所的な検疫、公共および民間交通機関を利用した移動の制限、学校、オフィス、レストラン、公園、公共の建物の閉鎖などの対策です。「研究」は、体系的な臨床試験、診断の向上、最終的には新しいワクチンの開発です。オックスフォード大学とアストラゼネカのグループは有望なワクチン開発を進めています。「緩和」は、人々、特に社会的弱者の健康を守り、国民保健サービス（NHS）を守り、社会への影響を最小限に抑えるための対策が含まれています。

PFIおよびPF2への影響

　公的機関や契約事業者を支援するために「コロナ緊急時のPFIおよびPF2契約における重要なサービス提供に関するガイダンスノート」をIPAとして発表しました。

　このガイダンスノートは、内閣府が発表

した「コロナに起因するサプライヤー救済と暫定的な支払い条件に関する調達政策通知」と連動しています。（詳細は第2章参照）

インフラ投資

この最終段階には、個人、企業、プロジェクトに対する財政支援や経済の回復を促進するための野心的なインフラ投資プログラムも含まれています。

IPAは、2020-21年度の経済・社会インフラ分野における今後調達予定のプロジェクトリスト（パイプライン）を公表しました。

260以上のプロジェクト、プログラム、その他の投資を網羅する340件の契約が含まれており、今後1年間の契約額だけでも最大370億ポンドに達します。

さらには、英国首相は数十億ポンドのインフラ投資プログラムを発表しました。これは、持続可能性、包摂性、公平性と長期的な経済回復を確保し、インフラと建設業界を変革することで、より良く、より速く、より包摂的でより持続可能な建設を支援するものです。

これらの構成要素はそれぞれ意味を持っています。

「より良い建設（Building better）」は、モジュール設計、オフサイト建設、現場組立などの設計施工技術やBIMなどの技術を駆使して、資産の開発、運用、保守をより効率的に行うことです。

「迅速な建設（Building faster）」は、計画と調達プロセスの合理化です。

「包摂的な建設（Building more inclusively）」には、英国の地域間の生産性、接続性、機会の格差を縮小するために、国内で軽視されてきた地域の人材、プロジェクトプログラムに投資することが含まれています。

「持続可能な建設（Building more sustainably）」には、建設資材の削減、リサイクル、再利用、再生可能エネルギー、公共交通への投資が含まれており、これにより、2050年までに二酸化炭素の純排出量ゼロというネット・ゼロ戦略を達成することを目指します。

さらに、英国の長期的なビジョンとインフラ需要を示した国家インフラ委員会の「インフラ・アセスメント」を受けて、財務省は「国家インフラ戦略」を発表する予定です。この戦略では、人々の所得を高め、企業が新しい市場に進出するのを支援し、地域の生活水準を向上させ、英国のレベルアップを図ります。IPAは、その国家インフラ戦略の実施計画に取り組んでいます。

プロジェクトの進め方

プロジェクトの成功には、初期から正しい進め方をし、ライフサイクルを通じた支援が必要で、「5ケースモデル」や「プロジェクト立案ルートマップ」などのツールが役立ちます。インフラと大型投資のために現在、新しいプロジェクトの実行枠組みを開発中です。

迅速な実施のため、最近発表した「プロジェクト成功のための原則」を実行し、ベストプラクティスの標準化を図ります。より良いサービスを提供するため、アシュアランス評価の効果の最大化を図ります。

より高いバリューフォーマネー（VFM）を提供するため新しい公共価値の枠組みを確立し、各省庁の支出計画と成果を連動さ

せます。強靭で持続可能で革新的なサプライチェーンとの協働を効果的に行うため、民間企業の能力強化、適正な調達ルールの実施、より良い成果をもたらす商業モデルの採用を図ります。

コロナのパンデミックは非常に大きな課題ではありますが、質の高いインフラに投資する機会も提供しています。

各国3　フレデリック・ブベイ

フランス経済財務省FinInfra　プロジェクトマネジャー

質の高いインフラ投資（QII）

フランス政府は、2019年にG20の議長国であった日本が提唱、同年の会議で採択された質の高いインフラ投資（QII）原則に賛同しています。また、同会議で採択された宣言の中には、普段見過ごされがちだが非常に重要な問題でもある、（特に途上国の）公的債務の増大に対する借り手・貸し手双方の責任という点にも大きな問題意識を持っています。PPPにおいてもインフラへの民間投資は歓迎されますが、その際に累積される公的債務に対してもっと注目がされるべきであり、投資側も注意を払うべきだと思います。

QIIに限らず、中国の一帯一路、オーストラリアが提唱して設立したG20のグローバルインフラストラクチャーハブ（GIH）、日米豪のブルードットネットワーク（BDN）、日米豪印のFOIPなど、さまざまな国際的なイニシアチブが動いています。しかし、これらの活動は、いずれも政治的であり、真の国際協調となっていません。国際開発金融機関（MDBs）の活動も同様です。加盟国は世銀、アジア開銀、その他といった具合に複数重複して加盟していますが、それぞれの活動に協調性がないため、資金が効率的、効果的に使われているとは言い難い状況にあります。国際的な資金を有効に使うために、協調の必要性はさらに高まっています。

インフラ開発支援ツールへの期待

そういった中で注目しているのがSOURCEです。これは、途上国のインフラ開発支援のためのツールで、インフラの開発準備の際に考慮すべき事項が標準的に示されているだけでなく、各国の法令などへの準拠のためのローカライズもされた有効なものです。MDBsが共同で開発したデジタルプラットフォームです。

この有効性は途上国だけでなく、先進国の、特に技術力が不足している自治体にも有効であると考え、現在フランスとドイツで、自治体のインフラ開発支援ツールとしての有効性を探るためにパイロットプロジェクトを実施中です。うまく行くようであれば、ベストプラクティスの標準化を図っていきます。フランスには、37,000の自治体がありますが、インフラ開発、ましてPPPを実行する技術力が十分にあるとは言えません。自治体は基本的には政治的にも財政的にも自治権が確立されていることから、予算の使い方、インフラ開発の方法などについても、中央政府の干渉を受けず、補助金もほとんどありません。5年ごとの地域開発計画（State regional planning framework）などの中央政府や自治体間の協調の枠組みや、公的債務に関してはEUの基準（マーストリヒト条約等）があるものの、国が実施しているような予算管理（パフォーマンスベースド予算）、インフラ開発のための費用対効果分析の義務付けはないのが現状です。

復興計画とQII、PPP

QIIやSDGs等の国際的なインフラ開発のための基準と、コロナからの復興計画という点では課題もあります。復興計画においては、とにかく迅速な投資が何よりも重要です。国民や企業に直接給付をしているのもその一環です。何に対して投資するか、プロジェクトの外部性といった判断は二の次にならざるを得ません。もちろん、そういうときにもQII、SDGs等の基準に沿うことができれば理想的ですが、現実はそうなっていません。途上国では、より難しいでしょう。この点では、各国、あるいは国際的にも手順の合理化、標準化などが必要ですが、そこから始めていたら、復興のための経済刺激という点では時機を逸してしまいます。その点でも、SOURCEのような支援ツールは有用でないかと考えています。EUが策定した復興計画「Next Generation EU」の実行でもSOURCEを活用することが検討されています。

復興計画の緊急性を考えると、PPPは通常よりも準備段階で時間がかかるという課題があります。

さらに、特に途上国では資金調達（Finance）と資金回収（Funding）というのが混同されがちです。現在、各国政府の歳入落ち込みにより民間資金への期待が高まっているのは事実です。しかし、PPPによる民間資金は、主に資金調達の段階では役に立ちますが、（利用料金や税金などによる）資金回収の解決策にはなりづらいものです。同時に、オフバランス化された債務が「隠れ債務」として将来国家の財政を脅かすことになる可能性には注意が必要です。

フランスのPPP

フランスには、主に税金によって開発費用を賄うサービス購入型の「PPP」と、一般にコンセッションと呼ばれる独立採算型のモデルが存在します。

コンセッションには数百年の歴史がありプロジェクト数も豊富です。コンセッションは独立採算で需要リスクを民間が負うモデルなので、仮に失敗しても政府は次の事業者を見つけるだけで借金を抱えることはありません。

それに対してFinInfraが担当しているサービス購入型のPPPは、英国のPFIを参考に2005年にスタートした新しいものです。これまでに300件を超える事業が実施されていますが、プロジェクトが一巡したこと、公共調達制度の柔軟性が向上したこと、民間資金の調達コストが高いこと、英国が新規PFIを廃止したこと等のさまざまな理由で、市場が消滅しかかっています。

フランスでは、需要リスクを負うものであればコンセッション、そうでない場合は公共調達の柔軟性が高まったことから公的機関が資金調達するほうが望ましいという考え方になってきています。

コロナの影響

PPPやコンセッション事業に対するコロナの影響という点では、3月に「公共調達

等に関して持続性を担保するための特別法」を発布しました。

不可抗力の取り扱いについては、まずは契約書での規定が重視されますが、訴訟ではパンデミックを不可抗力として認める判決が出る傾向にあります。仮に不可抗力条項などが契約に盛り込まれていなかったとしても、一般的な原則として、予見不可能で対応困難な事象が発生した際には、官民の責任は経済的にバランスをもって対処するという考えがあり、それに基づいて官民でリスクを分担し合うことになります。

各国4　セネム・デンクタシュ

トルコ・弁護士（Hergüner Bilgen Özeke法律事務所）

トルコのコロナの状況

2020年3月10日に最初の患者が出て以降、トルコは比較的早期にパンデミックの封じ込めを行いました。夜間外出禁止令、社会的な距離のルール、都市間の移動禁止を含む移動制限、保健施策など幅広い施策です。これにより、一日当たりの新規感染者数の伸びは比較的緩やかです。

この成功は、PPPに関連づけることもできます。例えば、容易にアクセスできて手頃な価格の公的医療サービス、現在トルコ各地で運営されているPPPモデルで建設された11カ所の統合医療拠点、BOTの空港施設を改修して整備した新しいパンデミック対応施設、厚生省がPPPで実施した医療機関の相当数の集中治療室などです。

トルコのPPP

1980年代から、トルコはPPPの主要市場の一つとなりました。多くの巨大なランドマーク的なプロジェクトを実施し、投資を行っています。契約額ベースや規模で世界最大級のプロジェクトがあります。

トルコには、PPPを管理する単一の枠組みや包括的な法律はありません。しかし、国としては、分野別の法整備を行ったり、特定のモデルを開発したりしています。分野別関連法によるプロジェクトの実施について説明します。

例えば、BOT（Build-Operate-Transfer、建設・運営・移転）モデルは、インフラプロジェクト、高速道路や空港、発電所に適用されます。BLT（Build-Lease-Transfer、建設・リース・移転）は、医療や教育分野に適用されます。しかし、まだ教育プロジェクトの実績はありません。TOR（Transfer of Operating Rights、運営権の移転）は、港湾や空港で使われます。BO（Build-Operate、建設・運営）は発電所という具合です。このほか、政府間協定（IGA）で特定のPPPプロジェクトを実施しています。

トルコでは、これまでに249件のPPPプロジェクトがさまざまな分野で実施されています。分野とモデルを見てみると、少なくとも数的にはエネルギー分野がPPPの活用が進んでいる分野の一つです。BOTモデルの46％を占めています。

パンデミックと不可抗力

わが国はパンデミックにどのように対処しているのか、パンデミックがPPP契約の

不可抗力となるのかという点です。

　慣習的にトルコのPPP契約では「パンデミック」が不可抗力事由として列挙されており、民間の契約履行義務の免除対象となり得ます。予見不可能であり、契約当事者の制御を超えていること、全ての必要な対策を講じても契約当事者がその義務を履行することが難しいこと、といった普遍的な不可抗力の基準がパンデミックにも適用されます。

　PPP契約の不可抗力による義務の免除が認められるのは民間サイドだけです。多くの場合、行政サイドにはこのような救済措置が認められません。

　建設中のプロジェクトはコロナの影響を受ける可能性が高いため、契約条件に応じた不可抗力救済措置が発動される可能性が高いといえます。

　運営段階にあるプロジェクトでは、その分野や事業の目的に基づいた分析が必要です。例えば、空港業務はパンデミックの影響を受けていますが、病院の運営では、不可抗力を理由に一部あるいは全部の義務を免除することはできません。パンデミックの中であっても活動することが、医療機関の役割だからです。

　これまでのところ、コロナをPPP契約の不可抗力事由として認めるかについて政府は「無言」を貫いています。

　20年4月に発出された大統領通達において、パンデミックを「公共調達法」に基づく契約での不可抗力事由として分類しました。しかし、PPP関連のプロジェクトについては、そのような一般的な分類は発表されていません。国は、コロナの取り扱いに対して沈黙を続けていますが、これを政府の不可抗力適用に対する否定的な反応や拒否反応とみるべきではありません。

　むしろコロナに対して戦略的かつ全体像を把握しようとしていることによる慎重な姿勢とみるべきでしょう。全体像を把握した上で、関連する民間の関係者との間で合意をして不可抗力関連の施策を実施していくことになります。

　しかし、確かなことは、もし政府が特定のPPP契約に何らかの対策を採用した場合には、同分野や同方式のPPPプロジェクト全てに対して同一の対応をする必要があることです。これは、法律で課された無差別義務によるものです。

PPPによる経済の回復

　最後にお話しするのは、PPPによる経済の回復をどのように見ているのかということです。

　まず、最初に、トルコではオスマン帝国時代に始まった「コンセッション」から、PPPプロジェクトに対して国民の反対や法廷闘争が頻繁に行われていることに注意しなければなりません。

　このような傾向は新しいPPPでは弱まってはいますが、PPPプロジェクト、特にプロジェクトの優先順位付けや国による需要保証、債務引受、または他の形態の公的な資金調達支援、さらにVFM分析が芳しくない事業に対して、懐疑的な意見や批判が根強くあります。

　ポストコロナの時代、経済の悪化によってこの懐疑論に拍車がかかり、VFM分析や優先順位の精査に対して疑問が呈されるようになるかもしれません。経済の現状を見るに、政府は新規の大規模PPP事業への投資ではなく、一般的な経済回復を優先するようになる可能性もあります。

その結果、政府によって新たなPPPプロジェクトが後回しにされたり、優先順位が特に高い事業や政策上の希望があるものでない限り実施されなくなるかもしれません。

しかし、大規模なPPPプロジェクトが少し減速すると予想されるこの期間を有効に利用することもできます。それは、国、民間団体、スポンサー、金融機関など、全ての利害関係者によって、市民のPPPへの理解と受容を促進するための機会として利用することです。

国際機関 1 ジェフリー・ハミルトン

国連欧州経済委員会（UNECE）

PPP推進業務への影響

国連にとっては、政府間の会合がこれまでと同じ形では行えず、オンラインセミナーやハイブリッドになっています。それは理想的とはいいがたいです。

UNECEは国連の中で、唯一、PPPに取り組むための多国間の枠組みを持っている機関です。国連機関において、PPPへの関心は高くありません。国連国際商取引法委員会（UNCITRAL）はPPPに関するガイドラインを発行していますが、恒久的な基盤を持っているのはUNECEだけです。欧州経済委員会は、5つの地域経済委員会の一つで、他の地域委員会もPPPに興味は持っていますが、体制や専門知識が不足しています。そこで私たちは国際標準や勧告、ガイドラインなどを作成し、他の地域委員会にも活用してもらおうと働きかけています。

国連機関を巻き込もうとするのは、「持続可能な開発目標（SDGs）」に関わる問題だからです。SDGsの達成は非常に価値の高いものですし、コロナ後の世界にとってはますます重要なことです。そのために世界の人が協力し合って活動を進める必要があります。

PfPPP（市民ファーストPPP）

2015年のSDGsを受けて、UNECEではPeople-first PPP（PfPPP、市民ファーストPPP）という概念を提唱しています。PPPは、SDGsを実現するための好ましい方法の一つです。医療、再生可能エネルギー、教育、IT、ブロードバンドへのユニバーサルアクセス、その実現には多額の資金が必要です。しかし、政府、特に低中所得国には資金がありません。そこでPPPはその資金不足を補うための手法と考えられています。

同時にPfPPPは、プロジェクトが持つより広い意味合いに目を向けようとする試みです。プロジェクトの社会面、環境面、経済面での影響を考慮します。PfPPPの取り組みがSDGs達成へのドライバーとなります。

そこで、社会や環境への影響を計るPfPPPのためのアウトカムを考案しました。5つのアウトカムを提示しています。

1つ目は「アクセスと公平性」で、基礎的な公共サービスを受けられていない人に対してのサービスの提供です。

2つ目は、以前からPPPで着目されている「経済効果」です。VFMや経済効果、財

政負担などの指標です。

　３つ目の「環境の持続可能性と強靭性」は次世代のための安全な環境整備です。

　４つ目の「再現性」は、プロジェクトが一つで終わらず、他の地域などへ展開されるという意味で知識や技術の移転、研修などが重要な要素です。特に低所得国にとってはプロジェクトの再現性を高めるための研修・技能伝承の充実が大切です。

　５つ目が「ステークホルダーの参加」です。重要性は認識されているものの、PfPPPの中においても、これがきちんと機能するようにしたいと思っています。

評価方法について

　SDGsが始まった当初から、民間企業が非常に興味を持ち、プロジェクトをSDGsに適合させようとしています。ただその方法は大括りです。私たちが危惧したのは、民間企業が表面的に「私たちはSDGsの１、２、３…を達成しています」といった広報を行うことです。例えば、水道関係の会社が、「目標５は水だから私たちはSDGsを達成している」というような状態でした。

　だからもっと科学的な方法を考案する必要がありました。この評価手法には100以上の指標があります。あまり複雑になりすぎないように配慮し、気軽に使えるようにしたいと思っています。プロジェクトの自己評価のためのツールがあります。さらに第三者評価の仕組みも考えています。コンサルタントがプロジェクト、企業、政府機関について正式な評価を行うものです。

今後のPPPの重要性

　コロナがもたらしたものとして、革新的な経済政策立案が可能になることがあげら

れます。緊縮財政から経済刺激へ、インフラ投資が可能になるともいえます。

　大切なのは経済活動への資金投入であり、経済活動を元通り、あるいはよりよく再建し、経済の未来をより明るく、持続可能なものにすることです。そう言う活動がPfPPPの中で、達成されるのを見てみたいです。

　重要な側面の一つは、コミュニティの強靭性です。なぜなら、コロナ禍では、社会的にも経済的にも弱い者ほど影響を受けるのを目の当たりにしました。

　コミュニティの強靭性という概念はPfPPPを理解し、発展させていくうえで重要です。地域の強靭性を高めるプログラムとは、食糧安全保障プログラムや健康管理プログラムの開発、雇用の創出などです。PfPPPによって、雇用の拡大やイノベーションのための環境が整うのが重要です。

　他の国連機関は、PPPに批判的です。PfPPPへの強力な後押しが必要です。PPPに本気で向き合わなければSDGsを達成することはできません。そういう文脈では、Value for peopleという概念は魅力的です。国連の仲間たちにPfPPPを重要な議題として取り上げてもらいたいと願っています。

　PPPの議論の中で、あまり扱われていないテーマとして、女性の地位向上があります。国連のSDGsの一環として、女性の地位向上に真剣に取り組んでいます。PfPPPの経済効率性指標の中でも、さまざまなグループが事業に参加し、恩恵にあずかるというのを目指しています。これまでは、事業の計画の際に十分に意見が反映されてこなかった人たちです。企業が女性の活躍のために果たす役割も大きいです。そういっ

た女性の活躍を後押しする民間企業を評価しなければいけません。UNECEが認定しているPPPのICoEの一つとして男女共同参画に関するスペシャリストセンターをアフリカに設置する議論も進んでいます。男性が支配的な社会というのは未来の社会のあり方ではありません。

利益は社会にインセンティブを与えるためのメカニズムですが、儲け話に飛びついてはいけません。私たちは市民ファーストで利益ファーストではありません。今後もPPPで大儲けができるというような期待は持たないほうがいいです。金儲けからは距離を置き、PfPPPや公共財を構築するという新しいメンタリティが大切です。

国際機関2｜原　毅

世界銀行アドバイザー

私は、東洋大学PPPスクールの卒業生であり、現在は、世界銀行本部で世銀の業務戦略・政策を決定する仕事に携わっています。東洋大学PPPスクールの卒業生でもある私個人の見解をお話しさせていただきます。

世界における影響

コロナの影響は甚大であり、9月末時点で感染者数は3,300万人、死者は100万人を超えました。新規感染者の5人に4人は開発途上国で生活をしています。

世銀は6月に経済見通しを発表し、世界のGDPは20年に▲5.2％に落ち込むものの、21年には4.2％に回復するとのシナリオを提示しましたが、これは20年半ばにロックダウンが緩和されるとの仮定に基づいており、現状は、そのシナリオよりも悪く、将来見通しが難しい不確実な状況です。

直近では、先進国及び中国は成長を取り戻してきているものの、その波及効果は限定的であり、開発途上国における経済の後退は長引くことが想定されています。世銀は、「貧困と繁栄の共有報告書」を10月に発行しました。同報告書では、20年は、コロナの影響により1998年以来初めて絶対的貧困率が上昇し、新たに最大115万人、計最大729万人の人々が絶対的貧困に陥る見込みと試算しています。

また世界では、政治的・経済的・社会的に不安定な37か国でConflictが発生しており、そのような国に暮らす人の割合は世界の人口では10％ですが、絶対的貧困人口に占める割合では40％に上ります。

さらには、気候変動が、災害発生を引き起こし、保健衛生状況の悪化や食料安全保障を脅かす要因になっています。このような3C（COVID-19、Conflict、Climate）に悩まされる開発途上国に対する支援は人道的見地からも必要不可欠なものです。

また、コロナにより新たに発生する貧困層の75％は中所得国の特に都市部で生活するインフォーマルセクターや製造業に関連する職に就いていた方であることも指摘されており、ILOによると全世界で5.4％の労働時間の減少が見られたとされ、これは1億5500万人の正規雇用の労働時間が失われたことに匹敵する数字です。

　このような状況下、各国は大規模な脆弱層や企業への支援を実施していますが、開発途上国では財政余力がないため、世銀を含む国際社会が支援をする必要があります。また、開発途上国が自国の施策にあてられるような財政余力の確保に向けたアプローチの検討も重要となります。

世銀としての支援施策

　世銀グループは、コロナが全世界に広まり始めた3月以降、4月〜6月の3か月間で450億ドルという記録的な金融支援を実施しました。そのうち170億ドルはコロナ対応の支援です。6月にはコロナ危機対応として4つの支援方針を掲げたアプローチペーパーを作成しました。

　支援方針の1つ目はSaving Livesです。

　9月末時点で108カ国に対して約63億ドルの保健危機対応の支援を実施しました。融資先である開発途上国に対して世銀が支援する形で、世界で高騰する医療器具を適切な価格で供与することもできました。

　第2は、Protecting Poor and Vulnerable Peopleです。コロナ禍で困窮を極める貧困世帯を対象に開発途上国政府が行う現金給付支援へのバックファイナンスを行い、世界で約11.5億人が裨益しています。インドネシアでは65％の国民が裨益しています。

　3つ目は、Ensuring Sustainable Business Growth and Job Creationです。経済対策として、主に開発途上国の中小企業向けの流動性資金を供給するため、開発途上国の金融機関を通じた融資で支えています。

　4つ目は、Strengthening Policies, Institutions and Investments for Rebuilding Betterです。中長期的に途上国が経済、社会、政治的に安定し、強靭であるよう教育への投資や食料安全保障、生物多様性、気候変動への対応も念頭に置き、ポストコロナの新たな社会、政府の形を意識した取り組みです。

開発途上国の改革努力支援

　開発途上国では対外債務への元利払いが財政を圧迫しています。開発途上国が抱える対外債務の透明性向上や説明責任といったガバナンス体制も変革が求められます。

　世銀は、そのような開発途上国の改革努力を支援するために法制度整備支援を行い、また必要な財政資金の供与も進めています。コロナに伴う景気後退は、開発途上国の中でも、特にコモディティ輸出や観光産業に依存していた国に影響を与えています。

　保健システム強化、社会保障、マイクロファイナンス、教育といった分野から、政府のガバナンス構造改革、グローバルバリューチェーンを構成する企業への支援、運輸、エネルギー、通信、水といったインフラ整備への支援も継続して行っていく予定です。

　20年4月から21年6月までに1,600億ドルの金融支援という目標を掲げ、最も必要とする人々や社会へ資金支援が確保されるよう努めています。そして何より、影響の長期化を抑制するため、低所得国でもワクチンが入手可能となるよう120億ドルの資金規模でワクチン調達を支援します。

質の高い成長とPPPの役割

　コロナは単なる公衆衛生の挑戦ではなく、我々社会がどのように本質的な課題に対処するかを問われている貴重な機会です。

そのような課題に対処するために目指すべきは、「質の高い成長（Quality Growth）」です。恩恵が社会全体に行き渡るような「包摂的」で、環境に調和し世代を超えても「持続的」な、自然災害や公衆衛生・経済危機といったショックへの耐性がある「強靱」な、質の高い成長を達成する必要があります。

質の高い成長の定義、達成に向けたアプローチは地域ごとに異なるでしょう。いま求められている公民連携（PPP）は、政府、自治体、企業、市民が知恵を戦わせて新たな知恵を生み出し、質の高い成長を定義し、行動をおこすことです。地域の資源を元に循環する強靱な経済、社会づくりを目指して、変革を恐れずに挑戦していきましょう。

それしか真の意味でのBuild Back Betterは達成されないと考えています。

公共サービスの価値、つまりPublic Valueを決定するのは、地域の方々です。どうか、企業も含めた市民の皆さんを中心とした、社会の在り方を改めて見直し、次世代の人たちが自由で、活気ある社会の中で生きられるよう、取り組んで参りましょう。

地方自治体 1 　鈴木康友

静岡県浜松市長、資産経営・公民連携首長会議会長

資産経営・公民連携首長会議

最初に私が代表幹事を務める資産経営・公民連携首長会議についてご紹介します。この会議は2015年に、地方自治体の経営を預かる首長が相互に連携し地方自治体の資産経営、公共施設マネジメント、公民連携の先導的役割を率先して果たしていくとともにベストプラクティスを互いに学び、切磋琢磨することを目的としています。毎年定例研究会総会を開催し、現在56自治体が参加しています。これからも地方自治体の資産経営、公民連携における情報収集や情報交換を実施し、質の高い市民サービスへつなげていければと思っています。浜松市は05年の合併により全国2位の市域面積となり、道路延長は全国1位、2000を超える公共施設を抱えているため、積極的な公共施設マネジメントに取り組んでいます。

浜松市の迅速な対応

今回のコロナ禍での浜松市における取り組みについてお話しします。

日本全国の緊急事態宣言を受け、本市でも、まずは市民の安全を守ることを第一に感染拡大防止の取り組みを行う一方、様々な自粛要請に伴う経済活動の停滞の影響を受けた市民への支援も迅速に行いました。

感染拡大防止と経済活動の両立対策の具体例として、まずは「はままつ安全・安心な飲食店認証制度」をご紹介します。

感染予防対策の基準をクリアした店舗を安全・安心な飲食店として市が認証し、市民が安心して来店できる環境であることを周知します。商工会議所や金融機関とも連携し商店の活用を呼びかけています。

また感染症の影響の長期化を見据え、新しい生活様式に対応するための備品の購入、設備の設置、施設の改造などに補助金

を交付し、利用者による感染対策を促進しました。さらに三密対策として、地元の木材資源であるFSC認証材の天竜材を活用した衝立などを購入設置した事業者に対しても補助金を交付しました。本市にはFSC認証森林からなる広大な森林資源があり、この補助金は林業の活性化や森林資源の循環利用森林の保全にもつながると考えています。

地域経済支援策

大型経済対策による地域経済支援策として、電子決済サービスの「PayPay」と連携し、市内の飲食店や小売事業者に最大30％ポイント還元のキャンペーンを実施し利用者の消費活動を促し、7月の1カ月間で約20億円の経済効果がありました。この本市の取り組みは全国に広がっています。

また、インターネットショッピングモールの「楽天」と連携してオンラインで地場産品を販売し、地元の事業者を支援しています。その他、デジタルの活用による対策として「はままつLINEコロナ身守りシステム」、株式会社ロコガイド社の混雑ランプなど民間事業者のシステムを活用し、市民が安心して店舗や公共施設などを訪れることができるようにしています。地域の多様な配送資源をつなぎ、フードデリバリーを行うプラットフォームを構築中で、完成したらシステムを全国へ広めたいと考えています。

このように本市であらゆる角度からの対策を迅速に実施できたのは、従来から財政の健全化に努めていたことにより、豊富な財政調整基金等を、余裕を持って活用できたことが大きかったと思います。

デュアルモード

ウィズコロナ時代には、ビジネス・教育・医療など幅広い分野でのオンライン化やリモート化の進展、三密回避等の新しい生活様式の実践など「ニューノーマル」といわれる新しい常識や状態が生まれています。

こうしたことから経済活動を優先した「経済モード」と市民の健康と安全を最優先にする「安全モード」の二つのモードをあらかじめ備え、社会状態に合わせて混乱なくスムーズに入れ替えることができる「デュアルモードソサエティ」に対応した体制づくりが必要です。例えば働き方であれば通勤とリモートワーク、教育であれば通学とリモート学習、診療においても院内診療とオンライン診療などが挙げられます。

デジタルファースト

これらを進めるためには、民間との連携やデジタルの活用がいっそう重要になると考えます。本市では19年10月「デジタルファースト宣言」を行い、都市づくり、市民サービス、自治体運営の三つの戦略分野で、AI・ICT等の先端技術やデータ活用などでデジタルの力を最大限に生かし、持続可能な都市づくりを行う決意を示しました。

そして20年の4月デジタルスマートシティ推進事業本部を設置するとともに、官民が連携して推進していく体制作りとして、「浜松市デジタルスマートシティ官民連携プラットフォーム」を設立いたしました。

地域の強みの発揮

本市は都市部、都市近郊型農業が盛んな平野部、豊富な水産資源に恵まれた沿岸

部、広大な森林を擁する中山間地域等、全国に類のない多様性を持つ国土縮図型都市です。

また中部地方で名古屋に次ぐ第二の都市であり、基本的な都市機能が完備されています。東京・大阪・名古屋へのアクセスの良さも加わり、二拠点居住、二拠点活動に最適といえます。これからは東京一極集中から地方分散化により、オフィスの地方移転が加速するのではないでしょうか。

そのため本市では首都圏を中心とした企業の移転の受け皿として、公共施設の余剰空間を活用して市内3カ所にサテライトオフィスを整備しました。民間でも、金融機関が市の補助金を活用して国内最大級のインキュベート施設を整備し、運営していま

す。今後も大都市から地方へリスク分散する企業を受け入れ、働き方の変化に伴う多拠点居住の拠点整備やサテライトオフィス設置支援、ワーケーションへの対応強化により、関係人口の創出、拡充を図っていきます。

これからは財政事情も厳しい中ではありますが、大きく変化する社会に対応するため需要リスクの再構築や規制緩和による民間事業者の参画意欲の向上を促すなど、行政の創造性と柔軟性が今まで以上に問われる時代となります。

この機会に、皆様がお持ちの知恵を財産として共有し、これからの社会に適応する事業手法を生み出す糧となることを祈念しております。

地方自治体2　ロン・カーリー

オールド・ドミニオン大学准教授（元国際シティマネジメント協会専務理事）

米国もコロナにより、感染や死者、経済不況という二つの課題に直面しています。さらに社会正義を求める運動が活発化しています。最近では、第四の課題も発生しています。気候変動による大規模な山火事です。

米国の状況

米国では9月中旬の時点で、630万人以上の感染者と19.1万人以上の死者が出ています。1日で患者は3万人、死者は1000人増加しています。人口規模を調整すると、日本に比べて米国の感染率は33倍、死亡率は53倍です。10万人あたりの累積症例数ではアメリカはペルーとブラジルに次ぐ数値です。これは今後も続くでしょう。

私は、ノースカロライナ州シャーロット市やバージニア州アーリントン郡のマネジャー、国際シティ・マネジャー協会（ICMA）のCOOなど自治体幹部としてキャリアを過ごしました。この経験上、政府だけではこの課題は解決できないと知っています。

Forward757

私が住むバージニア州のハンプトンローズでは、自治体と企業が連携してコロナからの復興に向けた解決策の立案、実行に取り組んでいます。このPPPの取り組みは「Forward757」として知られています。757は地域マーケティングのための愛称です。自治体と企業で構成するPPP組織「ハ

ンプトンローズ・アライアンス」が中心と
なって委員会を開催し9分野にわたる経済
復興計画を策定しました。目標は地域の将
来の経済と強靱性の強化、地域の全員が経
済回復、繁栄できるようにすることです。
報告書は、PPPを通じて行動に移される予
定です。

分権と不統一

　米国のコロナ対応を理解するには、分権
が進んでいることを認識する必要がありま
す。連邦政府は州から委任された権限を持
ち、50州がそれ以外の権限を留保していま
す。自治体は各州のルールで作られ、多様
な権限と独立性を持っています。全米には
3万8000以上の自治体的な政府がありま
す。ハンプトンローズにも17の自治体があ
り、人口規模は8000〜50万人、面積も8〜
600平方マイルとさまざまです。

　権限が分散しているために、ウイルス、
不況、社会正義という3つの課題に対し、
政府が統一的な対応をとるのが困難です。

　まず、コロナのような危機には国家戦略
が必要です。政府はパンデミックの準備が
できていませんでした。個人用保護具
（PPE）の不足は予防できたはずですが、
価格が高騰し必要な人に届かない状態にな
りました。適切なPPEの提供は、効果的な
PPPになり得たはずです。

大不況

　第二の影響は大不況です。全米で2000
万人の雇用が失われました。8月の失業率
は8.4％となり、一時の15％から改善した
もののパンデミック前の2倍以上です。第
2四半期のGDPは32％低下しました。停
止中の企業や個人を支えるため、米議会は

約3兆ドルの大規模な景気対策法案を可決
しました。一方、米国の債務はGDPの98％
に増加し債務残高は20兆ドル超です。景気
刺激策の恩恵は尽き、追加策に行き詰まっ
ています。経済の先行きは不透明です。

社会の分断

　第三は社会正義です。コロナと不況は、
アフリカ系アメリカ人に対して特に影響を
与えました。白人の米国市民と比較してア
フリカ系市民の死亡率は2.4倍、失業率は
1.8倍です。警官による暴行事件がきっか
けで社会運動が起こっています。社会正義
の実現には官と民の行動が必要です。その
兆候はBlack Lives Matterにも表れていま
す。人種問題は難しい課題ですが、76％の
人が人種や民族の多様性を良いことだと考
えています。そして、黒人も白人も大多数
が、いずれ解決策が見つかると信じていま
す。

復興

　復興に目を向けましょう。3つの行動が
コロナの脅威を軽減すると科学的に認めら
れています。人との距離を保つ、マスクを
する、手洗いです。これらの行動には官と
民の協調やパートナーシップが必要です。

　まず、人との距離を保つこと。アメリカ
人は、物理的な距離を縮める習慣がありま
す。アメリカではあいさつで握手やハグを
します。日本での礼儀正しいおじぎや距離
を保つ習慣は、アメリカ人にも参考になり
ます。

　大規模な集会は課題です。19年のPPP
フォーラムで講演した後、妻と私は京都を
訪れました。乗車前に、新幹線がていねい
に清掃される様子を覚えています。京都は

オフシーズンにも関わらず、歩道や公園、アーケードは混雑していました。桜の開花時期にはさらに混雑すると聞きました。

日本では、友人との会食が良い思い出です。食卓を囲み、美味しい和食と飲み物を共有し、笑い、話をし、世界の問題を解決するのです。依然として、飲食店は最も危険な場所の一つです。今後も規律の欠如、大きな集まり、飲食店によって感染拡大は繰り返されるでしょう。

第二の行動はマスクの着用です。これも日本はアメリカより優位です。マスク着用の義務化は政府の行き過ぎで、憲法で保障された自由の侵害だと考える人もいます。マスク着用を徹底できないことでウイルスはさらに拡散します。

第三は手洗いです。私が見る限り、アメリカでは日本ほど手洗いが徹底されていま

せん。日本では食事の際おしぼりも提供されますが、アメリカではありません。

結論を述べます。全米での感染者は増減を繰り返しています。コロナの抑制にはあらゆるレベルの政府と企業が徹底して以下のような行動を協力して行うことです。科学に基づいた一貫した誠実なメッセージの発信、マスク着用、距離を保つ、手洗いの徹底、距離を保てるように職場や商習慣を再設計することです。

成功には国民の協力と用心が必要なので、堅固な官民パートナーシップによって安全な行動を示し続けるのです。いまこそPPPは、実験し、革新し、科学とデータを活用して復興を達成、持続させるのです。これまでの教訓を活かして、より強靭になり、明日直面する課題に備える時です。

地方自治体3 ジョン・マクダーナ

米国・サウスカロライナ州グリーンビル市シティ・マネジャー
元米国・サンディスプリングス市シティ・マネジャー

サウスカロライナ州グリーンビル市シティ・マネジャーのジョン・マクダーナです。サンディスプリングス市にいた頃から東洋大学との付き合いは長いです。私の新しい町を紹介します。

グリーンビルは、人口約7万人の美しい活気のある都市で、アメリカ南部の二大都市、ジョージア州アトランタ市とノースカロライナ州シャーロット市の間に位置します。文化とエンターテインメントの中心地でもあり、毎年500万人以上の観光客が訪れる人気の観光地でもあります。多数の公園が、特有の魅力を高めています。経済的

安定性、生活の質と自然の美しさから、全米で最も住みやすい都市の一つとされています。

PPPによる中心部開発

しかし、昔からそうだったわけではありません。並木道のメインストリートは、数十年前空き家だらけでした。全米の多くの街と同様に中心部は郊外のショッピングセンターに侵食されていました。民間開発を促進するため、リーダーたちはメインストリートを再整備し、オフィス、住宅、エンターテインメントに適した雰囲気に作り変

えました。

　ダウンタウン活性化戦略では、将来の開発の触媒となるPPPを通じた複合拠点づくりが行われました。

　グリーンビルの代表的なPPPの一つは、2006年にオープンした野球場、フルーアフィールドです。ダウンタウンの歴史地区の拠点にもなっています。市が造成した土地を、マイナーリーグの新チーム「グリーンビル・ドライブ」の所有者に借地しています。市の資金は、主にTIF（Tax Increment Financing）、市有資産の売却、ホスピタリティ基金、雨水・下水道基金によるものです。市が750万ドルを投資して、造成とインフラ整備を行ったのに対し、スタジアムはチームのオーナーが建設しました。

　2006年以降、球場の半径800m圏内に561のビジネスが開業し、売上高は44億ドルを超えます。75の飲食店、92の小売店、437の商業建築許可が出され、事業費は2.2億ドルです。加えて、約15万㎡のオフィス、約35万㎡の共同住宅ができました。今後は、球場の効果を外に波及させるため球場横の通りを歩行者広場とし新しい民間開発とつなぐ計画です。

　近年は大規模PPPがダウンタウン中心部の市役所の向かいで進んでいます。「キャンパーダウン開発」は、以前はグリーンビルで新聞を発行していたビルと印刷工場の再開発です。約200室のホテル、225戸の住宅、大規模なオフィスと小売、飲食店舗、さらに公共施設として中央広場や公園、近隣の通りとつなぐ階段が整備されます。市は固定資産税の増額分を財源として、25年かけて民間事業者に公共施設の整備費用を返済します。隣接地の川沿いには別のホテルが建設されています。二つの開発の接続

性と滝公園の広がりのため、市はホテルのモータプールと接続する芝生や修景、リバティ橋の東側の横断歩道、舗装、街灯、景観の改善も行います。

　街を大きく変えるPPPも進行中です。これまで目が向けられてこなかった西ダウンタウンの公園整備です。三つの歴史的な歴史街区に囲まれているユニティパークには、遊び場、公開緑地、対岸の公会堂への橋が整備されます。併せてユニティパーク内のリーディー川を掘削して自然に近い環境を作るだけでなく、雨水の貯留能力を高めます。2600万ドルの観光税で公園が建設され、500万ドルの雨水基金が川の改修に充てられます。必要な残りの900万ドルは寄付等によって賄います。近隣住民はマスタープランの策定に初期からのパートナーとして参加してくれ、公園計画地内に古い倉庫を持つ開発事業者も主要なパートナーです。

　さらに、低廉な住宅整備も進めるため、市は開発用地をグリーンビル住宅基金に寄付しました。

緊急対応と経済の再開

　世界中の町と同様、パンデミックの財政、運営面での課題に対処しています。リモートワークや業務プロセスの変更をし、困難な状況下でも必要なサービスを続けました。

　3月にはエッセンシャルワーカー以外は在宅勤務をはじめ、公共施設への立ち入りを制限し、公民館、公園、動物園を閉鎖しました。イベントを中止し、議会や市の集まりをオンライン化しました。

　4月初旬に州が自宅待機命令を出し、全公立学校と不可欠なビジネス以外は閉鎖、

３人以上の集会は禁止、飲食店での店内飲食も禁止されました。

市は市民の安全に注力する一方で地域経済開発連合と戦略的協力協定を結び、景気回復の起爆剤としました。飲食店、小売店、サービス業や製造業が適応しながら再開する中でビジネス復興タスクフォースが、感染予防対策などで、事業者に責任ある事業の再開を促す活動「Greenville Pledge」を開始し、徐々に顧客の信頼を得ました。

市の支援活動と財政

市としては、事業者や住民の負担を軽減するためさまざまな対策を実施しました。コロナ専用ホームページでの情報や資料提供し、税滞納への罰則猶予による事業者支援、1000ドルの少額補助金を創設して250の小規模事業者を支援しました。さらに、２か月間公共交通機関の無料化、総額５万ドル以上の駐車パスや特別イベント、公園利用許可や動物園会員証などの無償化、約

17万枚のマスクの地域事業者への配布、加えて毎週、公衆衛生機関や病院による会見を開催しました。

パンデミックによる最も大きな影響はホスピタリティ・宿泊税など観光関連収入の激減です。コンベンションセンターや動物園は数か月分の収入を失い、市からの多額の補助金を必要としています。

ほぼ編成済みだった20年７月始まりの21年度予算は、コロナ禍の新しい歳入見込みに合わせた見直しを迫られました。幸いにも慎重な財務計画がクッションとなり、重要な事業やプロジェクトの継続にあたり、増税や従業員の解雇をせずに済みました。

ニューノーマルへの適応は難題ですが、協力的で献身的な議員、経験豊富で熱心な職員がいます。これらの課題に正面から立ち向かえると確信し、市民の期待に応え高いレベルのサービスを提供し続けます。

PPP専門家 1 ｜ ペドロ・ネベス

コンサルタント、国連PPPビジネスアドバイザリーボード副議長

コロナ禍とSDGs

私はPPPに関する広範な実証的・理論的研究を行ってきました。すべての国と都市が国連の「持続可能な開発目標（SDGs）」を2030年までに達成するためにパートナーシップがどう貢献できるかです。国連欧州経済委員会（UNECE）では、「市民ファーストPPP」の概念が生まれました。

これは、開発方針を設計、実施するにあたって「市民」のことを第一に考えるとい

う原則です。バリューフォーマネー（VFM）に加え、バリューフォーピープル（人・社会のための価値）を追求しなければなりません。世界レベルでは、気候変動や混沌とした難民危機に加え、コロナの課題に直面し、私たちは、あらためてすべての人々が団結してより良い復興を目指すべきです。

中央であれ地方であれ、政府だけでこの課題に対処できると期待することはできま

せん。市民社会は重要な役割を担っており、民間企業の役割も肝要です。

これまで以上に、公益、公共の福祉と民間のダイナミクス、資本、イノベーションの方向性を一致させ、広範な利害関係者を関与させることが求められます。このコロナ禍という特殊な機会を利用して一体感を醸成し、ポストコロナ復興計画へ反映させなければいけません。

カスカイス市の取り組み

ポルトガルの2つの事例を紹介しましょう。1つ目は、リスボンに隣接するカスカイス市の取り組み、2つ目は、私がポルトガル政府に提案しているSDGsとポストコロナの復興計画との協調です。

まずは自治体としてのカスカイス市の取り組みです。コロナの感染拡大で、カスカイス市も例外なく苦しみましたが、特に多くの世帯での大幅な収入減が問題でした。そこで、「全ての行動に意味がある」というスローガンが街中に掲げられ、地域で最も被害を受けた世帯のための食料品や衛生用品の提供を市民に呼びかけました。これを実行するため、「連帯ボックス」がスーパーの店先に設置され、物資を集めました。

もう一つ、「コロナバス」は、カスカイス市の全市民がウイルス検査を受けることを可能にしました。自治体と製薬会社や保健事業者との連携の成果によるものです。

同時に、医療従事者や労働者の志気を高め、そのモチベーションを維持すること、自分たちの仕事が認められていると感じることも重要でした。街中には、労働者をたたえるポスターが貼られました。一つの事例は、メーデーの祝日に工事現場で働いている人の写真でした。

「信頼」は最も重要な社会資本の一つであり、課題を克服していくために、公園を開放し、公共の場に家族が戻るということも欠かせません。

公園でマーケットが開催されました。地元の農家も作物を販売できるようになり、経済活動が再開しました。慎重にマーケットを再開することは、芸術活動等に取り組んでいる起業家にとってもとても大切です。

こういった取り組みから、地域でイノベーションの雰囲気が生まれました。

「イエローブロック」はその象徴です。街の中心部の一角で、道路を黄色く塗った区画を作りました。ここでは、その区画で独自の安全性確保のためのルールを作って互いに守ることにより、安全な環境を作り、レストランや小売店の営業再開を許可しました。

ポルトガル政府の復興計画

ポルトガル政府は、リスボン大学に依頼して、2030年までのコロナからの社会・経済復興計画の戦略ビジョンを策定中です。

SDGsへの取り組みは、連携の役割を強化できると考えられ、次のような整理が提案されました。

政府が掲げる注力分野である戦略軸と、SDGsのゴールが対応しています。これが、さまざまな経済活動のプレイヤーを復興のアクションプランに参加させるための第一歩です。

10の戦略軸として、①基礎的なインフラ、②人の技能向上、③保健部門の強化、④社会福祉の強化、⑤戦略的クラスターの再構築、⑥循環型経済、⑦エネルギー転換、⑧国土のつながり（統一性）、⑨都市の新しいパラダイム、⑩文化・観光・サービ

ス・貿易が示されています。そして、その外側には戦略軸に関係するSDGs目標が書かれています。

世界中でこういった計画、そして実行が始まっています。私は、学術研究ではケーススタディに重点を置いてきました。ケーススタディは、実際の現場で人びとが、完璧ではないと知りながらも、複雑な問題を解決した様子について観察し、成功や失敗を共有することで改善を図り、他の人が失敗を避け、飛躍できるようになります。

私は幸運にも、素晴らしい知識、貢献を日本の事例や東洋大学から得ることができました。

PPP専門家2　ジョルディ・サルバドール

IESEビジネススクール、国連PPP-ICOEスマートシティスペシャリストセンター（PPP for Cities）マネジャー

パンデミックがバルセロナに与えた影響、PPPが問題の克服にどのように役立つかをお話しします。PPP for Citiesの説明をします。

PPP for Cities

私たちは持続可能な都市を実現するためのPPPの実施を進めています。まずは私が働いている大学を紹介します。IESEビジネススクールは世界でも有数のビジネススクールです。フィナンシャル・タイムズからも高く評価されています。バルセロナのメインキャンパスの他、マドリッド、ミュンヘン、ニューヨーク、サンパウロにキャンパスがあります。

世界の多くの大学とも協力関係にあります。私たちは、スマートシティ、持続可能な都市のリサーチイノベーションやアドバイザリーを世界各国の公共・行政に提供し、組織やプロジェクトの運営に官民の連携を進めて国連のSDGsを達成するための支援をしています。

その結果として、国連からスマートシティに関するPPP-ICOEとして東洋大学や世界各国の機関とともにPPP-ICOEのネットワークに認定されています。

主にビジネスケース手法を用いて、世界各地の事例研究を行ってきました。水道、交通、保健などの分野です。ケーススタディなどはホームページで公表しています。

都市のスマート化、特に建物の改修への資金調達手法、欧州の都市での自転車シェアの経済的影響の報告書も作成しました。

過去数年間にPPPの研究をして得た知見を活かし、地方自治体のためのPPPガイドも作成してきました。特に中南米でワークショップやセミナーを行い、成功したPPPのストラクチャの説明などをしています。行政機関への支援も行いPPPの拡大を目指しています。

スペインの状況

コロナの状況を見てみましょう。

バルセロナは、第一波で大きな影響を受けました。3、4月の死亡者数に表れています。しかし、一旦、状況は安定しました。

バルセロナは厳しいロックダウンを実施し、公共交通機関の乗車率は10％まで低下しました。しかし、その後利用者は回復していません。利用者はどこにいってしまったのでしょうか。徒歩や自転車での通勤、MaaS（Mobility as a Service）など新しい交通手段を利用したりしています。

スペインは最も被害の大きい国の一つであり、症例数も増えています。この背景は何でしょうか。ポルトガルやイタリアと比較して社会規範、文化、家族構成に大きな差はありません。原因は政治的な対応と技術の利用が不十分であったことです。

スペインは、観光業がGDPの約15％を占めるため、バーを早期に再開しました。観光客誘致を重視して、6月には第一波の厳しい規制が解除されました。

さらに、発症者の追跡する人が足りず、検査も不十分だったため、拡大状況を把握するマップを作成するのも困難でした。他のヨーロッパ諸国に比べてはるかに遅れています。

さらに、計画のあり方や地方分権のせいもあり、政治家からの明確なメッセージが不足しました。スペイン、特にマドリッドは、欧州でも最悪を記録しています。

トレンドの加速と政府の対応

一方、パンデミックは、従来から進行していたトレンドを加速させました。デジタル化、電子商取引、電子決済、オンラインバンキング、遠隔医療、リモートワーク、在宅教育などです。

しかし、適切・十分なインフラ、オンライン授業を行う十分なIT機器が、特に低所得者層には整っていませんでした。

電子商取引の増加に伴う新たな課題も出てきています。たとえば、宅配の増加による都市の汚染です。MaaSは新しい都市開発の一つとなると期待されています。

民間企業は容易に新しい環境に適応しました。しかし、公共部門、行政は対応ができませんでした。政府は、適切な品質のマスクや呼吸器などの衛生用品を購入できず、輸入実績のある民間の物流会社に頼らざるを得ませんでした。

オンライン化を進めようにも、対応するウェブブラウザが古すぎて、生活保護の支払いに支障が発生しました。これは行政に在宅ワークの準備がなかったためです。

さらに追跡アプリは、技術があったにもかかわらず失敗しました。技術はあってもプライバシーや政府の問題があり、スペインの少数の地域でしか感染者追跡アプリは実用化されませんでした。

PPP推進のガバナンス

つまり、技術自体は利用可能であっても、活用するにはガバナンスの仕組みが必要なのです。

パンデミックに端を発した厳しい経済状況の中で、欧州連合が「Next Generation EU」という復興計画でグリーンとデジタル化を掲げ、加盟国の技術とインフラを向上させることを目指しています。

このような状況で、公共部門が民間の技術、国際的な経験、規模の経済、イノベーションの力の恩恵を受けるには、あるいは企業の投資を呼び込むためには、適切なリーダーシップや法的枠組みを整備することが必要です。

かつて、ピレリ社の広告に「コントロールなくしてパワーは意味がない」という文句がありました。PPPについての議論で

は、「スマートガバナンスなくして民間技　　術は意味がない」と言えるでしょう。

PPP専門家3　デビッド・ドッド

国連PPP-ICOE災害対応スペシャリストセンター（International Sustainable Resilience Center）代表

サステナブルレジリエンスセンター

　私はInternational Sustainable Resilience Centerの代表です。レジリエンス（強靭性）のためのPPPスペシャリストセンターで、UNECEのPPPセンター・オブ・エクセレンス（PPP-ICOE）の1つです。

　私は日々、災害復興に携わっていますが、コロナのような広範で重大な災害は初めてです。コロナは世界経済に深刻な影響を与えています。ICOEはその事実を認識し、PPP-ICOEのスペシャリストセンターが協力して行動を起こすと決め、果たせる役割を探しました。

　私のセンターでは、世界的に特に影響を受けた9の経済分野の課題をコンセプトペーパーにまとめました。保健、教育、製造業、物流・貿易・流通、娯楽・文化、観光業などで、今後起こること、とるべき対策などです。

　各国の政府と中央銀行は影響を抑えるため財政出動をしていますが、対策の費用はさらにかさみます。強靭性とは、ある地域で経済や人々への悪影響を及ぼす事象への対策、予防をすることです。コンセプトペーパーには各分野の課題や対策において、世界的な開発金融機関や組織をこの状況の解決のために関与させる方法をまとめています。

　国連のPPP-ICOEは「市民ファーストのPPP（PfPPP）」の推進を掲げ、PPPがバリューフォーマネーだけでなく、バリューフォーピープルを提供できるようスペシャリストセンターが活動をしています。

市民ファーストのPPP

　PfPPPでは5つのアウトカム実現を目指しています。

　PPPにおいては透明性が重要です。

　腐敗の防止、だれが何をしているかがわかること、PPPの発展には、利害関係者や市民の参加プロジェクトの影響を受ける人々への配慮も大切です。

　だれでも公平にプロジェクトに参加できること、プロジェクトの実現可能性、適用可能性について、アカウンタビリティがあること、財政的な問題を発生させないこと。

　さらに、持続可能性と強靭性、環境への影響を最小限に抑え、持続可能性を考慮した建設がされることで、長期的な費用を抑制でき、有用で長期の耐用年数を実現できること、これらを統合しPPPプロジェクトに適用することで強靭で災害に強い国、地域、世界を作ることができます。

　注目されていないコロナの影響の1つは、都道府県や自治体などへの影響です。影響は深刻で、政府の力だけでは救済できません。積極的な経済発展戦略の実施が必要です。PPPを活用して状況を乗り切り、経済と産業をニューノーマルに適応させる

必要があります。

プエルトリコの医薬品製造拠点の事例

　2つの例をご紹介します。一つ目はアメリカ自治領であるプエルトリコです。

　私は長年、プエルトリコの災害からの復興のための経済開発に携わっています。プエルトリコは、近年、二つの大きなハリケーンに加え、二つの地震、さらにコロナが同国の経済に大打撃を与えました。そこで、産業界、特に元々同国で存在感の強い製薬業界が中心となって政府に対して協働を呼びかけ、この流れを変えようとしています。

　コロナ禍によって医薬品の製造拠点がアメリカに戻ると予想されていることから、それをプエルトリコの競争力向上につなげようとしています。

　具体的には、航空運送法のカボタージュ（国内企業保護規制）を緩和して、免税や関税免除を行い、プエルトリコを積み換え拠点として機能させ、航空貨物の輸送量を増加させれば、製薬や生命科学産業を誘致する上で優位になり、製薬業を強化できます。

　すでに多くのサプライヤーがあるため熟練した人材も豊富です。製薬業界から離れた人への研修も充実させました。これは産業界が立ち上がった例です。産業界の提案に政府が応えました。

メキシコのブロードバンド整備の事例

　2つ目は政府が主導する復興の例です。メキシコ政府は現在、ブロードバンドの普及と活用の計画を立てています。これには、連邦政府だけでなく地方政府への支援が必要であることから、私のセンターは専門家を集めてPPPを活用したブロードバンドの拡張やデジタル化の促進に向けて企業やコミュニティ組織を支援しています。

　物やサービスの販売をデジタル化すれば、近所のマーケットだけでなく、世界中に向けて販売できます。

　これは、官民の幅広い支持を集めて実行に移されようとしており、成功すると確信しています。

　国だけではなく、自治体からの支持も得られています。メキシコの自治体と私たちは成功を確信しており、世界に向けてコロナ後の経済への適応策の事例を示すことができるでしょう。

> **PPP専門家 4**　ディオゴ・ファリア・デ・オリベイラ

国連PPP-ICOE水スペシャリストセンター　代表

　水と下水道分野を専門にしています。この分野のPPPやパンデミックの影響について話す機会をいただき光栄です。

安全な水を得るには投資が必要

　幸いなことに、ポルトガルは穏やかな気候に恵まれ、歴史的に水の供給に対して関心が払われてきました。しかし、多くの国ではそうではありません。世銀によると、世界人口の71％しか安全な水の供給を受けることができません。安全な衛生設備を利用できるのは、10人に4人です。10人に

６人は衛生設備を利用できず、病気を引き起こす可能性があります。すべての人に安全な水と衛生設備を提供するには莫大な投資が必要です。

世銀によると、2030年にSDGsを達成しようとすると、毎年1130億ドルもの資金ギャップが発生します。多くの国では、この資金ギャップを埋めるための財源は乏しいです。この資金ギャップを埋めるためには民間が必要です。民間セクターはどのように貢献できるでしょうか。

PPPの役割

PPPや民間活用はそれ自体が目的ではないと理解してください。公的機関が目的を達成するためのツール、手段です。では、公的機関の目的とは何でしょうか。普及率の拡大、コストの削減、質や効率の向上、将来世代のために持続可能性を確保することです。

しかし、PPPには成功もあれば失敗もあります。他と同様、PPPにも長所と短所があります。失敗と成功から学び、PPPを改善しなくてはいけません。バリューフォーマネー（VFM）と同時に、市民への価値を評価しPPPを進めるかどうかを決めます。VFMは、PPPの公益性を評価するために必要ですが、社会、環境、地域経済にもたらす価値など市民への価値を評価することも重要です。

パンデミックの影響

それでは、続いてコロナパンデミックが水と衛生のPPPにもたらした影響をお話ししましょう。

事業は３つの課題に直面しています。

第一は、労働力の確保と常時水供給を保証することです。スタッフの感染、交換部品や化学物質のサプライチェーン、安全衛生対策、緊急時対応計画、24時間体制シフトの確保など心配は尽きません。

第二は、水の消費量と収入の減少です。家庭での消費は伸びていますが、産業、商業、観光の消費が激減し、事業者は収入減に直面しています。

第三は、利用者の支払い能力です。失業や解雇が増えていますが、未払いでも公共サービスは止められません。これも収入減につながります。中南米や東南アジアでは入札、建設の遅れ、部材供給の問題などで資本的支出は12〜13％減少すると見込まれています。アフリカでも12％の減少が見込まれます。一部の事業では６〜７割の収入減に直面しています。Global Water Intelligenceは、従前2019〜20年の資本支出は６％増加すると予測していましたが、パンデミックにより２％の減少となり、2021年には、５％の成長へ回復すると予測しています。

パンデミックとPPP

PPPはパンデミックにどう対応したのでしょうか。政府との契約面での影響はまだ不明です。影響が出るのは2021年半ば以降でしょう。

不可抗力条項に疫病を記載している契約と明記していない契約があります。民間事業者が損失の保険に加入していれば安全かもしれません。一部の民間事業者は、政府に補償を要求したり、料金の値上げを要求したりするでしょう。

この状況には勝者はいません。民間も政府も、相手がパンデミックの費用をすべて負担するのは不可能だと理解しなければい

けません。常識的な対応が求められます。

　いくつかの事例を紹介します。ポルトガルでのパンデミックへの対応です。Miyaグループの運営会社であるIndaquaは社会的責任を重視し消防隊と老人ホームに保護具を寄贈、ある病院には40床のベッドを寄贈し、他の病院は寄付を受けてコロナ病棟を整備しました。子供に150台のコンピュータを寄贈し、在宅授業を受けられるようになりました。従業員の子弟が家で学べるための対応もしました。

　Aquaporという事業者は、従業員管理のため革新的なソフトウェアを使用しています。1,000人の従業員の誰が感染、隔離状況や当日のシフトが誰かをリアルタイムに把握するソフトを考案し、効率的な運営を行いました。

　Plainwaterという事業者は利用者への広報を重視しました。利用者との距離を縮めるためにウェブサイトの改善、ソーシャルメディアの利用、ゲーミフィケーションを用いた教育を行いました。

パンデミック後のPPP

　パンデミック後のPPPはどうなるのでしょうか。今後、PPPは増加する可能性があります。景気回復の後押し、拡大した資金ギャップ縮小に役立つためです。より強靭なPPPが生まれると信じています。パンデミックの教訓は、より透明性が高く、役割分担が明確な契約作りに役立つでしょう。

　新世代のPPP契約には、世界的危機に直面した場合の規定、運営時の新たな安全衛生対策が盛り込まれ、危機を乗り切れば、連携はより強固になるでしょう。

上下水道分野の活動

　最後に、上下水道の国連PPP-ICOEの紹介をします。ICOEの活動は、情報収集、過去と現在のPPPの失敗と成功の理解、PPPのベストプラクティスを抽出することです。政府のPPPプログラムの策定支援、知識の共有、ステークホルダーとの連携促進、事例研究や優良事例収集、水の専門家会議を設置してPPPの専門家たちとPPPの動向や脅威を話し合うこと、専門家のリストを作成して、世界の公的機関が利用できるようにすること、官民が紛争に至らないよう調停の管理すること、希望するPPPに対してPfPPPの格付けや認証を行うことを計画中です。PPPの国際標準の作成をしています。皆さんの参加をお待ちしています。

PPP専門家５　フランク・シュニッドマン

米国・弁護士、元フロリダアトランティック大学教授

米国のコロナ対応

　アメリカ、フロリダ州のコロナ対応は政治的で非科学的だったと思います。大統領の再選や株式市場が公衆衛生よりも優先されました。政府、あるいは大統領は、民間事業者を動員して命を守るニーズやコロナ抑制のための公衆衛生対策を満たすことができたはずですが、実際には権力は行使されませんでした。現在、コロナウイルスは全国的に広がっており、状況は世界のどの

国よりも悪いです。

契約と不可抗力

多くの契約の中に不可抗力あるいは「神の行為」という条項があり、予見不可能なことが起こった場合に官民は契約内容から免責されます。州や自治体が結んでいる何千件ものPPPや再開発のための契約が影響を受けています。公共側に契約への支払いの財源が不足したり、成果を上げるための活動が、民間企業に従業員の体調不良や社会的距離、ロックダウンで制限されてしまったりしており、官民とも身動きが取れません。地方自治体レベルでも、既存のPPPの実施において大幅遅延の可能性が高くなっています。

しかし、新しいPPPへの進化も起こります。政府が民間と提携して重要なサービスをデジタルで提供するようになります。公聴会の開催や許認可の審査、裁判所の運営でもその動きがあります。現在のデジタル化した世界では、地方自治体による土地利用規制の見直しの必要性に迫られています。

在宅勤務が行われることで、住宅地で導入されている来客のある業態を規制する土地規制が悩ましいものとなっています。

企業もオフィスの余剰を抱えます。企業もリモートワークができ、これまでのようなスペースが不要だと気づき始めています。さまざまな企業が、自治体に対してデジタル化関連のサービスを売り込んでいます。

逆PPPの事例

私は、ある住宅デベロッパーと仕事をしています。ユニークな「逆PPP」です。この会社は、3代にわたって、公共の支援を受けずに低所得者向け住宅を供給してきましたが、現在財務的に窮地に立たされています。多くの住民が職を失ったためです。低廉な住宅を維持するためにフロリダ州ハリウッド市は、このデベロッパーにインセンティブを与えようとしています。政府にとってもこういった低廉な住宅は非常に必要性が高いからです。

政府のあらゆるレベルで興味深いことが起きています。しかし、実効性のある国家計画の欠如のため、地方自治体は県や郡、知事に支援を求めざるを得ません。連邦資金の分配は、コロナウイルス支援・救済・経済保証法（CARES法）各州の自治体支援プログラムを通じて行われます。

PPPによる復興や再開発

米国ではコロナが広範囲に広がったため、現政権下では封じ込め戦略がない状況です。感染症の発生を許容し弱者を守りワクチン開発に期待している状況では、長期的なパートナーシップへの投資に対し憂慮する声が上がっています。働き手の確保は不透明ですし、金融市場の反応もわかりません。現在のコロナの広範な影響に対処するための国家計画が必要であることは疑いありません。

Patienceの重要性

PPPには第四のP（Patience＝忍耐）が必要です。本当に忍耐が必要なのは官民双方が将来に何が起こるかを理解することです。地平線が見えれば我慢もできます。

トランプ大統領には計画がありませんでした。4年間、インフラ計画の話をしてきましたが実現したものはありません。

フランクリン・ルーズベルト大統領は世

界恐慌に対処するために、市民保全部隊（CCC）と公共事業促進局（WPA）を組織し何百万人ものアメリカ人を働かせました。道路を建設したり橋を架けたり、国立公園を建設したりしました。作家や芸術家を保護する補助金もありました。国民給付を行うのではなくみんなに仕事を与えました。

バイデン氏が大統領に就任したら、経済再興のために官民が連携する指針を示すでしょう。人々に仕事を与えるのが最優先です。

低金利下での資金調達

PPPが現実的に抱えている課題は、予算がなく職員を雇えない自治体がプロジェクトに関わる職員を雇えないことです。しかし、これまでも大型プロジェクトは政府が直接建設したのではなく、政府と契約した会社が行っていました。つまり、常に官民の間の契約が存在してきました。フロリダ州では州間高速道路システムの拡張に伴い、フォートローダーデールからウェストンへ行く595号線が完全なPPPとして行われ、通行料金から民間企業への償還が行われています。シカゴのパーキングメーターの民営化PPPなど面白いPPPのやり方もあ

ります。

アメリカ政府と民間が創造性を発揮すれば世界恐慌以来のインフラ整備プログラムを作ることができるでしょう。

収益性と強靭性

国連のSDGsにも関連します。今お金を使わなければ、ダメージへの対応にもっとお金がかかるということです。

マイアミは、ロックフェラー基金の世界100の強靭な都市に関わっており、ベストプラクティスを共有しようとしています。再開発の資金調達の際には、そういう視点は重要だと確信しています。フロリダでは高潮の際マイアミの街は浸水するので常にポンプが作動しています。

強靭性は新しい成長管理、スマートグロースに必要な言葉です。多くの地方自治体が実際に資金調達し、高額な「堅牢なインフラ」を作ろうとしています。

アメリカは50州と10万の自治体からなる実験的な国家です。ベストプラクティスの話をしましたが、国連のSDGsと同じで世界中での取り組みを見て成功したものを選び、地域の法的・文化的制約の中で修正を加え他所のベストプラクティスをうまく適用しようとしています。

PPP専門家6　カヘアルディン・アブドゥル・ラシド氏

マレーシア・マレーシア工科大学

マレーシアのコロナの概況

最初の症例は2020年1月25日に見つかりました。局所的なクラスターが3月上旬に発生し、2020年3月中旬に感染が拡大しました。2020年9月10日現在の状況で

は、合計9628人の感染例のうち9167人の患者が回復し333件が治療中です。死者数は128人で致死率は1.33％です。パンデミックが国全体に影響を与えています。特に都市部での感染が顕著です。

マレーシアの対応は迅速かつ集中的でした。保健省と国家災害管理庁が主導し、以下の４つの対策が採られました。検出、治療、封じ込め、啓発です。検出のため全ての入国ポイントで検査を実施しています。保健担当官は警察と協力して感染の可能性のある人を特定し、検査をして自己隔離をしてもらいました。

全国28病院がコロナ対応の治療施設として指定されました。コロナ基金が設置され、臨時病院が作られ、公営住宅や屋内競技場も必要に応じて利用できるよう準備しました。また、退職した医療スタッフの志願を受け付けました。

封じ込めにあたっては、活動制限令が出されました。当初は、国全体でロックダウンが行われ、徐々に、条件付き活動制限規制、回復のための活動制限令へと緩和されました。在宅勤務の要請、厳格な規制が導入され高リスク地域での消毒活動も実施されました。情報発信という点では、保健省と政府は毎日のように会見を開き、さまざまな啓発活動には多くのメディアとタレントが関与しました。

マレーシア経済への影響

続いては、コロナのマレーシア経済への影響です。パンデミックはマレーシア経済に大打撃を与えました。

首相によると、ロックダウン期間中１日あたり24億リンギットの損失が発生し、2020年 第２四半期のGDPはマイナス17.1％の成長率を記録しています。官民ともに需要が激減しています。

主要部門は農業を除いて、マイナス成長となっており、最も影響が大きいのは建設業で2020年の第２四半期にマイナス44.5％を記録しています。

経済へのさらなる影響として、失業率の上昇、給与や時給の低下、政府の歳入減少、歳出の増加が見込まれます。歳出の増加は主に景気対策と復興計画によるものです。

コロナが経済に与える影響に対処するため政府はさまざまな手段を講じています。その中には、総額3,150億リンギットの４つの景気刺激策があります。これらの経済対策は、労働者や中小企業などが景気減速を乗り切り、経済の再開を促すのに効果的でした。

PPPへの影響

コロナとPPPへの影響についてお話しします。コロナのPPPへの影響は以下のようなものです。まず、有料道路や空港の運営者などは収入の減少に見舞われています。ロックダウンにより国内外への旅行が禁止されたことによるものです。

収入が従来通りだった事業もあります。公共施設の運営者や高等教育機関です。これらの運営事業者の中には、検疫や医療従事者の宿泊施設への一時的な施設の転用などにより、KPIに見直しが行われた事業者もいます。

サービスに対する需要の急増を経験した事業者もいました。ロックダウンで在宅時間や在宅ワークが増え、電力や通信サービスの需要が伸びました。

契約の見直し

PPPという観点からみると、このほかにも次のような点が挙げられます。

一般的に民間会社は、政府の指示に従いながら、できる限りのサービスを提供し続

けなければいけません。契約書に不可抗力に関する規定があり、その場合には契約期間の延長を交渉することになるでしょう。ただし、損失や費用面は対象となりません。

コロナの感染拡大は前例のないものですから、影響の大きさにもよりますが、民間事業者は、現在の契約条件の見直しを要求するかもしれません。将来のPPPの契約条件については、徹底的な見直しが行われる可能性が高いでしょう。

状況は絶えず変化しています。結論からいうと、政府の迅速な行動は感染拡大の抑制、特にロックダウンは英断だったと評価でき良い結果をもたらしました。

経済は打撃を受けていますが、政府の景気刺激策は影響を軽減し、経済活動の再開を促しています。景気は回復の兆しを見せはじめています。

コロナのPPPへの影響に関連しては、短期的には事業者によっては減収、あるいは現状維持、増収を経験しています。事業者は対応として契約の延長を受けることができるでしょうが、費用面での補償はありません。

同時にパンデミックにより提供されるサービスの変更も必要となり、事業者にはこれらの変更の要求に対して、柔軟な対応が求められます。事業者は投資家や政府に対して契約条件の見直しを要求する可能性は高いです。

また、将来の契約条件についてもこのような事象への対応を盛り込む可能性は高いです。

最後に、コロナは現在も進行中です。完全な影響の評価は今後の課題です。医師、看護師、警察、安全を守るために働く人、政府の人など最前線で活躍する人々に感謝します。パンデミックが早く収束することを祈っています。

PPP専門家 7　美原融

元三井物産・内閣府PFI推進委員会委員（東洋大学客員教授）

コロナのリスクとは何か

コロナは公衆衛生上のリスクです。個人や組織、場所を問わず、あらゆる主体に同じリスクを抱えさせるという特異な事象でもあります。これは世界レベルで経済社会にインパクトをもたらしました。その影響は国・セクターや部門、個別案件によっても異なります。

一方、公民連携とは、公共施設を整備し、維持管理したり、公共サービスを継続的に提供し、これを維持したりする枠組み、契約です。この中にはエッセンシャルサービスというものも含みます。いかなる事情があっても供給の継続性と安定性が保持されることが要求されるサービスです。

公民連携の契約は、長期の期間にわたるのが基本で、極めて硬直的な内容です。急激な環境変化にはそぐわない、内容をあまり修正できない契約です。うまくこのコロナを乗り越えた案件も多かったのですが、コロナによる影響に耐えられない案件があったことも事実ではないかと思います。

例えば需要リスクのある事業では、集客できず、大きな収入減少が生じました。公

的主体の指示によりサービス供給が停止された案件もありました。契約相手が公的主体であること、公共施設、公共サービスに関連していること、事業の枠組みが長期にわたり固定していることなどが他の民間事業とは異なる特徴ではないかと思います。

ポストコロナのPPP

では将来の案件、今後の案件はどうなるのでしょうか。

まず理解すべきは、公的部門はこのコロナ禍に伴う税収減、財政負担によって、従前に増して厳しい、財源不足・財政状況にあることです。財政非常事態宣言を出した自治体も出てきました。自治体のみで全ての行政課題を解決するのは難しい状況になってきたということがいえるのではないかと思います。この結果、民間との協力とか民間資金を活用する手段としての公民連携が、ますます重要になることは間違いありません。

一方で、社会に大きな変化ももたらしました。働き方や組織のあり方の変化、三密を避ける行動や意識による価値観の変化、ライフスタイルの変化による地方や生活の質への関心です。コロナがもたらしたこれらの変化が、さまざまな組織や企業の活動、個人の生き方に今後とも影響を与えるのは避けられないでしょう。これに伴い、行政と市民との関係も当然変わってくることになります。このような前提に立ちながら将来の公民連携を考える必要があります。

では公民連携の新しい変化はどこにあるのでしょうか？　三つの点に着目したいと思います。

①デジタル化、フラット化

一つの変化とは、デジタル化とこれに伴う社会のフラット化です。

デジタル化というのは、ハンコをやめる、紙をなくす、ついでに事務所も要らずという時代が来つつあるわけです。行政と企業、市民の関係はデジタル化に伴って、上から下のピラミッド型ではなくて、よりフラットになる。政府と市民のあり方が変わる。より直接のコミュニケーションと関係ができることになります。これは組織をフラットにし、中間の組織などは不要になります。

この意味では規制緩和、デジタル化、行政改革がセットで進む契機をコロナはもたらしたのではないかと思います。

例えば「町内会」という組織が果たしてきた防災や情報伝達の機能は、現状では全てデジタル対応でき、組織や公民館は不要でしょう。不要な組織や施設はデジタル化により淘汰されるのが、官と民の関係のベースになってくるはずです。

②ソフト化とサービス化

二つ目の変化とは公共施設や公共サービスのソフト化とサービス化がさらに進展するでしょう。これを可能にするためには規制緩和が不可避です。サービス化というのは行政が資産を形成し、保持してサービスを提供するのではなく、資産の形成と保持は民間に任せ、民間に資産の運用とサービスの提供を委ね、公共はサービスを民から買うという形になる、ハードではなくソフトに着目する時代が来ます。民間の施設をリースするのも、この範疇です。

例えば、学校給食センターを自前で作り、給食を提供するのではなく、民間の施

設から児童数、日ごとに給食サービスを買う。行政は、児童が減少するリスクを避けることもできます。反対もあるかもしれませんが、民間からすれば、余った時間に資産を有効に使え、より効率的に運営ができます。

　官と民の両方を見ると社会全体の費用が安くなるわけです。これはハコからサービスに発想を転換して価値観を変えることを意味します。これにより、行政にとって、財政負担を少なくしつつ、官と民が合理的にサービス提供の枠組みをつくり、サービスを提供できることになります。

③集約、シェアリング

　三つ目の変化とは公共施設・公共サービスの集約統合、シェアリングです。現状でもすでに存在しますが、複数自治体が例えば一つの施設を所有し、サービスを時間単位でシェアする、都道府県と市町村が様々な形で連携協力しながら複数自治体の住民に単一の公共施設やサービスを提供する等

が、加速することになると思います。

　サービスの質を維持しながら同時に財政負担を縮減するため、一つの自治体で考えずに、複数の自治体が連携して知恵を出し合い、新しいサービス提供の仕組みを考え、資産、負債、費用、利用の在り方、時間の使い方等、全てをシェアするという発想です。

　こうした発想をとると施設の姿やあり方も変わってきます。またサービスも変わってくると言えるのではないかと思います。

　以上、このコロナ後の社会では、公民連携の新しい考え方、新しいトレンドが加速する可能性が高くなります。

　官民双方が知恵や能力を結集することによって新しい公共サービスや公共施設のあり方を検討できる余地があるわけです。ここにイノベーションが生まれます。危機は変化を加速します。まだ危機のさなかにありますが、危機は現状を変える好機、チャンスであると思います。

PPP専門家8 ｜ 南　学

元横浜市職員（東洋大学客員教授）

地方財政の現状と影響

　公共サービスの基盤となる財政に相当の大きな影響を受けています。もともと日本の場合には、高度経済成長で人口が増え、経済が拡大し、税収がどんどん増える時代が続いて、サービスエリアや公共サービスというものがどんどん拡大しました。しかし、この20年ほどは、特に成長経済の成長の伸びが止まりました。この一番の原因は少子化、それに続く人口の減少であり、日

本の経済は成熟化というよりも、すでに衰退の傾向を見せています。これに伴い、当然のことながら税収が落ち込んでいます。この落ち込んでいる税収で、増加する高齢者、あるいは子育て支援を拡大していかざるを得ない。

　税収が減っていながら公共サービスを増やすためにどのように取り組むのかという問題に、大きなダメージを与えるのが、コロナ禍であるといえます。

2008年のリーマンショックで日本では税収が約2割下がりましたが、それを上回るGDPの減少が見込まれています。税収は2〜3割減る可能性が高く、現に政府は今年度の補正予算で何兆円かの減額補正をしています。自治体でも、今年度の税収やさまざまな歳入が減る見込みで減額補正をせざるを得ないところが出てきています。

当然国も地方も減り、交付税や地方債の枠も減ってくるので、非常に大きな課題になっています。

国の場合には、補正予算で赤字国債を発行して財源にできますので、今のところは、国は財政的な柔軟性が確保できます。地方の場合には、赤字地方債は国の法律改正がなければ発行は出来ませんので、非常に財政の自由度が制限されています。

地方では国以上に減った税収に対してどの程度の補填ができるのか、国が赤字国債を原資とした交付税を増額するのか、あるいは臨時財政対策債、財源対策債のような減収補填債という形で、地方債の発行で税収減を補うといった方法しか残されておりませんので、このコロナ禍の影響がどこまで続くのかを読むのは大変です。

公共サービスへの影響

公共サービスは、税収、国からの財源、あるいは地方債の発行によって賄われるので、その基盤が相当の影響を受けています。特に医療に相当の打撃を与え、財政需要やマンパワーにも相当な影響を与えます。福祉サービスも大きな影響を受けています。

もう一つ忘れてはいけないのが公共施設の問題です。どう影響が出るのかと言うと、お金がなくなるのはもちろんのこと、

もう一つは人が集まることが否定されるという点です。もともと公共施設は、基幹的な施設である学校もそうですし、医療や福祉の施設も、人が集まることを前提にしてきました。

一方、コロナの問題は、いわゆる三密を避けるため、人が集まることが否定されてしまっています。まず医療機関の制限、さらに福祉施設でも高齢者のデイケアや保育所等の人が集まることによって成り立っていたサービスをどう直し、人の密度を小さくするのか。これは大変難しい問題で、単に施設を広げるだけでは解決しません。広げればその分マンパワーもかかりますし、直ちに財政の問題に響いてきます。残念ながら、それを支える財政は非常に脆弱です。

役所のあり方が変わる

人が集まることが否定されるということは、役所庁舎にも影響が出てきます。自治体の役所は基本的な市民に対するサービスを行う拠点になっています。証明書の発行や税金を納める、あるいは福祉関係の相談等が多いですが、役所に集まることが否定されてしまうと、今後どのようにサービス展開していくのかという大きな課題が出てきます。役所の場合、証明書の発行や、デジタル革命その他によって証明書が要らない社会というのが作れれば問題ありません。しかし、マイナンバーカードの普及も思うように進んでおりませんし、個人IDカードで証明書を無料にする、証明書がなくてもさまざまな手続きに支障がなくなるまでには、まだ時間がかかるでしょう。

役所に人が集まるよりも、役所が人の集まる所に出かけて行くという移動サービスも考えなければならないかもしれません。

教育の変化

　当然のことながら、教育も学校に集まるという形態をとっていましたが、今回のコロナによる一斉休校でクローズアップされたのがオンライン教育のあり方です。一人1台タブレットを支給するといってもWi-Fiの環境が整っているのか、タブレットをどう使いこなして教材として使うのか、あるいは子供の学習の過程や成績管理をどうしていくのかといった部分で、デジタル化やオンライン教育に対応できる教員の能力そのものが、十分に開発されておらず、単純なサービスの転換というのは難しいです。

　学校の施設のあり方も今回のデジタル革命あるいはコロナの問題で、大きく変わる可能性もあると考えております。今は、密集してしまうものですから、ある学校では体育館を活用したり、多目的室を活用したりして、子供同士の間隔をあけていますが、そうなると教室の数が足りなくなるのではないかという問題も出てきます。

　さらに学校のあり方が100年前の教室の形態がそのまま続いているわけで、今後のデジタル化、あるいはAI化、さらには、それに基づく教材のさまざまな開発になると、今の教室の形態が果たして適当なのかということも問われることになると思っています。

複合的な課題の連鎖

　つまりコロナの影響で、何が問題になるのかというと、第一に財政、もう一つ大きな問題として施設のあり方が問われる。

　施設のあり方は第一に人が集まることが否定されると、どうサービスを展開するのかを根本から考えなければいけない。また、現にある施設の規模やレイアウト、立地条件というものも考え直さなければならない。しかし、新しく施設を作ったり、設備を拡充したりするような財政的な余地が非常に少ない中、どう解決するのかという点です。

　このように、コロナ禍というのは公共サービス、公共施設のあり方を根本から問い直すことになるので、これを進めていくには、相当大きな発想の転換が必要になると考えております。

PPP専門家 9 ｜ 金谷隆正

東京都都市づくり公社　参与・エグゼクティブ調査フェロー（東洋大学客員教授）

　わが国PPPは今まさにコロナ禍というPFI導入後21年の歴史の中でも最も大きなインパクトに直面しているといえましょう。

コロナ禍のPPPへの影響

　まず、コロナ禍がPPPにどのような影響を与えているかについて述べましょう。主に以下の三点を挙げたいと思います。

　一点目は、コロナ禍がこれまでわが国のPPPが主な活躍の舞台としてきた地域社会や地域づくりのあり方を変革させつつある点です。コロナ禍は人々の生活や行動の様式、移動や人との接触に関する制約をもたらしました。これらの制約は、社会に定着し地域社会のあり方を変革させるでしょう。

　例えば、テレワーク等の普及により、伝

統的なワークライフスタイルが大きく揺らいでいます。日々の仕事を都心のオフィスで行う必要性も低下しつつあり、仕事をリゾート地等で行うワーケーション、観光も移動の少ない地元や近場を訪れるマイクロツーリズムが注目を集めています。

ライフスタイルや行動様式の大きな変化は、目指すべき地域社会の姿や地域づくりの戦略に変革をもたらし、その実現手段であるPPPにも多大な影響を及ぼすと考えられます。すなわち、コロナ禍によりどの地域にも新たな地域づくりのチャンスが訪れています。各地域ではこのチャンスをものにするため、PPPをこれまで以上に多様な分野で柔軟に活用することになるでしょう。

二点目は、コロナ禍が広範多岐にわたり経済活動を低下させたことにより、PPP事業においても需要減に伴う収益力の低下や、資金調達難に陥る等、経営が厳しくなりつつある点です。こうした問題は当然のことながらPPP事業者が需要をはじめとした事業リスクを負うコンセッション事業や混合型PFI事業等で顕在化しつつあります。コロナ禍以前にスタートし、インバウンド利用客増を経営の柱にしていた空港コンセッション事業では、大幅な収益減少への対応が近々の課題となっています。

三点目は、コロナ禍を契機にコミュニケーションの基軸が人と人との出会いから情報交流へとシフトしたことです。この変化により生活や経済活動に関する空間や時間面の制約が軽減され、活動の広域化・高速化・多様化がもたらされることになるでしょう。コミュニケーションの基軸が情報交流になれば、大量かつ多様な情報が瞬時に国内外を問わず駆け巡ることも可能になります。超情報化社会に対応した地域づく

りでは、官民の知恵や技術を結集したPPPの活用がより重要になると思われます。

ウィズコロナにおけるPPP

次に第二のテーマとしてウィズコロナにおけるPPPの活用を考えてみましょう。最初に懸念されるのはウィズコロナでは従来に比べ経済活動が低下するため地域づくりに向けた事業自体が減少、また多くの事業で収益力の減退が見込まれるため、PPP事業が件数・規模とも減少傾向をたどるのではないかという点です。

確かに、PPPに限らず民間事業でもウィズコロナでは事業性の確保が従前に比べ厳しくなることは否定できません。しかしながら官民、さらには金融機関も含め地域の叡智を結集し的確な事業選定、適切な役割分担による事業スキームをデザインすることで、地域づくりに向けたPPP事業の実施は可能になると思います。

ウィズコロナでは官側の財政・人材・知恵等に限界が生じ、従来以上にPPP事業の活用が期待されるだけに的確な事業選定、事業スキーム設定等を行ったうえでPPP事業を着実に企画、実施していくことが今求められているといえましょう。

高まる民間の役割

これまでPPP事業の多くは官が主導してきましたが、ウィズコロナでは事業の企画から実施まで新しいアイデアや技術ノウハウを持った民間の役割が重要になるでしょう。そこで第三のテーマとして、こうしたウィズコロナでの民間主導のPPP事業をいかに企画、実施してくか民間の取り組みを考えてみたいと思います。

民間の取り組みでポイントとなるのは以

下の三点です。

①企画形成段階の積極的関与

　第一は、事業の企画形成段階における積極的関与です。ウィズコロナでは地域づくりの方向性や地域社会におけるライフスタイルもコロナ禍以前と大きく変化するだけに、地域づくりPPP事業のスキームや内容も先進的かつ独創的なものが求められることになります。こうした事業の企画には民間の知恵、ノウハウが不可欠であるだけに、地域課題やビジョンを官民で共有した上で、民間がより主体的に提案・関与している、そうした取り組みが必要となるでしょう。

②収益確保とリスクへの対応

　第二は、収益確保とリスクへの対応です。ウィズコロナのPPP事業では事業の担い手となる民間が自らそのノウハウを活かしてコスト削減のみならず新たな需要創出等による的確な収益確保策、確度の高い資金調達策や需要リスクをはじめ、事業実施上のリスクに関する綿密な対応策を立案、

実践するなど事業の安全性・持続性を重視して取り組むことがより重要となるでしょう。

③新しい知恵や技術の導入

　第三は、新しい知恵や技術の導入です。リモート化等が進んだ超情報化社会を支えるのはICT等の新技術や広範多岐にわたる情報やデータです。持続可能な地域づくりに向けたPPP事業では、民間が主体的に自らの持つ新しい技術やノウハウ、先端的な情報やデータ等を導入していくことが不可欠となるでしょう。こうした取り組みを持続していくためには、民間のたゆまぬ技術開発や情報収集への注力が必要と思われます。

　コロナ禍は人口減・施設老朽化とシュリンク傾向にある地域社会に大ピンチをもたらす一方、私たちがこれに果敢にチャレンジすることにより持続可能な地域社会づくりに向けた一つのチャンスになるかもしれません。ウィズコロナでのPPPは、ピンチをチャンスに変える可能性があるのです。

PPP専門家10 山田肇

東洋大学名誉教授

DXの加速

　現在、日本ではデジタルトランスフォーメーション（DX）が加速しています。市民生活、企業活動、行政サービスなどあらゆる分野でアナログからデジタルへの転換、すなわちデジタルトランスフォーメーションが求められています。

　市民生活の中では、我々はかつてよりも

想像ができないくらい多くネットショッピングを利用するようになりました。テレビだけでなく、ネット上の動画を視聴する機会も拡大しています。

　企業活動においては、リモートワーク等の働き方改革が推進され、また、取引の契約自体が紙の契約から電子契約に移るというような動きが起きています。

コロナ禍の行政サービス

　コロナ禍での行政サービスでPPPがどのように利用されたかその話をします。

　Code for Japan（コード・フォー・ジャパン）というのは一般市民が作り出した協力組織ですけれども、ここが東京都に全面的に協力をして感染症の情報提供の特設サイトを構築しました。皆さんもHPで入院者数や今日の陽性患者数あるいは死者数等が、グラフになったり表になったりして、表示されている画面をご覧になったと思います。東京都のシステムがそのまま他の道府県にも移植され、広く普及しています。感染症の情報を国民に提供することが、行政の義務でありますけれどもそのために職員が汗をかく必要はない。Code for Japanという私的な活動、民間の活動がそれを代替するということで、行政職員の負担は軽減されました。一方で国民には、的確な情報が提供されるという状況が生まれています。

　先日、横浜スタジアムで野球の公式戦にどのくらいの規模の人数が観戦に来れるかということについての実証実験が行われました。NEC、LINE、DeNA、KDDIという民間企業が協力をし、神奈川県、横浜市という公共機関と共に実証実験を実施しました。球場内に着席したときに、感染リスクがどのようになっているかを検証する、試合の前、後に球場内外で人が流れるわけですけれどもそれにおける感染リスクを検証する、あるいは万が一感染者が発生した際に感染拡大を防止する、包括的な対策を構築する、そのような実験が行われました。

　このように、コロナ禍での行政サービスでも、ICTについて知識のある民間企業あるいは民間団体、任意団体が協力要請に応

えるということが行われています。

ICTを用いた行政サービス

　コロナの前からの行政サービス、ICTを活用した事例をご紹介します。

　タニタヘルスリンクという会社は「タニタ健康プログラム」を提供しています。この健康プログラムでは、12か月間、筋トレや有酸素運動などを実施して、定期的に計測をする。またその状態を管理する、そして生活習慣改善のアドバイスを送り、住民の健康を増進するという活動であります。この活動、人々の身体を動かすこと、あるいは食事をとること、さまざまな生活習慣が、全て数値化をされて統計処理をされそれに基づいたアドバイスを提供するいわばビッグデータと呼ばれるICT技術の活用になりますが、すでに長岡市、北茨城市、板橋区、三島市等々に導入されています。

　またNTT東日本は、鳥獣害対策にIoTを活用できないかということを木更津市と連携して実証実験したことがあります。山林に檻を作りそこを通るイノシシ等を観察します。そしてそれを捕獲する、そのようなときにいちいち檻を見に行く必要はない、赤外線センサーなどによって檻への侵入を検知する、あるいはアラートを発信する、あるいは檻に入っている状態を映像監視する、そして大きさを推定する。あるいは檻の中に誘いのために餌を置くわけですけれども、自動給餌によって、循環稼働の削減をする等々、さらにはGIS地理情報システムを活用して猪の生態把握をする等のことが行われています。それによって鳥獣害が減る、あるいは捕獲した鳥獣をジビエとして地場産業の育成に活用する、というようなことが行われています。

PPPにおけるICTの活用

PPPは、ICT×市民生活、ICT×企業、ICT×学校、各分野での取り組みが活発化します。農業や健康医療介護といった分野でも、ICTから遠かった分野でも導入を進めるということになると思います。

例えば農業ですが、畑・田んぼの上にドローンを飛ばして、植物の生育状態を観察する、そして生育状況の悪い所に肥料を投入する、あるいは病虫害が発生した所だけに農薬を散布する、そのようなことをすることによって、農産地の全体として農薬の使用量を削減する、あるいは肥料の使用量を削減することができるようになってきています。低農薬の野菜等は高い値で市場で評価をされます。

健康医療介護でも、遠隔医療等も可能になってきていますし、高齢者の日常生活をICTを使ってモニターするということも可能になってきています。これらを進めるためには行政は市民、企業と連携することが必要不可欠です。

必要な制度改革

同時に、PPPでのICT活用を進めるには制度改革が不可欠です。官民間でデータを連携するためには、データが標準化されている必要があります。行政システムに民間のデータを適切に引き渡すためには、行政システムはこういうデータセットを受け付けるというAPI（アプリケーションインターフェース）を公開する必要があります。

近年セキュリティ問題は深刻化する一方です。セキュリティに問題が生じて機微な個人情報等が外部に流出するという事態だけは防ぐ必要があります。このようなことも、公民がデータ連携をしてくる時代が生まれたときには、連携体制の中でセキュリティ問題に取り組む必要があります。そのようなセキュリティが確保された上で、マイナンバーを含めて個人情報を活用する、保護一辺倒でなく活用するということの、バランスの見直しも必要になります。

これらの制度改革も展望すると、デジタル庁を設置するということは、極めて重要な第一歩になります。

対談　ペドロ・ネベス氏、デイビッド・ドッド氏

司会　サム田渕氏（東洋大学教授）

田渕：ネベスさん、ポルトガルのコロナ対策、政策に満足していますか？

ネベス：政府がデータの透明性を確保したことはとても重要なことでした。毎日午後に厚生省が公共放送で会見を行いました。検査数も大幅に増え、国民の安心感が高まりました。第二の波が来ているとしても、全てを閉鎖するのではなく、活動を続ける必要があります。言い古されたことですが、より強靭な生活を実践する方法を学ぶのです。コロナの影響は長引きそうですから。

全ての人、家族にとって大変な時ですが、とりわけ最大の挑戦は、高齢者の健康と孤立の問題です。高齢者は保護されなければなりませんが、その一方で外出が抑制されることが課題になっています。外出で

きない人を快適かつ他の人たちとのかかわりを持てるようにすることです。

田渕：ありがとうございます、ドッドさん アメリカはどうですか？

ドッド：アメリカではよくない状況がずっと続いています。死者数は、第二次世界大戦以降にアメリカが関与した全ての紛争の合計よりも多いです。GDPは９％も落ち込み、5000万人が失業、依然として多くの人が無職となっています。

コロナ発生当初に３つの主要な景気刺激策が講じられましたが、後が続かず、ソーシャルメディアで使われている言葉を借りれば、中小企業の「大量消滅」を目前にしています。今後長い間影を落とすことになるでしょう。

国連欧州経済委員会の傘下で私が主催しているPPP-ICOE研究センターは災害への強靭性と復興を専門としています。現在は世界がコロナに適応するための支援に注力しています。私の調査では、都市のハード面のみに限った対応の費用、つまり、学校、病院、公共交通機関、流通や物流などの合計だけで約10兆ドルに上ります。しかし、経済の停滞で政府には十分な資金がありません。

だからこそ、私たちの役割は大きいのです。東洋大学が設置しているCOE研究センター（地方自治体）の活動も加速する必要があります。公共部門は、PPPについてさまざまな異なるやり方を学ぶ必要があります。「Public-Public Partnership（政府や自治体間の連携）」も不可欠だと思います。国が介入して州政府や地方自治体、あるいは県を支援する必要があります。同時に「Private-Private Partnership（営利と非営利の連携）」の方法も見つけていく必要があります。

Public-Private Partnershipに携わってきた私たちにも、そういう新しいPPPを理解し、利用することが求められます。ニーズは膨大です。

田渕：コロナ禍は、もともと減速気味だった世界経済を悪化させようとしています。そのせいで公共部門の税収も大幅に減少しています。しかし、公共事業は無くなることはありません。インフラは建設および更新が必要です。公的機関は、これまでのやり方を続けようとしても資金が足りません。一方、日本でも世界でも、民間には資金があり、公共を支援することができます。しかし、公共部門を支援するにしても民間部門は利益を上げなければなりません。

ネベス：コロナは、連携の必要性を際立たせました。ポルトガルでは中道右派で社会民主主義を標榜する大統領と中道左派で社会主義的な首相を抱えていますが、この思想の異なる二人は、いまこそ与野党が協調すべきだということで合意しました。ドッドさんの言うように、政府間の連携が必要です。それこそがコロナ禍で生まれた最も重要なことだと思います。公的機関では収入が減少し歳出が激増している中で、大事なのはコロナ後の復興計画の実施です。

これは初めてと言ってもいいことですが、EUが戦略的に素早い動きを見せ、復興計画に合意しました。「Next Generation EU」と呼ばれる計画で、柱は３つです。

１つ目は「グリーン・ディールの推進」です。コロナ後は、経済の脱炭素化を始め

なければなりません。

2つ目は「経済のデジタル化推進」です。

3つ目は「雇用の創出」です。特に、若い世代の雇用を創出しなければなりません。

これらが3つの柱となります。

もう一つ、3つのPとして「People（人）」「Planet（地球）」「Prosperity（繁栄）」の共存が必要です。

ヨーロッパの政治史の観点から言うと、この復興計画のために、EUが初めて資金を供給しようとしています。加盟国は追加的な資金援助を得られるので、国家予算を圧迫することはありません。これは劇的であり望ましい状況です。

EUが加盟国に要求しているのは、各国の復興計画の策定にあたって、新しいグリーン・ディールやデジタル化の推進、若年層の雇用の方向性を取り入れること、公的資金の効果を民間資金で高めることも求められています。ですから、民間参加の精神はすでに取り入れられています。

ただし、向き合わなければいけない課題もあります。PPPという言葉を好まない人たちがいることです。公共部門は、権力や仕事を民間に奪われると感じています。つまり、連携の精神はあってもその精神の具現化が問題です。

そのために、「持続可能な開発目標（SDGs）」、そして、SDGsを受けてUNECEが掲げている「市民ファーストのPPP（People-first PPPs）」が重要です。PPPにおいても、経済的な繁栄に加えて「環境保護」や「誰一人取り残さない」ということを重視することです。つまり、公共事業の必要性、民間参加の必要性、投資収益率や現在価値というものに基づくビジネスプランはもちろん必要ですが、それに、社会

的、地球的な取り組みの必要性を持ち込むのです。これが、ポストコロナの復興計画に対してPPPが期待されている部分だと思います。

ドッド：ネベスさんはいくつかの重要な普遍的な指摘をしてくれました。世界中の国、政府が国を守るためにパンデミックから前に進もうとして、非常に大きな課題に直面しています。その中で幾つかの非常に重要な人たちがいます。

まず非政府組織（NGO）です。特に人道的な活動に資金を提供している組織の参加が必要です。既に、大きな組織の多くは、この必要性を認識しています。これらの組織は、全世界で約1兆ドルの資産があります。運営は、コーパス、つまり活動費とは別の基金の運用益によって行われています。

もう一つ、ここ数年、急成長しているコミュニティが、社会的インパクト投資のコミュニティです。企業の社会的責任（CSR）資金や環境・社会・ガバナンス（ESG）資金は、社会の構成員や社会全体に対して影響を与えるプロジェクトに対して資金を確保しています。これらの資金の合計は17～24兆ドルに上ると言われています。

先ほど申し上げたように、コロナへの適応費用は約10兆ドルです。CSRやESG資金の50～60％を投資すれば、世界中のニーズを満たすことができるのです。これらの人々が特にコロナ禍以降、PPPに興味を持ち始め、PPPがどう機能するのか、資金をどのように投資できるのか、どんな成果測定が行われているか知りたがっています。

ありがたいことに、私たちの活動基盤で

あるUNECEのPPP-ICOEが、それに対する答えとして「市民ファーストのPPP（PfPPP）」を提唱しています。これまでにその評価に関する考え方を示しており、これらの基準を満たせば、PPPが社会に役立つという安心感を与えることができます。

この危機はPPPにこれまでの機関投資家以外の新しい人たちを巻き込む機会を提供しています。PfPPPのガイドラインを使用することで、新しい参加者と仕事ができ、世界の経済に役立つプロジェクトを実行できるようになります。新しい参加者からの支援は不可欠です。

田渕：ドッドさんとは、地方での雇用創出、経済開発を通じて知り合いました。ネベスさんからは、新しい「PPP」の解釈が出ました。People（人）、Planet（地球）、Prosperity（繁栄）です。経済の発展、収益がなければ民間企業は参加できません。持続可能性が目指すべき道なのは確かですが、収益性がなければ目標を達成することはできません。

ネベスさんに質問があります。SDGsには17の目標があり、世界、特に貧困層に向けられたものです。ゴール17は、パートナーシップについて述べています。

SDGsの達成のために、民間活用を進めなければならないと思いますか？

ネベス：私は最近博士論文を執筆したのですが、その題名は「新しいゲーム」です。新しいゲームとは持続可能な開発です。新しいゲームは、人、地球、繁栄の協調、つまり、経済、社会、環境を協調させることを目指します。SDGsのゴール1～15が新しいゲームです。ゲームにはルールが必要

です。ゴール16がゲームのルールです。平和、正義、強固な制度・体制です。今度は新しいプレイヤーが必要になります。パートナーシップがその新しいプレイヤーです。

SDGsの中で最もよいところは、国連とその加盟国が自治体の必要性を認めたのです。中央政府の力だけではSDGsを達成できないので、市長の力、市民社会の力、NGOや民間企業の参加が必要です。

先進国は自国の問題を解決しなければなりませんが、他国のことも忘れてはいけません。SDGsは私たちに相互の連携の大切さを実感させてくれたと思います。

しかし、他の国に目を向けてみると、途上国には先進国のような成熟した組織、ルールがありません。途上国には新しいルールと新しいプレイヤーを持ち込む必要があります。求められているのは、単なるPPP（公民連携）ではなく、グローバルな連携であり、協力です。

田渕：ドッドさん、あなたは長年、災害復興、強靱性の問題に取り組まれています。

東京、日本では、台風や地震が以前よりも頻繁に起きています。人々は、今までよりも強靱性というものに関心を持っていると感じますか？

ドッド：そうですね、災害は今までよりも頻発しています。自然災害はコロナに配慮してはくれません。パンデミックが起きているからといって、もちろん今はそれが最重要課題ではありますが、だからといって災害はなくなりません。実際に今年、アメリカでは記録的な数のハリケーンが発生しました。カリフォルニア州やオーストラリアでは山火事が発生しています。気候変動

によってヨーロッパにも災害が起こっています。ここから言えることは一つです。私たちは、もっと強靱性を高め、実践しなければいけません。PPPにとって、これは特に重要です。

プロジェクトが道路、医療施設、その他の何であれ、強靱性がなければいけません。特に、新しいタイプのPPPにおいては、強靱性への配慮や、強靱性と持続可能性の両立が必要です。持続可能性と強靱性の高いプロジェクトが唯一の道です。私の友人はこれを、「時代の変化に耐えられる投資」と呼んでいます。

「市民ファースト」のコンセプトには5つのアウトカムがあります。社会や環境のことを考える際にステークホルダーの参加、透明性、包摂性、持続可能性、5つ目のアウトカムは経済的効率性です。田渕さんが言うように、経済性がなければ他の目標も達成できません。投資家にも影響を与えるからです。儲けるのが一番の目的ではないとしても、投資から利益が得られなければ投資を続けることはできないのです。

ですから、全てのアウトカムが必要です。そして、持続可能性と強靱性という言葉は「市民ファースト」の要素で重視されていなかった時もあり、論争を呼びました。

その後、二つの要素、特に強靱性が盛り込まれました。私は強靱性に肩入れするのは、それが私の専門で私の中心的な活動分野だからですが、事実として、将来への配慮や起こりうることへの配慮がなければ、PPPのアウトカムは厳しいものになるはずです。

田渕：ヨーロッパやアメリカ、日本で将来の経済開発を考えるにあたって、先を見越した経済開発の戦略をつくる、言い換えれば強靱性や持続性がなければ民間事業者は経済開発を行えません。強靱性や経済の繁栄、その他のことを含んだ先手を打った経済開発戦略を持つことによって、企業が特定の国や地域に投資ができるようになる。どのように思いますか？

ドッド：そうですね、まず私から答えてもいいですか。私は日常的にそれを仕事にしています。強靱性という言葉は災害からの復興の場面では、取り込まれるようになってきています。ほとんどの国で災害からの復興の際には、国の援助であれ、国際的な援助であれ、強靱性を盛り込むことが要件となっています。

私が何年も強調しているのは、復興というのは、特定の事象をきっかけとした経済開発戦略であり、復興に強靱性や持続可能性が含まれていない、あるいは着目がされていなければ失敗する危険性が高くなります。

その前提の上で申し上げれば、持続可能性と強靱性がなければ堅調な雇用創出を長期に実現することはできません。ネベスさんのいう雇用創出でいうと、アメリカは現在、石油生産国であり、すでに自給できるほどになってきており、石油と天然ガスの輸出国になりました。

しかし、石油やガスの関連企業の中にも石油産業が経済成長のエンジンである時代が永久に続くはずがないという認識が生まれています。そのため、多くの企業が再生可能エネルギーに多額の投資をしています。昨日、テレビで、自動車だけでなく、公共交通機関や飛行機の自動化などが着目されており、自動運転、飛行機の自動操縦

などが人の活動やモノの売り方の全てを変え世界のサービスやモノの動きを変えると話していました。大きな混乱を伴うでしょうが、同時に大きなチャンスです。

変革は破壊的で、難しいものですが、歴史上で見れば結果的には良いものです。

そういった視点から現状を見て、機会がどこにあるかを考えれば、新たな雇用、投資の創出に活用できます。私たちがいる世界経済の現状、そして、さきほど話した適応のための10兆ドルの投資は同時に変革のための投資です。

遠隔診療は爆発的に普及しています。遠隔学習も同様です。そして多くのことは後戻りすることはありません。今後も続くでしょうし、それは悪いことではありません。

田渕：ネベスさん、やるべきことは一致していると思います。しかし、どこから始めればいいのでしょうか？

ネベス：事例研究によってそれぞれの良いところを互いに学ぶというのは素晴らしいことです。ポルトガルは日本と同じように人口が減少しています。リスボンは成長していますが、リスボンから離れた都市は衰退しています。

そこで私は、岩手県紫波町の事例を紹介しています。東洋大学と紫波町、そして東洋大学の修了生が素晴らしいプロジェクトを実施し、人口減少を逆転させた事例です。

雇用創出という点では、英国のウェールズの事例もお気に入りです。民間企業に公的課題を理解させ、民間資金の活用以上のことを要求している非常に興味深い事例です。そこでは、事業者選定時の評価項目の一つとして、地域社会への影響や雇用創出

を重視しています。プロジェクトで創出される雇用のうち、建設期間中や運営期間の間に地元で生まれる雇用数はどれだけか、地元の材料や部材がどの程度利用されるかなどを見ます。重視しているのは財務面だけでも経済面だけでもなく、社会的結束や雇用創出を重視しています。

今日、この会議を開催しているように、異なる国、大陸から学びあうのが大事です。

新しい考え方を取り入れること、公務員だけが公益性に配慮するのではなく、民間事業者も公益性や公共財について考える。そして市民社会も同様です。そうして民間企業が社会の共通利益、公共の利益、環境保護、社会の調和と貧困撲滅を理解するようになります。そうなれば、PPPを次のレベルに進めることができます。

もう一つ、もっと積極的に社会で行動する学術機関が必要なのです。過去の研究を調べるだけの大学は必要ありません。今日の問題に目を向ける大学です。チームを組んで、現地を訪れ、自治体と対話を行い、民間企業と話し、物事を実現させていく。

次のステップは、市民の関心を高めることです。みんなが関心を持ち実現に向けて動き出すことです。東洋大学PPPスクールはPPPのインキュベーションの良い事例です。

同時に学術機関というのは、官民の連携を促すことができる中立的なブローカーです。市長と話すとき、あるいは企業の株主と話すとき、学術機関の人であれば、もし政権が変わろうと研究に携わる立場としてかかわり続けようと思うでしょうし、何が起こったとしても、事実を公表できると考えます。中立的なブローカーとしての学術機関は不可欠だと思います。東洋大学はそ

れを実践しています。私たちはそれを模倣していく必要があります。

　同時にそれを実践に移す必要があります。アイデア、コンセプト、思いを行動に移す時です。コロナは非常に明確な警告だと思います。経済に人間らしさを組み込むべきという呼びかけであり、連携への呼びかけであり、官と民の間、過去と未来の間に架け橋を作るべきという呼びかけです。

ドッド：そうですね、ネベスさんの評価に全く同感です。行動を起こすべき時です。私も、お二人も、これまで何度も言ってきたことですが、市民ファーストのPPPを考案し広めるために、たくさんの活動を行ってきました。

　そして、東洋大学の活動についてもネベスさんに同意します。東洋大学のPPPプログラムは世界に進出することができます。オンラインの会議システムを使うこともできます。PPPの教育が必要です。PPP実施方法、正しく実施するにはどうしたらいいのか、PPPを実施する企業の人だけでなく、本当に理解する必要があるのは地方と国の政治家や行政です。経済開発での問題は行政の人たちが経済開発を理解していないことです。PPPも同様です。ですから、私たちは行動を起こし、PPPの発展、拡大を目指すとともに市民ファーストの基準、経済の実現可能性、包摂性や透明性など、全てを満たすPPPです。

　行政の人たちも新しい民間の人たち、投資家も含めてみんなが学ぶこと、そして教えることも必要です。その点で東洋大学の役割は重要です。特に、このコロナ禍において、もう一度ネベスさんの言葉を繰り返しますが、これは行動への呼びかけであり、行動に移さなければいけません。

田渕：ありがとうございます。紫波町やアジアでの事例をご覧いただいたと思います。私は投資の呼び込みや雇用の創出を目指し持続可能な方法でそれを行っています。お褒めの言葉をいただきありがとうございました。

　私たちの活動は、子どもたちがより良い未来を持てるようにするためのものです。ありがとうございました。感謝いたします。

第Ⅱ部

公民連携の動き
2020〜2021 年

序章 PPP推進上の課題と施策の方向性
—内閣府PPP/PFI推進委員会提言を中心に—

        東洋大学　根本祐二

1. はじめに

　政府では、最近毎年PPP/PFI推進アクションプランを改定し、推進施策に取り組んできており、着実に実績も増えている。アクションプランで掲げている2013年度以降の10年間の事業規模目標21兆円に対して、2018年度までの6年間の実績は19.1兆円となっている。この中には、2015年度に締結された関空・伊丹コンセッション事業[1]の約5兆円が含まれているが、これを除いてもおおむね順調と評価できる。

　しかしながら、案件を進める中で、あるいは、進めようとする中で、多くの問題が顕在化してきていることも事実である。内閣府民間資金等活用事業推進委員会（PPP/PFI推進委員会）では、2020年2月に、今後のPPP/PFIの発展の障害となっていると思われる諸課題の現状と背景、および、それに対して考えられる施策の方向性を整理して「PPP/PFIの更なる推進に向けた施策の方向性について」という提言を発表している。

　本稿は、提言の作成に関わった者の一人として提言の内容を紹介するとともに、筆者のコメントを追記したものである。文中の意見に関わる部分は同委員会の公式見解ではなく、あくまでも個人的見解である。

2. コンセッション事業者が実施できる建築の範囲等

(1) 提言内容

　PFI法上、コンセッションの対象は、「運営等を行い、利用料金を自らの収入として収受するもの」（法第2条第6項）とされている。「運営等」の「等」には、維持管理並びにこれらに関する企画が含まれ、「維持管理」は、「いわゆる新設や施設等を全面除却し再整備するものを除く資本的支出又は修繕（いわゆる増築や大規模修繕も含む。）」とされている。

　一方、コンセッションは、「契約が長期間にわたるため、運営期間中に運営事業と密接に関連する施設の新設や大規模改修等が必要となる可能性が高い。」ため、期間中に「建設」「製造」「改修」を行う必要性が生じるが、現状では、これらを含むとは明記されていない。

　コンセッション事業者がこれらの活動を行えるようにするために、「PFI法を改正し、運営事業に密接に関連する『建設』『製造』『改修』については、運営事業者により実施することが可能な旨を法文上明確化し、民間事業者が創意工夫を活かしやすい環境を整備すべきではないか」と提言している。

1　正確にはPFI法上の公共施設等運営権であるが、本稿では通称のコンセッションという表記を用いる。

（2）筆者コメント

筆者は、特に、「改修」に注目していただきたいと思う。理由は、インフラ[2]老朽化問題に伴い、「改修」の重要性が増しているためである。耐用年数が50〜60年のインフラでも、20〜30年経過すると大規模改修が必要になる。もともと、PFIにコンセッションを導入した2011年法改正時点では、インフラ老朽化問題はあまり意識されていなかった。

しかし、全国のインフラが老朽化し、安全性の確保への懸念が広がる中、2013年のインフラ長寿命化基本計画策定以降、国の政策は老朽化対策にシフトしている。現在では、耐用年数を全うする上で適切な時期に大規模改修を行うことが必要であるとの認識が広く浸透している[3]。改修は一定期間過ぎれば必ず必要になるものであり追加は必須である。

もちろん、老朽化問題はコンセッションだけでなく、一般のPPP/PFI案件でも同じである。この観点から、コンセッション以外の案件を見ると、事業期間を20年以内としている例が多いように見受けられる。この理由が、20〜30年後に必要になる大規模改修リスクを避けるためだとすると本末転倒ではないだろうか。すべてのPPP/PFI事業で、老朽化に対応できるような民の創意工夫を誘導する制度設計を進めていくべきである。

3. 共有物に関する運営権の設定等

（1）提言内容

共有物とは、異なる管理者が一つの施設を共有しているものである。複数の管理者がいる共有物を一体的に維持管理、運営することのメリットは大きく、民間としての創意工夫も発揮しやすい。しかし、「共有者が、何らかの事情で、共有関係から離脱し、共有物分割請求権を行使するのではないか」という懸念がある。そうした場合に、「民法上の共有物分割請求権の行使を制約する期間の上限（5年）に特例を設けるなど、必要な措置を講じるべきではないか」と提言している。

（2）筆者コメント

これは公共施設マネジメントにおける広域化の問題であり、2同様、コンセッションだけでなくすべてのPPP/PFIに共通している。インフラ老朽化問題が深刻化し、インフラの負担を削減するためのさまざまな方法の一つとして、異なる自治体間での連携、すなわち広域化[4]が重要性も広く認識されつつある。共有により効率性を高めうることと、効率化すればその分公共サービスとしての質を高めることができる可能性があるからである。

たとえば、小規模自治体が個別に公立診療所を設置するのではなく、広域化して一つの病院を共有すれば、個別自治体では維持が難しい（あるいは維持するために毎年

2　公共施設、道路、橋りょう、水道、下水道等を含む。

3　地域総合整備財団が制作した将来更新費用試算ソフトでは、建築物は30年経過後に大規模改修（更新費の約6割相当）して、60年間使用するものとされている。

4　異なる地方公共団体が連携すること。必ずしも施設の共有だけではなく、ソフト事業の一元化、重複を避けるための役割分担も含む。市町村同士、都道府県同士だけでなく、都道府県と市町村、あるいは国と自治体の場合もありうる。

多額の赤字を一般会計から補填せざるを得ない）診療科を持続しやすくなる。すでに多くの広域化事例がある廃棄物処理、斎場、し尿処理などのほか、コンセッションの数値目標が設定されている上水道事業分野でも、浄水場、下水処理場を含めて広域化しやすい。建築物でも、文化ホールや総合運動施設は小規模自治体が単独で保有するのは無理があるし、中央図書館、中央公民館、学校などでも広域化は可能だ。

しかし、将来、共有者の一部が離脱する可能性があるという状況では、PPP/PFI以前に広域化自体が進まない。そのリスクを考えると単独で投資した方が良いことになり、持続性の低い単独投資を誘発してしまう。リスクをなくすため、提言で示したような政策的な取り組みは不可欠である。

確かに、現実的には、広域化すると不便になるということから住民の反対は予想される。しかし、単独で維持できなくなれば、施設の廃止もしくは住民負担増が必要になるわけであり、そうした場合と比較して議論を行う必要がある。説明する行政がトレードオフの関係を明示することに加えて、市民も幅広い視野を持って冷静に判断することが求められてくる。

4. キャッシュフローを生み出しにくいインフラへのPPP/PFIの導入

(1) 提言内容

キャッシュフローを生み出しにくいインフラの事例として、道路、学校があげられ

ている。これらの分野はインフラにおけるウェイトが高い[5]ものの、PPP/PFIの導入はほとんど進んでいない。提言では、PFIの導入とともに、「より広いエリア・施設を対象に多様な業務を包括的に民間に委託する包括的民間委託」を推進するべきであるとしている。

ただし、現状、「包括的民間委託等を導入した地方自治体は少なく、かつ、導入している地方自治体においても契約期間が短期にとどまっていて、民間の創意工夫が十分に発揮されているとは言えない状況」と指摘したうえで、主な原因として、「包括的民間委託等を導入するにあたって、どのように発注したらよいか等のノウハウが不十分であること」があるとし、海外において実績のある「アベイラビリティペイメント方式（維持管理等の成果に応じて予め設定した委託費を変更する仕組み）」が参考になるとしている。

さらに、これらを推進するために、「関係府省庁において、モデル事業の実施やガイドライン等の策定等を行うべきではないか」と結んでいる。

(2) 筆者コメント

「キャッシュフローを生み出しにくいインフラ」とは、「キャッシュフローを生み出しやすいインフラ」である水道、下水道、公営住宅などを除く他のすべてのインフラである。一般道路と学校が例示されているが、図書館、公民館、集会所等の多くの社会教育施設、庁舎等の多くのハコモノや、道路付帯物である橋りょうも含む[6]広

5　全インフラの更新費用のうち道路は15％、学校は17％であり大きなウェイトを占めている。出典：根本祐二「インフラ老朽化に伴う更新投資の規模試算」2017年3月　東洋大学PPP研究センター紀要

6　前出根本によると「キャッシュフローを生み出せるインフラ」は水道19％、下水道12％、公営住宅10％であり、全体の半分以下である。有料道路、空港は計算対象に入っていない。

い概念として捉えるべきである。すべての
インフラの半分以上は、実は「キャッシュ
フローを生み出しにくいインフラ」であ
り、この分野にいかに普及させるかは
PPP/PFI推進にとっては非常に大きな課
題なのである。

5. ファイナンスの選択肢の拡大（SPC株式の流動化に向けた課題等）

(1) 提言内容

SPCは複数の民間企業の共同出資によ
り設立される特定目的会社である。その議
決権株式の流動化は、「事業に参画する民
間事業者（SPCの株主）において、早期の
資金回収を実現し、新規のインフラ事業へ
の投資を促進するとともに、インフラ事業
への投資市場の形成による民間の投資機会
の拡大を促す上で有効なもの」と考えられ
る。また、SPC株式の譲渡については、
「PFI法等に制限の規定はないが、多くの
場合、実施契約において、議決権株式の譲
渡の際に管理者等の承認が必要とされてい
る。

また、公共施設等運営権及び公共施設等
運営事業に関するガイドラインでは、譲渡
先が公募時に設定された参加資格を満たす
者であること、株式譲渡が事業実施の継続
を阻害しないことの2つの条件を満たす場
合はSPCの議決権株式の譲渡を承認する」
ものとされている。しかし、現状では、
SPCの既存株主間の譲渡等を除いて、流動
化の実績がほとんどない状況である。

これに対しては、「現行のガイドライン
等の周知に努めることはもちろんである
が、SPC株式の譲渡後も事業の継続性が確
保され、管理者等関係者の理解が得られや

すいと考えられる譲渡先や、譲渡後におけ
るSPCの運営の在り方等をガイドライン
において具体的に示すなどの環境整備を行
うべきではないか。」と提言している。

(2) 筆者コメント

この問題は、事業初期の代表企業の「早
目に手離れしたい」という本音と、将来、
当該企業に原因のある問題が発生した場合
に「後継株主が責任を取ってくれるのか」
という管理者側の懸念の対立が本質にある。

管理者側は、持株比率と責任は別問題で
あることを認識すべきであるが、提案者
も、株式の比率が低下し、あるいは、ゼロ
になったとしても管理者（ひいては利用者
である住民）に安心してもらえるような仕
組みを提案するべきであろう。

また、国内外を問わず、長期安定的な運
用を望む投資家は存在する。将来は、それ
らの投資家（または参加するファンド）に
インフラを譲渡し、リースバックして引き
続き使用するという選択肢もある。施設の
維持管理は、初期の代表企業も含めた専門
企業が責任をもって行う。

国や地方自治体は施設の維持管理という
不得意な領域から解放され、教育や福祉な
ど運営に専念できるようになる。おらが町
のインフラを持続させることに貢献できる
ので、地域への帰属意識の高い市民資金の
受け皿にもなる。

こうした新しい資金循環を作る上でも、
流動化を認めない方向ではなく、認められ
るために可能な方法を検討することが望ま
れるのである。

6. BOT税制の特例措置の拡充

(1) 提言内容

BOT（Build-Operate-Transfer）方式はBTO（Build-Transfer- Operate）方式と異なり、事業期間においても民間事業者が所有権を保持している。「機動的な施設改修など民間の創意工夫が発揮しやすくなるとともに、管理者にとって施設所有に係るリスクが軽減されるなどのメリットがある。」一方、民（SPC）は施設を所有するため固定資産税などを負担する必要がある点がデメリットである。

これに対しては、2005年より、「庁舎、給食センター、公立学校など公共からのサービス購入料で運営されている非収益施設に限り、課税標準を2分の1にする特例が認められている」。しかし、本来BOTになじむ非サービス購入型に適用されないこと、BTOとは大きな条件差があることから、今回は、さらに「BOT税制の特例措置の拡充」を求めて提言したものである。

(2) 筆者コメント

税負担のないBTOと税負担のあるBOTを比較すれば、BTOの方が計算上のVFMは出やすいので、官民双方にとってBTOの方が楽である。現実にBOTがさほど進んでいないのは、こうした官民双方の思惑を反映したためである。

BOT、BTOに限らずPPP/PFIのうちのどの手法を選択するかは、管理者がケースバイケースで判断すべきことであり、マクロ的な政策は中立的でなければならない。しかしながら、本件に関しては、国が税制という手段を通じてBTOに誘導するという結果を招いている。それは税制当局とし

ても本意ではあるまい。

独立採算型、混合型を含むすべての事業を対象にすること、2分の1ではなく非課税とすること、期限付きの特例ではなく本則とすることの3点を満たす「拡充」が必要と考えている。

7. 地域経済活性化等に資するPPP/PFIの推進

(1) 提言内容

この論点は見出しだけでは分かりにくいが、地元企業の取り扱いに関して述べたものである。「PPP/PFIの普及にあたっては、地域経済社会の活性化や環境問題などの社会的課題の解決につなげるため、地域の民間事業者等の積極的な参画が必要である。」としたうえで、「実際には、平成29年度に事業契約を締結した地方公共団体発注PFI事業のうち93％の事業で地域の民間事業者が参画しているが、依然として発注者・受注者ともに地域企業の受注機会が減少するのではないかという懸念がある。」としている。

この背景には、「地方公共団体職員におけるPFI事業の発注業務や企画提案等への不慣れや民間事業者におけるSPCへの参画の経験・ノウハウ不足など」を課題と指摘したうえで、是正する施策の方向性として、以下の3点を提言している。

① 地域の民間事業者の参画や地域外の民間事業者との交流、官民対話やノウハウの共有を促すため創設したPPP/PFI地域プラットフォーム協定制度を拡大すること

② 地域プラットフォームにおいては、地域の課題・事情に精通し、かつ、地域企業への事業に要する資金の出し手と

67

なり得る地域金融機関のより積極的な参画を促すこと

③ 地域経済活性化や環境問題などの社会的課題の解決に資するPPP/PFIの促進のためには、発注時に地域経済社会の成長につながるような提案等に対して加点等が行われるなど十分な評価が行われることが必要であり、PFI法に規定する基本方針を定める際の配慮事項（同法第4条第3項）にそのような努力義務を記載すること等を検討すること

（2）筆者コメント

筆者自身、地方自治体の首長や職員にPPP/PFIの適用を質問すると、「地元企業が参画できなくなるので導入しない」という声を聞くことは少なくない。こういう声は地方圏に限った話ではなく東京にもある。

確かに、地元企業対大企業という対立図式で捉えると、地元企業を選びたいという意向は首肯できる。グローバルに活躍する大企業はいつ地域外に移転するかわからないし、災害発生時に頼りになるのは地元企業だからである。

しかし、地元企業対地元住民という観点で捉えてみてはどうだろうか。地元企業が、大企業と同じ公共サービスを、価格が低く質も高く提供できるのであれば、そもそも競争しても地元企業が選ばれるはずである。地元企業が競争に勝てないことを前提にするのは、価格や質が劣っていると認めているからだ。にもかかわらず採用するべきと主張するのは、地元住民の不利益と引き換えに地元企業に利益を与えることを主張していることになる。

たとえば、新しく町役場を建設する際に売店や喫茶店をテナントとして入れるとして、大手コンビニチェーンやカフェチェーンが入るのを禁止するルールはありえないだろう。仮に、そうしたことをすれば、結局は住民から失望されるだけである。

筆者は、地元企業を保護するという発想自体が間違いであると考えている。競争を抑制する方向で保護しても、競争力は身につかない。そうではなく、現在は競争できなくても将来は競争して勝てるような企業に育成するという観点が必要だ。その地域の情報をもっとも多く保有しているのは地元企業だ。その優位性を生かして競争力を高めるのである。

「地域プラットフォーム」は、地元企業の成長の場としてすでに機能し始めており、その充実が成長機会として有効であることは間違いないだろう。

さらに、「成長につながるような提案への加点」という提言に注目していただきたい。現在、PPP公募審査で用いられる総合評価の項目には「地域経済効果」が含まれることが一般的だが、残念ながら、地元企業を下請けとして採用する、地元から雇用する、地元の原材料を利用するなど地元企業対大企業の図式を超えていないものが多い。「成長につながるような提案への加点」とは、地元企業の成長を促す役割分担や共同作業の創意工夫を大企業に求めるというものだ。実際に、地元企業と大企業が提案段階から対等の立場で検討した提案がなされれば、高く評価すべきであることも言うまでもない。

8. 地方公共団体が要するアドバイザリー費用等に対するより適切な支援

(1) 提言内容

　法律、財務などはPPP固有の業務であり、自治体には十分なノウハウがない。提言でも、「民間の創意工夫を最大限引き出すため、事業の企画段階で官民対話を十分に行い、官民のリスク分担などを示した実施方針、要求水準書等を示して公募した上で、設計から運営までを一括して発注するという従来の事業にはない作業が発生し、その作業の多くに専門的知見が必要なことから、その発注業務の一部を民間のコンサルタント等へ委託することが一般的である。」と解説している。

　これに対しては、「アドバイザリー費用等についても地方公共団体の初期の財政負担を軽減するインセンティブ等が必要ではないか。」、「地方創生推進交付金等の支援施策を活用して積極的に支援すべきではないか。」と提言している。

　さらに、「同時に、地方公共団体の職員が自力でできる業務範囲の拡大のため、導入可能性調査等の簡素化」、「個々の事業の特性を踏まえて複数の地方公共団体で類似事業をまとめて発注するなど、事業の大規模化も支援すべきではないか。」とも提言している。

(2) 筆者コメント

　短期的な措置としてアドバイザリー費用の財政支援が有効であることは事実である。しかし、中長期的には、そもそもアドバイザリー自体が必要ないようなシステムを作り上げることの方がより重要だと考えている。上記の「導入可能性調査等の簡素化」はこうした問題意識に添って提言したものである。

　そもそも、導入可能性調査を行うのは、導入可能性のない事業に、多大の時間や予算を使うことを避けるためである。しかし、本当に導入可能であることは、公募に対して提案が出ることでしか検証されえないものである。現に、指定管理者や公的不動産などPPP手法によっては、導入可能性調査を行わない手法も多い。

　事前調査にできるだけ時間と予算をかけずに済ますために、「導入可能性調査」というプロセスを標準から外すべきではないだろうか。

9. 資格等の整備

(1) 提言内容

　人材育成に関する提言である。「PPP/PFIの導入を試みたいと思いつつも、PPP/PFIに係るノウハウを有する職員がいないことで首長のリーダーシップが発揮できず、十分な検討まで至らずに断念してしまう現状がある。一方で、過去にPPP/PFIを経験してノウハウを習得していても、事業が少ないため知見を活かせていない自治体職員、地域金融機関、地域企業の担当者等も多い。」と指摘している。

　これに対して、「地方自治体、地域金融機関、地域企業等でPPP/PFIに係る業務経験を積んだ者や、研修等を行い基礎的な知見を取得した受講者を評価・認定し、それらの人材を活用する仕組み等を政府が主導して検討すべきではないか。」と提言している。

(2) 筆者コメント

　PPPを進めたくても誰に頼れば良いかわ

からないので、他の分野で用いられている資格制度等を整備するという趣旨である。資格がその人の能力を表すシグナルになることは、弁護士であれ、建築士であれ、他の分野では一般的にあることである。

ただし、PPPでは注意しなければならない点がある。PPPとは、官民パートナーシップであると同時に、行財政、金融、経済、経営、法律、まちづくり、都市計画、建築などの異なる分野の専門家同士のパートナーシップでもある。これらの知識と経験をすべて備えた人材を育成することはできない。たとえば、弁護士、公認会計士、一級建築士をすべて取得することは無理である。仮に、3つの資格を有する人材がいたとしても、プロジェクトファイナンスの知識を求められているケースでは十分な役に立たない。

PPPの良さは、縦割りの知識ではなく、横断性にある。自分自身は多様な分野の専門的知識をすべて有しているわけではないが、多様な分野の専門家と意見交換し、利害を調整し、シナジー効果の発揮を促すことができるような人材だ。

本学でもPPPや地方創生を対象とする社会人大学院[7]を設置し、現役の公務員や民間企業社員に対する専門的な教育を行っている。バックグラウンドの異なる人材が、自分の弱点を補完することで、互いにコミュニケーションが取れるようになる。官と民、あるいは文系と理系の人材が互いの発想に触れるだけでも目の覚めるような効果があるのは事実だ。目指しているのは横断的人材であり、弁護士、公認会計士、一級建築士を養成しているわけではない。

以上の観点を考慮すると、国が奨励すべき「基礎的な知見」とは、内閣府等が今までPPP/PFI関連で発表してきたガイドライン、マニュアル、事例集等の文書類に対する正確な理解ではないだろうか。

PPP事業の経験者でも全体を正確に把握している人はほとんどいないが、具体的にPPPを進めるには、どの分野の専門家にとっても、これらの文書類が示す意味を理解することは必要なことである。「基礎的な知見」の定義が明確になれば、シグナルとしての信頼も増す。もちろん、筆者および東洋大学としても協力は惜しまない。

10. おわりに

以上の通り、PPP/PFI事業の推進にあたっての課題は少なくないが、対処すべき方向性が明らかになることで、問題は解決の方向性に向かうであろう。

しかしながら、それでも十分とは言えない。日本の名目GDP（2018年度確報）は547兆円、公的資本形成は28兆円、政府消費を含めた公的支出は136兆円に上る。日本の政府支出をゼロから見直し、民に委ねることで費用対効果を高められる可能性を極限まで追求した結果が、「10年間で21兆円」にとどまることはないだろう。

国、自治体には運営の効率性を抜本的に見直すこと、市民には次世代にできるだけ税金や負債の負担を負わせないような公共サービスの在り方を考えること、民間には単なる受注の観点ではなく国や地域を良くするための建設的な提案を行うことを望みたい。

7　東洋大学大学院経済学研究科公民連携専攻　http://www.pppschool.jp/

第1章 公民連携の動き（公共サービス型）

本章では、公共サービス型PPPを取り上げる。この類型のPPP事業は、主に公共の資産を用いて、民間事業者が公共サービスを提供するもので、PFI法や地方自治法をはじめとした法律により手法が規定されているものも含む。

1. PPP／PFI

2020年9月に内閣府が公表したPFI事業の実施状況によると、2019年度に実施方針が公表されたPFIの件数は77件となり、1999年にPFI法が施行されて以降、最多となった。16年度に54件と50件を超えてから17年度に64件、18年度は74件と、政府による導入支援の取り組みが着実に成果を上げているといえるだろう。また、2020年改定版のPPP／PFI推進アクションプランでは、コンセッション事業において「建設」「改修」を運営権者が実施できるようにするための制度改正を進めていくことや、キャッシュフローを生み出しにくいインフラへのPPP／PFI導入拡大にむけたガイドライン等の整備、BOT方式の活用拡大のための税制の特例措置拡充等によるBTO方式とのイコールフッティングの推進などが掲げられた。

2019年10月に改正水道法が施行されたことにより、水道事業にコンセッション方式を導入する場合に、自治体が水道事業者としての位置づけを維持しながら民間事業者に運営権を設定することができるとされ、今後は水道事業へのコンセッションの導入も期待される。熊本県有明・八代工業用水道では、日水コンを代表企業とするコンソーシアムが事業者に選定された。宮城県の上下水道と工業用水を一体化したコンセッション事業も事業者選定が始まっており、2020年度中に優先交渉権者が選定される見通しだ。

一方で、東京都は下水道事業の運営方式についてコンセッション方式の導入を見送り包括委託方式を導入していく方針を打ち出した。近年、人工知能（AI）をはじめとして新技術のインフラ維持管理分野への応用が広がってきていることから、新技術を導入するには、契約期間が比較的短い包括管理委託のほうが適しているという判断をした。また、都内の下水道施設の多くが雨水との合流式であることも理由の一つに挙げられている。

その他の事業では、鳥取県が県営水力発電所のコンセッション事業を開始した。同事業は、春米発電所など4カ所のダムを再整備して20年間運用するもの。運営権対価は167億8300万円。

また、道路法が改正され、新宿駅に隣接する長距離バスターミナル「バスタ新宿」のような交通ターミナル（特定車両停留施設）に対してコンセッションが活用できるようになった。

2019年にPFI法施行から20年を迎えた

ことを受けて、PFI事業の事後評価の在り
方についてのマニュアル整備の検討なども
進んでいる。

図表Ⅱ-1-1　PPP／PFIの動き

年月日	見出し	内　　容
2019/9/4	公共施設建て替えに官民会社＝山口県山陽小野田市	山口県山陽小野田市は、老朽化が進む市の公共施設を建て替えるため、民間事業者と設立した新会社の下で事業を進める検討を始めた。新会社に市所有の土地を現物出資し、事業者が建て替え費用を負担するPPPの一環。市は土地提供の代わりに整備費用の負担を抑えられ、事業者は新たなビジネスチャンスにつながる。まちのにぎわいづくりへ国内初の実現を目指す。
2019/10/30	民営化後初の東南アジア定期便＝バンコク線復活－仙台空港	タイ国際航空が運航する仙台とタイ・バンコクを結ぶ定期便が、約5年半ぶりに復活し、仙台空港で歓迎イベントが行われた。この路線は仙台空港が民営化されてから初めての東南アジア定期便となる。
2019/11/5	公園の改修、運営をPFIで＝東京都多摩市	東京都多摩市は、多摩ニュータウンの中心部に位置する多摩中央公園の改修、運営をPFI方式で行う。事業者にアンケートを行ってから個別に対話する「サウンディング調査」を実施し、来年2月ごろに具体的な手法を決定。事業手法としては、Park-PFI制度か、PFI法を活用する方針。
2019/11/12	防災強化に民間資金活用＝経済同友会、来年3月政府に提言へ	経済同友会の桜田謙悟代表幹事は、大規模化する災害に備え、専門チームを編成し、民間資金を活用した防災インフラ強化策を検討する考えを明らかにした。大災害の頻発を前提とした防災インフラの確立に向け、PFIの導入拡大が急務だと強調。
2019/11/19	公園管理に「Park-PFI＝広島県福山市	広島県福山市は、公園管理の手法としてPark-PFIを導入する。中央公園内の施設整備や管理運営を行う民間事業者を公募する予定で、市によると中四国地方では初めてという。市が取り組むJR福山駅前の再生の一環。
2019/11/19	新国立競技場、今月末完成を確認＝民営化計画は先送り－閣僚会議	政府は、2020年東京五輪・パラリンピックに向けた新国立競技場の関係閣僚会議を首相官邸で開き、今月末の完成見込みを最終確認した。当初年内に決める予定だった競技場の民営化計画を、大会後に先送りすることも報告された。
2019/11/21	車道なくし公園整備＝JR大津駅前に－大津市など	滋賀県大津市は、JR大津駅近くの大津駅前公園について、民間事業者と連携してカフェを設けるなどして再整備すると発表した。従来の公園に隣接し、同駅と琵琶湖岸を結ぶ「中央大通り」の車道を1車線なくし、歩道も整備する。Park-PFI制度と道路占用許可特例制度を活用。
2019/11/21	IR実施方針案を公表＝「万博前の開業目指す」－大阪府・市	カジノを含む統合型リゾート（IR）の誘致を目指す大阪府・市が実施事業者に求める条件などをまとめた実施方針案が公表された。方針案は開業時期について「2025年大阪・関西万博前の開業を目指しつつ、公民連携して取り組む」と記載した。
2019/11/25	宮城県、水道運営民間委託で条例案＝全国初、22年度導入へ	宮城県の村井嘉浩知事は、上下水道事業の運営権を民間に委ねる全国初の「コンセッション方式」の導入に向けた条例改正案を県議会に提出した。上水道、工業用水道、下水道の3事業を官民連携で一体的に運営する「みやぎ型管理運営方式」を打ち出し、2022年度の導入を目指している。
2019/11/25	民間資金で公園施設整備＝県内外から事業者募集へ－山形市	山形市は2020年度、Park-PFIにより民間資金を活用し、市内4公園で飲食や運動施設の整備運営を目指す。小規模な公園ではキッチンカーやコンテナハウスの導入も検討する。
2019/12/4	業者が西尾市に賠償請求＝PFI事業で－愛知	PFI方式による公共施設再配置事業をめぐり、SPCから事業を請け負っていた業者は、愛知県西尾市に対し、約1250万円の支払いを求める国家賠償請求を名古屋地裁に起こしたと発表した。2016年に施設の新築や解体を一括して行う契約をSPCと結んだ。17年6月の市長選で初当選した中村健市長は多くの主要事業を取りやめる計画見直しを行った。
2019/12/6	まちづくりでPPP、PFI活用＝NPOの7提案受け－宮城県登米市	宮城県登米市は、PPPや民間資金活用によるPFIを活用したまちづくりの検討に着手した。市が委託したNPO法人が、道の駅の有効活用など七つの提案を実施。市は地元の経済団体などでつくるプラットフォームで実現可能性などを議論し、今後1年ほどで方向性を固める。
2019/12/11	民間資金で公園内施設を整備へ＝県内初のPark-PFI－森三重県四日市市長	三重県四日市市の森智広市長は、Park-PFIを活用し、市が管理する中央緑地公園内に飲食店や広場などの施設を整備する方針を明らかにした。県内自治体では初の取り組みで、2020年2月に事業者を募集する。
2019/12/13	条例改正案、委員会で可決＝全国初の水道事業民営化で－宮城県	上下水道と工業用水事業の運営権を民間に委ねる全国初の「コンセッション方式」の導入をめぐり、宮城県議会の建設企業委員会は関連条例の改正案を賛成多数で可決した。12月議会の最終日となる17日の本会議でも可決される見通し。

2020/1/15	美術館新設で全国初のPFI＝槙文彦氏の事務所が設計―鳥取県教委	鳥取県教育委員会は、2024年度に倉吉市にオープン予定の県立美術館の整備運営事業者を発表した。設計は、槙総合計画事務所が担当する。県教委によると、新設の美術館で、PFI方式で建設から維持管理、運営を行うのは全国初という。
2020/1/24	全国で「バスタ」整備促進＝官民連携、ノウハウ活用―国交省	国土交通省は、バスやタクシーなどの乗り場を集約し、鉄道駅と直結した交通結節点としてのターミナルの全国的な整備促進に乗り出す。「バスタ新宿」をイメージ。道路管理者の国や自治体と、運営する民間事業者の役割を明確にし、民間ノウハウをより活用するため、コンセッション方式での運営を可能とする。
2020/1/27	公民連携フォーラムを開催＝本業で課題解決、SDGsにも―大阪府	大阪府は、公民連携の手法や成果を企業、自治体関係者らと共有する「公民連携フォーラム」をりそな銀行との協力で大阪市内で開催した。公民連携は企業の本業で社会課題を解決し、国連が掲げるSDGsにも合致すると紹介された。
2020/1/30	サッカースタジアム、中央公園西側に建設＝事業費200億円超―広島市	広島市は、2024年開業を予定しているサッカースタジアムを中央公園広場西側に建設する方針を示した。概算事業費は、消費税込みで約230億～270億円。建設資金は民間企業や個人から寄付を募るほか、企業版ふるさと納税制度での確保も検討する。国の交付金や使用料収入なども活用する。
2020/2/5	市長らが企業向けプレゼン＝官民連携促進で―東村山市、清瀬市、東久留米市	東京北多摩地域に位置する東村山、清瀬、東久留米の3市長が、企業向けに各市の魅力や課題を伝えるプレゼンテーションを実施した。官民連携を促進するのが狙い。官民連携に関心のある企業約20社や地方議員らが参加した。
2020/2/12	空港整備の基本構想策定へ＝民営化も検討―岡山県	岡山県は2020年度、県が管理する岡山桃太郎空港の施設整備など今後10～15年のビジョンを示す基本構想を策定する。好調なインバウンド需要を背景とする利用者増に対応する方針だ。近隣空港で相次ぐ、運営権を売却する「コンセッション方式」による民営化も検討する。
2020/2/14	古い水道管、撤去なしで更新＝750億円の費用削減―静岡県企業局	静岡県企業局は、水道管や水道施設の更新費圧縮に取り組んでいる。水道管の更新では、現在使っている水道管を掘り出して廃棄すると約750億円の撤去費が掛かるため、掘り出さず地中に残し、新たな水道管を隣に埋める方式を採用する。この他、PPPの利用などによって、計1000億円程度の費用を削減する方針だ。
2020/3/2	国スポ水泳会場が入札不調＝滋賀県草津市	滋賀県草津市は、2024年国体の水泳会場となる市立プールの整備・運営事業について、全ての入札参加者から辞退届が提出され、不調となったと発表した。今後、辞退した事業者から意見を聞き、県と協議した上で対応を検討する。
2020/3/4	エスコ事業で道路照明LED化＝東京都八王子市	東京都八王子市は2020年度、町会や自治会が管理する街路灯と、市が管理する道路や公園内の照明灯をLED化する事業を始める。民間事業者に切り替え工事や維持管理を委託する「ESCO事業」のスキームを活用し、2年間で切り替えを完了させる予定。必要経費は、将来見込まれる電気代の節減分を原資に、複数年で事業者に支払う。
2020/5/29	庁舎移転など大型3事業停止＝新型コロナ対応に注力―田辺静岡市長	静岡市の田辺信宏市長は、新型コロナウイルス対策に集中するため、清水庁舎の移転と歴史文化施設、海洋文化施設の建設の三つの大型事業をいったん停止すると発表した。海洋文化施設や庁舎移転はPFI方式を導入する予定だったが、新型コロナの影響で民間事業者の投資が難しくなったことも背景にあるという。
2020/6/10	関西エア、民営化後初の減益＝コロナで旅客激減―20年3月期	関西国際空港などを運営する関西エアポートが発表した2020年3月期連結営業利益は、前期比8％減の524億円にとどまった。新型コロナウイルスの影響で2月から国内外の旅客数が激減。16年の民営化以降、初の減益決算となった。
2020/8/27	水力発電の運営権を民間に売却＝鳥取県	鳥取県は、県営水力発電所の所有権を県が保有したまま運営権を民間企業に売却するコンセッション方式での水力発電事業が始まるのに合わせ、事業者に運営権を引き継ぐ式典を開いた。再整備の必要があった県営の四つのダム水路式水力発電所を再整備し、20年間運営するもの。運営権の売却価格は約167億8300万円。
2020/8/31	大型建設事業を一部再開＝2事業は今年度の再開断念―田辺静岡市長	静岡市の田辺信宏市長は、新型コロナウイルス感染症により一時停止していた三つの大型建設事業について、市中心部の歴史文化施設は再開する考えを明らかにした。一方、清水区の海洋文化施設と清水庁舎移転は民間事業者の参入のめどが立たないことなどから今年度中の再開は断念する。
2020/9/14	コンセッション方式見送り＝包括委託を順次導入―東京都下水道局	東京都下水道局は、経営効率化のため検討していた水処理施設の運営手法について、コンセッション方式を見送り、包括委託を段階的に導入する方針を決定した。短期間で契約更新となる後者の方が、AIなどの先端技術を取り込みやすいと判断した。包括委託の期間など契約内容の詳細は現在調整中だという。
2020/9/15	三井不動産、名古屋に公園一体型商業施設＝18日にオープン	三井不動産は、名古屋市の中心地・栄地区にある久屋大通公園内に公園一体型商業施設「ヒサヤオオドオリパーク」をオープンする。カフェやレストランに加え、高級ブランド、アウトドア用品店など35店舗を公園の各所に配置し、多様な客層の需要に応える。Park-PFI制度を用いた事業としては日本最大。

| 2020/9/17 | 民間資金でNPOの課題解決支援＝大阪府 | 大阪府は、民間資金を活用し、NPO法人による社会課題解決を支援するモデル事業を実施する。投資家の村上世彰氏が創設した村上財団の協力を得たもので、公民連携による新たな政策手法を目指す。府と協働する三つのNPO法人は、財団に計画を提案した上で資金提供を受ける。 |

2. 委託／指定管理者／市場化テスト

委託に関連した話題では、内閣府を中心に「成果連動型民間委託（Pay for Suc-cess、PFS）」の導入に向けた検討が進められている。これは、委託事業において、近年注目を集めているソーシャルインパクトボンド（SIB）等に代表されるように、事業で得られた成果に応じて民間事業者への支払いを行うものを指す。英国で先進的に導入が進み、その後各地に広がっている取り組みである。成果を重視することにより行政の縦割り打破や複合的に問題が絡み合う社会課題に対して柔軟な対策を取ることができる等の効果が期待されている。オーストラリアでは、投資家へのリターンが平均して10％を超えるSIBなどもある。

英国でこういった取り組みが進んだ背景には、PFI事業導入のころに提唱されたバリューフォーマネーやその後ブレア政権下で進められたベストバリューという政府プログラムによって、公共サービスの成果の定量評価、自治体監査などが行われてきた積み重ねがある。公共サービスによって生み出される社会的価値の定量化（金銭価値化）も進み、導入の一助となっているという。日本ですでに導入されているSIBでは、本来PFSで重視されている成果（アウトカム）ではなく、アウトプットの評価にとどまっているものもある。今後、導入が広がるには、「成果」の評価方法の標準的な考え方の整備などが必要となる。

英国では近年、中央政府から自治体等への予算配分においても成果連動の考え方を取り入れる活動が進んでいる。例えば、スコットランドで導入されたGrowth Accel-erator ModelやTax Increment Financingでは、インフラ整備や街づくりのもたらす社会経済的な成果を求める資金調達スキームを導入している。こういった考え方は、「使われない」インフラや身の丈に合わない公共施設の整備など効果を過大に評価した公共事業を抑制する効果も期待できる。

指定管理者協会は2020年3月、新型コロナウイルス感染症の感染拡大とそれによる公共施設の臨時休館や施設利用自粛が広まったことを受けて、「新型コロナウイルス感染症（COVID-19）の拡大に伴う指定管理施設の対応に関するお願い（第3報）」を公表した。

この中では、新型コロナウイルスの感染拡大による事業計画の変更等は「不可抗力」であるという考え方を前提に、休館やイベント等の中止によって収入が減少した場合、それらに伴って支出が減少した場合について、自治体と指定管理者の間での精算する際の検討すべき費用項目の考え方を示した。この他にも、イベントの中止等を決定する際の情報公開の適切な実施手順の必要性なども訴えた。

図表Ⅱ-1-2　委託／指定管理／市場化テストの動き

年月日	見出し	内　　容
2019/ 9 /19	選定時の外部有識者等審査は93％で実施＝指定管理者制度の運用状況調べ―地方行財政調査会	地方行財政調査会は、指定管理者の選定や運営評価などにおける外部有識者等の活用の有無、決算剰余金の取り扱いなどを調べた。指定管理者の選定時における外部有識者等による審査の有無を聞いたところ、「すべての施設」で行っているのは北海道函館市など63市、「一部の施設」は前橋市など24市で、合わせて87市（回答市の92.6％）が実施していた。
2019/ 9 /24	古民家活用しサイクリスト旅館＝茨城県かすみがうら市	茨城県かすみがうら市は、自転車旅行者向けに古民家を再生した宿泊施設を来夏オープンさせる。2019年10月に家の修理を始め、来夏のオープン後は指定管理者に運営を委ねる。1戸丸ごと貸し出す方式とする。
2019/10/ 1	総務系事務を一部外部委託＝愛媛県	愛媛県は、働き方改革を推進するため、各課がそれぞれ行っている総務系事務の一部を集約し、外部委託する。また、辞令などの人事資料を電子化するほか、職員の働き方の意識改革に向けた手引も作る。
2019/10/17	給食民間委託などで3億円強削減＝福岡県小郡市	福岡県小郡市は、緊急財政対策計画（2020～22年度）に基づき、初年度分の歳出削減プランをまとめた。市立小学校3校の給食調理を民間委託するなどし、一般財源ベースで計3億1500万円を削減する方針。
2019/10/18	成果連動型民間委託推進へ調査＝自治体の導入支援―内閣府	内閣府は2020年度、業務の成果に応じて受託事業者に対価を支払う「成果連動型民間委託（PFS）」の推進を目指し、地方自治体への導入支援の在り方を探る調査を行う。成果次第でより高い報酬が支払われる仕組みを普及させることで、民間による創意工夫を引き出し、新たな取り組みの試行や既存サービスの改善などの効果が現れることを期待している。
2019/11/ 6	松江城入場券販売にPOSレジ導入＝島根県松江市	島根県松江市は、鳥取県松江城に登城するためのチケット売り場にPOSレジを導入した。登城者のデータを蓄積して動向をつかみ、施策の立案や検証に生かす考え。市が取り扱い項目に定めた52項目のデータを自動で蓄積できるようになった。指定管理を委託する企業と共にデータの分析を行って観光客の動向をつかみ、効果的な誘客方法を探る。
2019/11/ 7	アサヒビールと包括連携協定＝地域活性化などで―大阪府	大阪府は、地域活性化の推進などを目的に、アサヒビールと包括連携協定を締結した。同社は売り上げの寄付などを行う。
2019/11/12	モデル事業で外国人の社会参加促進＝北海道釧路市	北海道釧路市は、日本語が不自由な外国人住民が地域社会に溶け込めるよう、さまざまなイベントを開催し、参加を呼び掛けるモデル事業に取り組んでいる。地域に住む外国人を地域に巻き込むことで、コミュニティーを活性化させる狙いもある。
2019/11/27	指定管理、サービス水準維持が課題＝公立公民館等の使用基準・指定管理者制度の導入状況に関する調べ―地方行財政調査会	地方行財政調査会は、都市の公民館の使用基準や民間活力を活用した運営について調べた。調査では公民館使用料の優遇措置や、指定管理者制度導入後のサービス水準維持などが課題となっていることが分かった。
2019/11/27	停電時にEV活用を＝官民連携へ行動計画―経産省	経済産業省は、大規模停電時に電気自動車を移動電源として活用する体制を整えるための行動計画を公表した。行動計画では、自治体や自動車メーカーにEVの電源活用方法を積極的に発信するよう要請。2020年度以降、国の防災基本計画や自治体の防災計画にEV活用を盛り込むことを検討課題に挙げた。
2019/11/28	市有車管理、委託検討へ＝北海道芦別市	北海道芦別市は、市有車の維持管理業務を民間委託できないか検討する。市は委託した場合のコストを試算するなど効果を検証し、是非を判断する。
2019/12/23	中学部活を学生アスリートが指導＝教員の負担軽減―宮城県岩沼市	宮城県岩沼市は、中学校の部活動指導に体育系大学の学生や外部講師を派遣する取り組みを始めた。市は体育施設の指定管理者であるフクシ・エンタープライズや仙台大学と部活動支援の協定を結び、取り組みをスタートさせた。
2020/ 1 /22	指定管理者の期間短縮協議開始を要請＝神奈川知事への質問書に回答―やまゆり園問題	神奈川県は、相模原市の障害者施設「津久井やまゆり園」の指定管理者「かながわ共同会」が送付した黒岩祐治知事あての質問書に回答したと発表した。指定管理者を変更して公募する根拠を求めたのに対し、身体拘束や虐待の事例が複数確認されたとして、指定管理者の期間短縮協議の開始を求めた。
2020/ 1 /24	成果連動型民間委託でセミナー＝内閣府	内閣府は、業務の成果に応じて受託事業者に対価を支払う「成果連動型民間委託（PFS）」の推進を目指し、セミナーを開催する。関心のある自治体や民間事業者を対象に各省庁の取り組みなどの情報を提供する。

2020/ 1 /28	生活保護、一部民間委託検討＝23年の法改正も視野ー厚労省	厚生労働省は、千葉県市川市などから政府に出されている地方分権改革に関する提案を受け、生活保護関連業務の一部を民間委託できるようにする検討を始めた。まずは、現行法の下でも可能な業務内容を2020年度中に整理し、通知などで自治体に伝える。法改正が必要な業務についても必要と判断すれば、その内容を23年通常国会に提出する生活保護法改正案に盛り込むことを視野に入れている。
2020/ 1 /31	事業再委託のルール明確化を＝相模原市の外部監査	相模原市の包括外部監査人は、2019年度の監査結果を報告した。事業の外部委託を中心に監査した結果、受託した業者らがさらに別の業者に委託する再委託、再々委託に問題のあるケースが散見されたとして、再委託に関するルールを明確化し、それを庁内に周知徹底する必要があると指摘した。
2020/ 2 / 5	公共空間の在り方を構想＝民間の知見取り入れー愛知県安城市	愛知県安城市は、公園や道路など公共空間の在り方を考える「みらい協創フォーラム」を開催した。公民連携の取り組みを各地で実践している民間企業を講演者として招き、自治体関係者や民間団体、一般市民ら135人が傍聴した。
2020/ 2 / 6	入館者数、実数より多く＝包括外部監査で指摘ー広島市	広島市の包括外部監査人は、2019年度の包括外部監査の結果を報告した。監査対象は市が出資する4団体。このうち、広島市交通科学館を管理する公益財団法人広島市文化財団について、入館者数を実数より多く報告していたと指摘した。
2020/ 2 /19	隈研吾氏が温泉施設再開手助け＝北海道標茶町	北海道標茶町は、釧路湿原国立公園内の唯一の温泉宿泊施設で現在営業休止中の「憩の家かや沼」の再開に向け、国立競技場などを手掛けた建築家の隈研吾らに基本計画策定を依頼した。
2020/ 3 /12	プロバスケチーム、大学と連携協定＝体育施設の活性化などー山形県山辺町	山形県山辺町は、プロバスケットボールチーム「パスラボ山形ワイヴァンズ」を運営するパスラボと東北芸術工科大学の3者で包括連携協定を結んだ。公園と体育施設の指定管理者であるパスラボがその有効活用を図るため、町と大学に協定を呼び掛けた。
2020/ 3 /18	指定管理者公募、当面見送り＝障害者施設「やまゆり園」でー神奈川県	神奈川県は、相模原市の障害者施設「津久井やまゆり園」で職員による虐待行為があったとされる問題で、運営する「福祉法人かながわ共同会」の契約期間短縮と指定管理者公募を当面見送る方針を明らかにした。県は、指定管理者の公募などを現在開催中の県議会に提案する予定だった。
2020/ 4 /15	臨時職員雇用や民間委託、国費で措置＝30万円給付で生じる事務負担ー政府	政府は、新型コロナウイルスの感染拡大の影響で収入が急減した世帯を対象に現金30万円を給付する支援策で、給付に要する事務費を全額国費で措置する方針だ。申請窓口となる市区町村に負担が生じないようにする。例えば、窓口での受け付けを実施する場合に、臨時職員の雇用や民間業者への委託に掛かる費用を想定。市区町村が相談窓口となるコールセンターを設置する場合の費用も含む。
2020/ 4 /24	子育て支援で高齢者研修など＝秋田県	秋田県は、子育て世帯を支援する一環で、地域の高齢者に積極的に子どもに接してもらえるよう、講座を開いたり支援団体を紹介したりする事業を始める。業者に委託する形で、2020年度当初予算に委託費用80万円を計上した。
2020/ 5 / 1	PCR検査センター、2日開設＝ドライブスルーでー福岡市	福岡市は、新型コロナウイルスの検査体制を強化するため、地域の診療所のかかりつけ医などから紹介があった患者を対象にPCR検査を行う「地域外来・検査センター」を市内に開設したと発表した。車で来場し、乗車したまま検体を採取するドライブスルー方式を採用。徒歩での利用はできない。運営は、福岡市医師会に委託する。
2020/ 5 /21	保安検査強化で指針＝人材確保、契約一括委託へー国交省	国土交通省は、航空機の利用者増加に対応できるよう、空港の保安検査を強化するための指針をまとめた。待機時間が長い検査員の労働環境を改善し、人材確保につなげる。検査の契約手続きを簡単にするため、空港が航空各社の契約をまとめ、検査会社に委託する仕組みも取り入れる。
2020/ 6 / 2	「フォレストかみきた」開業＝休眠ホテル再稼働、観光拠点にー奈良県上北山村	休眠状態となっていた奈良県上北山村のホテルのリニューアルが完了し、「フォレストかみきた」としてオープンした。大型の厨房も備えていたが、リニューアル後のレストランの規模に見合わないため2分割し、一方は調理スペースとして残し、もう一方は村民が農産物などを加工して特産物を調理できる場とした。
2020/ 6 / 4	商店街にIT化ノウハウ伝授＝東京都品川区	東京都品川区は、新型コロナウイルスの影響で売り上げが落ちている商店街を支援するため、インターネット販売などオンラインを活用した販促のノウハウ伝授を、地元のIT企業団体に委託する。委託先は一般社団法人「五反田バレー」で、主に五反田地区に拠点を置くベンチャー、スタートアップ企業の団体。
2020/ 6 / 9	観光5施設の雇用維持へ補助＝広島県安芸高田市	広島県安芸高田市は、新型コロナウイルス感染症の影響で休業していた観光施設5カ所の雇用維持や事業継続を支援するため、人件費や光熱費など計8800万円を補助する。人件費への補助金は従業員の休業手当に充て、国から雇用調整助成金が支給されたら市に返してもらう。

2020/6/17	防災技術利用の自治体支援＝官民プラットフォーム設置へ―内閣府	内閣府は、AIをはじめとした先進的なICTを利用した防災対策を推進するため、自治体のニーズと事業者の技術をマッチングさせる官民連携プラットフォームを設置する方針だ。ブロック単位で官民交流会を開いたり、モデル自治体で実証実験を行ったりといった取り組みを通じて、優良事例の全国展開を目指す方針。
2020/6/21	新スタジアム、募金苦戦＝「モリシ」が呼び掛け―Jリーグ・C大阪	J1、C大阪の新本拠地となる「桜スタジアム」。旧キンチョウスタジアムを改修し、来年6月の開場を目指す中、改修費に充てるための募金活動が思い通りに進んでいない。目標額は総事業費の66億円。完工まで残り9カ月という現段階で、募金額は約34億円と半分程度にとどまる。来年4月からC大阪が30年の期間で指定管理者として運営。
2020/6/23	「8050問題」実態把握へ＝生活困窮調査に補助―厚労省	厚生労働省は、高齢化した親が引きこもりの中高年の子どもを支える家庭で生活困窮と介護が一緒に生じる「8050問題」の実態を把握するため、主に自治体の生活困窮支援窓口に相談があった人を対象とした調査を実施する。近く調査を委託する民間会社の公募を始める。
2020/7/2	プレミアム商品券28万冊発行へ＝市スポーツ施設の指定管理者に支援金も―前葉津市長	三重県津市の前葉泰幸市長は、プレミアム率40％の商品券を28万冊発行すると発表した。市内の飲食や小売店などで利用できる。また、市のスポーツ施設の指定管理者に新しい生活様式の下での事業継続のための支援金を出す独自事業も実施する。
2020/7/22	ホール指定管理者に損失補償＝東京都小金井市	東京都小金井市は、市民交流センター「小金井宮地楽器ホール」の指定管理者となっているこがねいしてい共同事業体に対し、新型コロナウイルス対策の定員制限などに伴う損失分を補償する。2020年度補正予算に関連経費約1600万円を計上した。
2020/7/31	災害ごみ処理で委託業者と協定＝さいたま市	さいたま市は、可燃ごみや資源ごみの収集、処理を委託している事業者17社と災害廃棄物処理の協力に関する協定を締結した。市は委託事業者らと協定を結び、災害時の人員や資機材を確保することにした。
2020/9/10	里親支援、ショートステイ特化拠点開設＝京都市	京都市は、里親支援とショートステイ事業に特化した拠点を開設すると発表した。施設には里親が職員に悩みを相談したり、里親同士で交流したりできるスペースや、定員6人のショートステイ用の部屋を設置する。運営は社会福祉法人に委託する。
2020/10/13	委託、ヤフー納税導入などで効果38億円＝神奈川県平塚市	神奈川県平塚市は、2016～19年度の行財政改革で、小学校給食調理場の民間委託や、ヤフーを使った納税などで市税徴収に取り組み、歳出削減と新たな歳入確保の効果が計38億3700万円あったと公表した。

3. 民営化

岡山県の玉野市は、市立玉野市民病院を市内にある玉野三井病院と経営統合することで基本合意した。2021年度に地方独立行政法人を設立して経営を移管する。市の医療需要は21年をピークに減少する見込みとなっていることから、老朽化した2病院を統合して病床数を現在の2病院の合計から約4割削減（190床）した新病院を建設する。新病院の開院は24年度中を目指している。市民病院は赤字が続いていたことから、指定管理者制度の導入を検討したが、指定管理者が決まらなかった。医療法人と業務提携をして経営改善を図ってきた

が、地方独法の設置による経営統合に向けて玉野三井病院と協議を行っていた。

仙台市は、市ガスの民営化について事業を継承する民間事業者の募集を20年9月に開始した。最低譲渡価格は400億円とし、22年度中に事業を譲渡する。事業を譲り受ける会社の本社を新たに市内に設置すること、事業譲渡後5年間は事業譲渡日前日の料金水準を上回らないことや、同期間中は提案内容の履行状況を仙台市に報告すること、他社への継承資産の譲渡や事業譲渡を行わないことなどを求めている。譲受会社に対して市は出資を行わない一方、新たに財団法人を設立して事業譲受会社から一部の業務を受託する。21年春に優先交渉権者を決定する見込み。同市は、2005年に

ガス事業の民営化方針を打ち出して08年に事業継承者の募集を行ったものの、リーマンショックによる経済環境の変化を受けて09年に応募事業者から辞退届が提出された。

民営化とは逆に「公営化」が行われたのが神戸市の北神急行電鉄だ。神戸市は、新神戸駅と市北部の谷上駅（7.5キロ）を走る同電鉄と市営地下鉄との一体的な運行を目指し、阪急グループに対して資産の譲受を提案し、20年6月に「市営地下鉄」とし

て運行が始まった。同線は運賃が他の路線等に比べて高いことから利用者が伸び悩んでおり、市として地域の交通インフラの安定性、利便性の向上を目指し、同区間の料金を約半額に値下げした。同線は、市営地下鉄西神・山手線と相互直通運転を行っていた。資産の譲渡条件は、資産に瑕疵がないことを前提に198億円（税別）とし、残債務については引き継がないものとした。市営化に合わせて市バス路線の新設なども行われた。

図表Ⅱ-1-3　民営化の動き

年月日	見出し	内　容
2020/2/3	3保育所を民間移管へ＝市立幼保再編で－仲川奈良市長	奈良市の仲川元庸市長は、市が進めている市立幼稚園や保育園の再編の一環として、3カ所の市立保育園を市の関与も残しつつ民間に運営を移管する公私連携型保育所などに移行する方針を決めたと発表した。市は既に5カ所の幼稚園や保育園について民間移管を進めており、今回で計8カ所になる。
2020/9/3	JR東、定期券値上げ検討＝割安の「オフピーク」新設－民営化後初	JR東日本の深澤祐二社長は、定期券の値上げを検討する方針を明らかにした。詳細は今後詰めるが、定期券を含む運賃の値上げは消費税増税の影響を除き、1987年の国鉄分割民営化で同社が発足してから初めて。
2020/9/29	NTT、ドコモ完全子会社化＝4.3兆円で過去最大TOB－携帯値下げに前向き	NTTは、上場子会社で携帯電話最大手のNTTドコモを完全子会社化すると正式に発表した。TOB（株式公開買い付け）を通じ、一般株主らが持つ約34％の株式を取得する。買い付け価格は1株当たり3900円。買収額は約4兆3000億円に上り、国内企業へのTOBとしては過去最大の規模となる。
2020/3/26	かんぽ株の2次売却は問題なし＝不正販売「民営化前から」－特別調査委	かんぽ生命保険の不正販売問題で、外部の弁護士らによる特別調査委員会は、追加の調査報告書を公表した。報告では日本郵政がかんぽ株式の2次売却を実施した昨年4月時点で不正販売の一部を把握していたことに関し、「（日本郵政グループには）投資家の判断に著しい影響を与える事象が発生しているとの認識はなかった」と認定。
2019/10/21	公共サービスの基盤システム共有化＝情報処理促進法改正へ－経産省	経済産業省は、公共サービスやデジタル産業の基盤となるデータの管理システムについて、自治体や企業の枠組みを超えた共有化を推進する。人口減に伴い、公共サービスの民営化や集約を目指す動きがある一方、自動運転など次世代技術を広めるにはデータ連携が欠かせない。こうしたニーズに対応するため、臨時国会に情報処理促進法改正案を提出、成立を目指す。
2019/10/7	公立・民間病院が経営統合＝地方独法を設立－岡山県玉野市	岡山県玉野市は、市立玉野市民病院について、市内にある玉野三井病院と経営統合することで基本合意した。統合後の運営主体となる地方独立行政法人を2021年4月に設立し、24年度中の新病院の開院を目指す。経営統合後、新病院が完成するまでの約3年間は機能分化や人事交流などをしながら2病院体制を維持する予定。新病院の病床規模は両病院の計309床から約4割減らした190床とする。
2020/8/28	最低400億円で譲渡を＝ガス民営化で答申－仙台市有識者委員会	仙台市のガス事業民営化推進委員会は、事業譲渡者の公募に関する答申をまとめ、郡和子市長に渡した。公募時の最低譲渡価格を400億円とするなど選定基準や応募資格を提示。2022年度中の民営化に向けて9月上旬から公募を始めるよう求めた。
2020/4/15	駐輪場を廃止、民営化＝東京都国分寺市	東京都国分寺市は、西武鉄道西武線恋ケ窪駅周辺の複数の市営自転車駐輪場を順次廃止し、民営化する。現在は市シルバー人材センターが指定管理者となっており、年間約2000万円の運営委託料を支払っているが、地主の西武鉄道関連会社から「こちらで運営できる」との申し入れがあった。
2020/8/13	郵政、豪トールの売却検討＝一括・事業別両にらみ－複数の証券大手に打診	日本郵政が傘下のオーストラリア物流大手トール・ホールディングスの売却に向けて検討に入ったことが分かった。今週に入って複数の大手証券会社に対して具体案の提示を要請。売却に向けて初期段階の手続きを始めた。

4. 第三セクター

総務省がまとめた第三セクター等の調査によると、2019年3月末での第三セクター等の数は7325法人で、前年度から39法人減少した。第三セクターの経営状況を見ると、第三セクター等の59.7％が黒字、40.3％が赤字となった。第三セクター等の96.1％については資産が負債を上回っており、3.9％では負債が資産を上回っている。なお、地方独立行政法人は5.6％が債務超過となっている。

三セク等の情報公開について、全体では積極的に情報公開を行っている法人が79.1％となっているが、都道府県が関係する法人で96.9％、指定都市が関係する法人で98.8％なのに対して、市区町村が関係する法人では70.3％と開きがある。条例や要綱等が設けられている法人もそれぞれ都道府県が関係する法人は79.7％、政令市が関係する法人が87.1％なのに対して市区町村が関係する法人では33.3％と大きく乖離している。

第三セクター鉄道等協議会によると、三セク鉄道40社のうち33社が2019年度の経営実績で赤字となっていることが明らかになった。人口減少、台風等による運休、新型コロナウイルスの感染拡大防止のための休校措置などが影響を与えた。赤字33社の経常損失は82億2458万円（前年度78億3180万円）。黒字7社の経常利益は5億8168万円（同9億5839万円）だった。

こういった状況を少しでも改善しようと、同協議会では20年7月から各地の三セク鉄道を回って手書きサインなどを集める「鉄印帳」の販売を開始した。各社の指定窓口へ行くと有料で鉄印の記帳を受けられ、全40社の鉄印を集めると希望者に「マイスターカード」を発行する。一部の旅行会社では、同事業をツアーに組み込んだ鉄印帳付き宿泊プランなどの販売を始めた。

三セク鉄道の維持は、地域にとっては大きな課題の一つでもある。鳥取県若桜町は、町などが出資する三セクの若桜鉄道の運転士を募集・育成するため、地域おこし協力隊として人員募集を行った。養成期間中は町が雇用することで三セクの人件費負担などを軽減する。

図表Ⅱ-1-4　第三セクターの動き

年月日	見出し	内　容
2019/10/21	新幹線、バスで代替輸送＝学生ら、台風19号の不通区間－しなの鉄道	長野県の第三セクター「しなの鉄道」と同県、JR東日本は、台風19号の影響で不通となっている同鉄道の「上田―田中間」を通学で利用している学生や生徒を対象に、北陸新幹線やバスでの代替輸送を実施すると発表した。
2019/11/18	代行バス運行の財政支援検討＝台風被害の地域鉄道に－国交省	国土交通省は、台風19号など一連の豪雨災害で被害を受けた地域鉄道の事業者に対し、代行バスを運行した経費の財政支援を検討している。中小民鉄や第三セクターは経営が厳しいケースが多く、バスによる代替輸送の負担を踏まえた措置。
2019/11/28	空き家の総合相談窓口開設＝横浜市	横浜市は、空き家に関する一般的な相談を受け付け、個々の悩みに応じた専門家につなぐ総合案内窓口を開設した。市住宅供給公社が運営している住宅相談窓口「住まいるイン」で無料で対応する。
2019/11/29	国負担最大97.5％で調整＝台風19号被災の鉄道復旧費－政府	政府は、台風19号で被災した鉄道事業者を支援するため、路線などの復旧費を国が交付税措置を含めて最大で97.5％負担する方向で調整に入った。国土交通省は、第三セクターの三陸鉄道や阿武隈急行などへの適用を検討している。

2019/12/ 3	全都立病院を独法化へ＝公社併せ14病院―小池東京都知事	東京都の小池百合子知事は都議会定例会で所信表明演説を行い、都立の全8病院と保健医療公社の全6病院を独立行政法人に移行する準備を始めると表明した。
2019/12/13	三セクの日本最南端スキー場オープン―宮崎県五ヶ瀬町	日本最南端のスキー場「五ヶ瀬ハイランドスキー場」がオープンし、九州内などから集まったスキーヤー、スノーボーダーが初滑りを楽しんだ。運営は同町100％出資の第三セクターが担う。
2019/12/20	「村営軌道」を観光資源に＝北海道鶴居村	北海道鶴居村は、昭和半ばまで運行され、開拓や農業発展を支えた「鶴居村営軌道」を、観光振興などに活用していく方針だ。地域資源としての重要性を認識してもらうため、村の小学生や高齢者を対象に、簡易軌道に関する知識を伝える講座を開催。
2019/12/27	縦貫道、西日本高速が全線管理へ＝京都府、国など合意	京都府は、京都縦貫自動車道のうち府道路公社が管理する宮津天橋立インターチェンジ（IC）―丹波IC間について、2023年4月に西日本高速道路に移管することで国などと合意したと発表した。丹波ICから名神高速道路に接続する大山崎ジャンクションの間は、西日本高速道路が管理している。
2020/ 1/15	鉄道運転士目指す地域おこし隊員募集＝鳥取県若桜町	鳥取県若桜町は、町などが出資する第三セクターの若桜鉄道の運転士育成を支援するため、地域おこし協力隊員として同社の運転士を目指す人を募集している。養成期間中は町が雇用し、同社の人件費などの負担を軽減する。
2020/ 2/ 6	市営動物園、全国初の独法化＝大阪市	大阪市は、直営している天王寺動物園の経営形態を地方独立行政法人に移すことを決めた。飼育技術強化のための専門人材の確保や、園が独自に判断する柔軟な予算配分を可能とし、将来的な収益増へとつなげる狙いがある。
2020/ 2/20	被災鉄道の代行バス運行支援へ＝沿線市町と補助―長野県	長野県は、台風19号で被災した第三セクターのしなの鉄道と民間の上田電鉄の代行バスの運行を支援する。運行費用は国から補助が出るが、残りの部分についても、沿線市町と協力し、事業者の負担が出ないようにする方針。
2020/ 2/23	名古屋高速の事務員感染＝6料金所閉鎖、52人自宅待機―新型肺炎	名古屋市で新型コロナウイルスの感染が確認された60代男性が、名古屋高速道路公社の委託先の料金収受会社事務員だったことが分かり、同公社は料金所6カ所を閉鎖した。自動料金収受システム（ETC）も含め約2週間閉鎖する予定という。
2020/ 3/ 6	給食食材をドライブスルー販売＝臨時休校対応、ロス削減―福岡市学校給食公社	福岡市学校給食公社は、新型コロナウイルスの感染拡大防止策として市立の小・中・特別支援学校が臨時休校となったことに伴い、給食で使うはずだった食材の即売会を行う。来場者の密集を避けるため、ドライブスルー方式で販売する。
2020/ 5/ 1	「PCR検査センター」開設＝千葉県柏市	千葉県柏市は、新型コロナウイルスの検査体制を強化するため、車に乗ったまま検体採取を行える「柏市PCR検査センター」を開設した。センターは、市が出資している医療外郭団体「公益財団法人柏市医療公社」が運営。
2020/ 5/22	佐賀牛など300人にプレゼント＝県産品の消費喚起で	佐賀県地域産業支援センターのさが県産品流通デザイン公社は、新型コロナウイルス感染拡大の影響で需要が落ち込む県産品の消費を喚起するため、「＃佐賀支え愛」応援キャンペーンとして300人に県産品をプレゼントする。
2020/ 6/23	「鉄印帳」で全国巡りを＝三セク鉄道40社が連携	第三セクター鉄道等協議会は、各地の三セク鉄道を回って手書きサインなどを集める「鉄印帳」事業を始めると発表した。全国の三セク40社が連携し、朱印帳ならぬ鉄印帳で鉄道の利用増や地域活性化につなげる。
2020/ 6/26	有料道路、「朝無料」復活＝茨城県常総市	茨城県常総市は、市内を走る水海道有料道路について、平日朝の通勤時間帯の通行料金を無料にする。周辺道路の渋滞を緩和し、抜け道に利用されてきた通学路の安全性を高めたい考え。
2020/ 7/ 8	キャンプ場でワーケーション＝山形県尾花沢市	山形県尾花沢市は、休暇を取りつつ仕事をする「ワーケーション」を市内のキャンプ場で推進する。今回ワーケーションを推進するのは第三セクターが運営する「サンビレッジ徳良湖オートキャンプ場」。
2020/ 7/10	ソーシャルボンドを発行＝地方三公社で初―大阪府住宅供給公社	大阪府住宅供給公社は、地方三公社で初めてとなるソーシャルボンドを6月に発行した。国連が採択したSDGsの達成など、社会課題の解決につながる事業の資金調達を進めるのが狙い。
2020/ 7/14	三セク鉄道、33社赤字＝災害・コロナで乗客減―19年度経営実績	全国の第三セクター鉄道40社のうち33社が2019年度の経営実績で赤字だったことが、三セク鉄道でつくる協議会のまとめで分かった。輸送人員は25社で前年度より減少。赤字33社の経常損失は82億2458万円（前年度78億3180万円）。黒字7社の経常利益は5億8168万円（同9億5839万円）だった。
2020/ 7/20	通学定期券の有効期間延長に補助＝茨城県ひたちなか市	茨城県ひたちなか市は、新型コロナウイルスに伴う休校期間を踏まえ、児童生徒や学生を対象に通学定期券の有効期間を延長する費用を補助する。第三セクターのひたちなか海浜鉄道を利用し、定期券を保有する約400人が対象。
2020/ 8/27	キュウリ農家で新規就農者研修＝福島県須賀川市	福島県須賀川市は名産品である「岩瀬きゅうり」の産地維持のため、就農希望者を募り、研修を実施している。期間中は市の農業公社の臨時職員として雇用する。

2020/ 8 /31	県幹部職員104人が再就職＝7人は県主導の三セクに―神奈川県	神奈川県は、管理職手当を受給していた県幹部職員の過去1年間の再就職状況を公表した。内訳は、県主導の第三セクターが7人、その他の第三セクターが17人、民間企業が25人、その他の団体が55人の合計104人が再就職した。
2020/ 9 /12	団地でもテレワーク＝集会所の活用提案―東京都公社	団地にもテレワークの場所を―。東京都住宅供給公社は、賃貸住宅に併設している集会所の利用を促すため、テレワークブースを設置する試みを進めている。かつては自治会やサークル活動でにぎわった集会所だが、利用は減少傾向。
2020/ 9 /15	木材供給協議会と協定＝民間団体とは初―滋賀県造林公社	滋賀県造林公社は、県内の大津、草津、守山、栗東、野洲各市の木材関係業者10社で構成する大津・南部地域木材供給協議会と公社が供給する木材の利用に関する協定を締結した。同様の協定を多賀町、甲賀市、東近江市と結んでいるが、民間団体とは初めて。
2020/ 9 /28	中小企業の販路開拓支援＝オンライン商談会やネット販売―石川県	石川県は、新型コロナウイルス感染拡大に伴う出張の自粛などで受注が減っている県内中小企業の販路開拓を支援する。石川県産業創出支援機構や第三セクター「繊維リソースいしかわ」などの関係機関や業界団体とともに、機械や繊維、食品といった業界ごとにオンラインで商談会を開催する。
2020/10/14	農産物の販路拡大で商社設立＝岡山県津山市	岡山県津山市は、地域の農産物の販路拡大やブランド化などを担う地域商社を設立する。商社を核として、農業の収益性を高めるビジネスモデルを確立し、農業従事者の所得向上と担い手確保につなげる狙い。形態は株式会社とし、資本金6000万円は市が全額出資する。

第2章

公民連携の動き（公共資産活用型）

本章では、公共資産活用型のPPPを紹介する。公共資産活用型PPPは、公共の遊休資産等を民間事業者が活用して民間事業を行うもの。公共施設マネジメントによる施設の統廃合後の活用や、新しい財源の確保策としてますます重要性が増している分野である。

1. 公共資産活用

新潟県は、現在保有している未利用財産182件のうち87件を2023年度までに処分する目標を設定した。固定資産評価額から算出した売却価格は19億7700万円を見込んでいるという。20年度中に25件（想定売却価格11億2500万円）を処分する計画。職員宿舎や使わなくなった交番などが対象。21〜23年度は職員宿舎や高校のグラウンドなど62件（同8億5200万円）を計画する。

一方で、処分の対象としなかった低未利用資産には農地や山林など売却が難しいものもある。古い建物が残存していて解体費が土地の評価価格を上回ると想定する場合には、土地を無償譲渡して解体費を県が支払う「マイナス入札」の導入を検討するほか、有償貸付などの活用方法を探る。

国有地を地域活性化の活動に活用する動きも始まった。徳島市中心部にある国有地を阿波おどりの開催期間中のキャンプ場の敷地として貸し付ける事業が2018年に始まっている。この敷地は、阿波おどりの会場から徒歩10〜15分程度の立地にある。県有地、市有地と連なる約3ヘクタールの土地で、もともとは学校の敷地として利用されていた。国、県、市が合同で土地を貸し付け、青年会議所がキャンプスペースや駐車場、イベントステージなどを設置して2018年は4泊5日で延べ1088人が宿泊、2019年は台風による日程短縮の影響を受け延べ379人の利用があったという。

図表Ⅱ-2-1　公共資産活用の動き

年月日	見出し	内　　容
2019/10/17	IR予定地、事業者に賃貸へ＝松井大阪市長	松井一郎大阪市長は、大阪府市が誘致を目指すカジノを含む統合型リゾートの事業予定地を、事業者に賃貸する方向で調整する考えを示した。IR予定地は人工島「夢洲」内にあり、予定区域の49ヘクタールは全て市有地。市の試算では、予定地を売却した場合は約588億円で、賃貸の場合は1年当たり約25億5000万円を見込んでいる。
2019/10/17	民間施設でドローン撮影会＝SNSで魅力発信―静岡県	静岡県は、インターネット交流サイト（SNS）で影響力を持つ「インフルエンサー」らを対象に、ドローンの撮影会を開く。写真や動画を配信してもらい、県の魅力発信と観光促進につなげる。撮影会は遊園地などの民間施設で開き、運営企業にドローンの知識を身に付けさせることも目的とする。

2019/11/15	小学校敷地で小規模保育事業＝堺市	堺市は、市有地の有効活用の一環として、小学校の敷地の一部を使って小規模保育事業を運営する法人を募集している。待機児童数の減少につなげたい考えで、小学校との交流も期待している。2021年の開設を予定している。
2019/12/20	不明地対策で「ランドバンク」支援＝6.4％減の180億5300万円－国交省土地・建設産業局	国土交通省土地・建設産業局の2020年度予算案は、「臨時・特別の措置」を含めたベースで前年度比6.4％減の180億5300万円となった。所有者不明土地の発生抑制に向け、自治体や専門家が連携し、空き地などの適切な管理や流通を担う「ランドバンク」を立ち上げるような先進的な取り組みに関する経費を支援。
2020/ 2/ 4	鳥取砂丘近くに四つ星ホテル＝22年秋に開業－鳥取市	鳥取市は、市が保有する鳥取砂丘西側の未利用地に高級ホテルを整備するため、事業者らとの間で基本協定と市有財産売却仮契約を結ぶ調印式を開いた。外国人富裕層をメインターゲットにしたハイグレードな四つ星ホテルを整備する計画。
2020/ 3/11	「農の営み」原風景を保全＝東京都国立市	東京都国立市は、市内に残る水田や畑といった「農の営み」を残すため、農地の買い取りなどの保全事業に乗り出す。20年度は、買い取りの申し出があった市南部の城山公園近くの農地を買収し、同公園を拡張する。
2020/ 4/14	未利用財産87件処分へ＝新潟県	新潟県は、財政を再建する歳入確保策の一環として、2023年度までに未利用財産182件のうち87件を処分する目標を設定した。固定資産評価額などから算出した想定売却価格は、計19億7700万円を見込む。売却の見込みが立たない財産は、建物の解体費を県が負担する「マイナス入札」の実施も検討する。
2020/ 5/12	待機児童、2年連続減少＝神戸市	神戸市は、待機児童数が前年比165人減の52人だったと発表した。昨年度、民間保育施設の整備用地として市有地を貸し出す取り組みを推進した。市営住宅や市有施設の跡地のほか、初めて公園3カ所も活用。計7カ所での整備を実施した。
2020/ 7/22	国有財産「使ってもらう」施策推進＝古谷関東財務局長が就任会見	財務省関東財務局の古谷雅彦局長は、関東圏にある国有財産について「使っていただくことで長い目で国民のためになる」と述べ、賃貸で活用する制度を推進する考えを示した。現在16件ほど活用のための作業を始めているという。
2020/10/12	公用車をオークション出品＝茨城県東海村	茨城県東海村は、古くなった村バスと副村長車をインターネットオークションで売却する。公有財産を活用し、財源確保の一助としたい考えだ。

2. ネーミングライツ（命名権）／広告

●ネーミングライツ

PFI事業や指定管理者で管理運営されている施設が、新型コロナウイルスの感染拡大による臨時休館の影響などを「不可抗力」として取り扱うことが想定されている中で、取り扱いが難しいのがネーミングライツだ。2020年は、オリンピックの延期、野球、サッカーをはじめとしたプロスポーツのシーズン中断や短縮、学生の大会などが中止されたことで、スポーツ施設のネーミングライツの露出機会が大きく減った。大会等が行われなかった期間を加味してネーミングライツの期間を延長するなどの対策も考えられるが、契約更改時期とプロスポーツの開幕時期等の関係を整理する必要も生じるだろう。何よりオリンピックのような大規模イベントに関連したキャンプ地や練習場等では、仮にオリンピックが中止となれば、期間の延長では見合う効果が得られないだろう。

日経新聞（2020年9月14日付）の報道によれば、山形市は20年末で契約が切れる蔵王ジャンプ台の希望下限価格をこれまでの360万円から150万円に大幅に引き下げた。現在はクラレがネーミングライツを取得し「クラレ蔵王シャンツェ」と名付けているが、同社は契約更改の優先交渉に応じなかった。下限金額を引き下げたことで、2社が応募し、現在の契約金額（年間400万円）を提示した地元の半導体関連企業「アリオンテック」と5年契約を結んだ。名称は「アリオンテック蔵王シャンツェ」となる予定。

新型コロナウイルスの感染拡大による休校、給食の中止などによる子どもと生産者

の支援を目的として、兵庫県宝塚市でボランティアによる「宝塚こども応援プロジェクト」が行われた。市内４カ所の事業所が500円の弁当を子どもたちに100円で販売。その差額をネーミングライツとして１口7500円（弁当15個分）で販売した。

図表Ⅱ-2-2　ネーミングライツ（命名権）の動き

年月日	見出し	内　　容
2019/ 9 /25	歩道橋に命名権導入＝北海道苫小牧市	北海道苫小牧市は、新たな財源を確保するため、市内の歩道橋１基にネーミングライツを導入することを決めた。契約料について、他の自治体の取り組みを参考に検討していくという。市はこれまでスポーツ施設を中心に命名権を取り入れてきた。
2019/10/15	財源開拓で要求上乗せ可＝広告料など、20年度予算編成—山梨県	山梨県は、2020年度当初予算の編成方針をまとめた。国の補助金や県債の活用に加え、新たな歳入確保努力を講じることを各部局に求め、広告料やネーミングライツといった財源を開拓した場合には、増収見込み分を要求額に上乗せできるようにした。
2019/11/ 1	来季から「ペイペイドーム」＝ソフトバンクの本拠地—プロ野球	ソフトバンクは、福岡市にある本拠地球場の名称が来季から「福岡ペイペイドーム」に変わると発表した。2013年から「福岡　ヤフオク！ドーム」だったが、スマートフォンの決済サービス会社、ペイペイが命名権を取得した。
2019/11/ 7	新体育館をお披露目＝人気レストラン「さわやか」に命名権—静岡県袋井市	静岡県袋井市は、新しい総合体育館を報道陣に公開した。ネーミングライツを地元の人気ハンバーグレストランチェーン「さわやか」へ売却。来年４月に「さわやかアリーナ」として正式オープンする。契約額は年間70万円で、契約期間は10年。
2019/11/18	町田本拠地「Gスタ」に＝J2	Jリーグは、J2町田が本拠地とする町田市立陸上競技場の新名称が「町田GIONスタジアム」に決まったと発表した。物流事業などを展開するギオンが命名権を獲得した。新名称の使用期間は20年１月１日から７年間。
2019/11/19	プロ野球西武、第２球場の名称変更＝「CAR3219フィールド」に	西武は、埼玉県所沢市にあるファーム本拠地の西武第２球場の名称を「CAR3219フィールド」に変更すると発表した。自動車の販売と買い取りの専門店を運営するスマイルランドが命名権を取得した。契約期間は20年３月から５年間。
2019/11/22	新球場、くら寿司が命名権取得＝堺市	堺市は、2020年４月オープン予定の市営野球場のネーミングライツを、回転ずしチェーンの「くら寿司」が取得したと発表した。名称は公募の条件通り、「堺」の名称を入れ「くら寿司スタジアム堺」となる見通し。売却額は年間500万円で、契約期間は５年間。
2019/11/26	公民協働で子育て応援ガイドブック＝埼玉県吉川市	埼玉県吉川市は、これまでの出産・子育てに関する各種支援サービスや相談窓口を紹介する市民向けのガイドブックを刷新し、広告入りの「吉川市子育て応援ガイドブック」を公民協働で作成した。保育所、幼稚園の一覧や、親子でのお出掛けにお薦めの公園情報、そして出産・子育て関連の法人等の情報などを新しく加え、見やすさに配慮して表紙には色分けした目次を設けた。
2019/12/10	ネーミングライツ事業対象施設を追加しました＝千葉県富津市	千葉県富津市では、市の施設に愛称を付与する権利（命名権）の代わりに、その対価をいただくネーミングライツ事業を実施している。対象となる施設を６施設追加した。
2019/12/17	拡充棟命名権も味の素＝ナショナルトレーニングセンター	日本スポーツ振興センターと食品大手の味の素は、五輪とパラリンピックのトップ選手強化拠点の拡充棟として東京都北区に新設されたナショナルトレーニングセンター（NTC）イーストのネーミングライツ契約を結んだと発表した。契約期間は2019年12月１日から25年３月31日まで。契約額は既存のNTC、サッカー場の命名権と合わせて年間１億3500万円となる。
2020/ 1 /10	球技場にネーミングライツ＝「ベスト電器スタジアム」に—福岡市	福岡市は、「博多の森球技場」のネーミングライツスポンサーを募集した結果、家電量販店「ベスト電器」を選定したと発表した。「ベスト電器スタジアム」が愛称になる。略称は「ベススタ」。2020年３月１日から23年２月末の３年間で、命名権料は年間3600万円（消費税別）。
2020/ 1 /14	京都スタジアムで竣工式＝西脇知事「府北中部のゲートウエーに」	京都府が亀岡市に建設していた京都スタジアム（サンガスタジアム　by　KYOCERA）が完成し、竣工式が開かれた。府内初の専用球技場でサッカーJ2の京都サンガのホームグラウンドとなる。
2020/ 1 /14	子牛の命名権販売＝富山県黒部市	富山県黒部市は、市の牧場「くろべ牧場まきばの風」で生まれた子牛の命名権の販売を始める。命名権は１頭当たり１万円。同牧場で使用できる3000円分の商品券、牧場オリジナルの日めくりカレンダー、出生後２カ月以内の餌やり体験１回がセットになっている。

2020/1/20	新スタジアムに愛称募集＝福田栃木知事	栃木県の福田富一知事は、今春開業予定の総合運動公園陸上競技場のネーミングライツのパートナー募集を始めたと発表した。募集対象は企業で、価格は年額1000万円以上。期間は3年以上10年以下としている。
2020/2/27	体育センターの落札業者決定＝滋賀県彦根市	滋賀県彦根市は、昨年9月の入札で不調に終わった新市民体育センターの建築工事について、再入札を実施し、落札業者が決定したと発表した。同センターは2024年国民スポーツ大会でハンドボールと弓道の会場となる予定。市は不調を受けて工事費を31億1000万円増額。財源確保のため、3月から寄付金の募集を始めるほか、ネーミングライツの導入に取り組む。
2020/3/25	電気代、入札で年1000万円削減＝広島県竹原市	広島県竹原市は2020年度から、公民館や集会所など小規模公共施設約200カ所の電力調達を随意契約から入札に切り替え、年間の電気料金を約1000万円削減する。公共施設へのネーミングライツも導入し、20年度から5年間で900万円の収入を確保した。ネーミングライツは毎年約10万人が利用する総合公園を対象に導入。
2020/3/31	ネーミングライツ事業に係るサウンディング型市場調査＝神奈川県茅ヶ崎市	新型コロナウイルス感染症の影響拡大に伴い「ネーミングライツ事業に係るサウンディング型市場調査」実施期間を4月末まで延長する。茅ヶ崎市では、対象施設のネーミングライツ導入可能性の把握と最適な募集条件を検討するため、1事業者ごとの対話形式で、施設の市場性、適切なネーミングライツ料、希望するパートナーメリットなどに関する意見を聴取する「サウンディング型市場調査」を実施中。
2020/7/21	ネーミングライツパートナーの募集＝神奈川県平塚市	神奈川県平塚市は、広告効果を活用した新たな財源の確保を目指すとともに、企業等との協働による市民サービスの向上と施設に愛称を付けることで市名および市の施設等を市内外へ効果的に周知するため、ネーミングライツの導入を進めている。平塚競技場は、現在のネーミングライツ契約が終了することにより新たなネーミングライツパートナーの募集を行う。
2020/8/7	夏合宿の聖地を救え＝コロナ禍の菅平、支援呼び掛け―ラグビー	ラグビーの夏の合宿地として有名な長野県上田市の菅平高原が、新型コロナウイルスの感染拡大の影響で苦境に立たされている。厳しい状況を乗り越えようと、菅平の旅館経営者らが現役選手やラグビー部OBに向けて支援を呼び掛けている。支援金額に応じ、グラウンドの命名権やオリジナルTシャツなどさまざまな返礼品を用意。
2020/8/13	野球場など4施設に命名権＝茨城県龍ケ崎市	茨城県龍ケ崎市は、公共施設4カ所のネーミングライツを民間企業などに与える。見返りに命名権料を納付してもらうことで歳入を拡大し、住民サービスの向上につなげたい考え。野球場が「TOKIWAスタジアム龍ケ崎」、陸上競技場が「流通経済大学龍ケ崎フィールド」、文化会館が「大昭ホール龍ケ崎」。パートナーはいずれも市内に拠点を置く企業や大学で、契約期間は3〜5年、命名権料は年150万〜250万円。
2020/10/5	ビーチの命名権募集＝沖縄県豊見城市	沖縄県豊見城市は、所有するビーチなど3施設のネーミングライツを企業から募集し、財源確保に生かす計画を進めている。命名権料の使途なども検討している。命名権を募集したのは「美らSUNビーチ」や市民体育館、テニスコートの3施設。年額はそれぞれ300万円、250万円、100万円からで、契約期間は3年間とした。

●広告

公共施設の空きスペースや新たに設置する設備機器などに広告を掲載し導入費用や維持管理費用の負担を軽減する手法はすでに多くの自治体で取り組まれている。自治体指定のごみ袋や暮らしの便利帳をはじめとした配布物でも広告の活用は進んでいる。

沖縄県那覇市は、景観地区内にあるバス停や公共施設に広告を掲出することができるよう、屋外広告物条例を緩和した。広告収入をバス停の維持管理費や地域のボランティア活動の運営費などに充当することが目的。バス協会からも意見を聞き、上屋の維持管理に寄与する大きさとして上屋1カ所に表裏各2平方メートル以下の看板を設置できるようにした。このほかにも、公園や道路に1面2平方メートル以下、1施設につき計20平方メートル以下の広告を許可する。広告収入を防犯や防災、民間主体の清掃をはじめとした活動費に充当することが条件。

図表Ⅱ-2-3　広告の動き

年月日	見出し	内　容
2019/12/5	県庁エレベーター内に広告＝財源確保策の一環―新潟県	新潟県は、県庁のエレベーター内に広告の掲示を始める。自主財源の確保を強化する施策の一環で、広告料収入は年間最大で153万6000円。広告の掲示は、庁舎内の別のスペースでも行っているが、エレベーター内は初となる。
2019/12/11	広告付き窓口案内システムを導入＝愛知県豊橋市	愛知県豊橋市は、広告付き窓口案内システムの運用を始めた。窓口業務の円滑化と来庁者の利便性向上が狙い。広告を表示することで導入経費やランニングコストが掛からない上、広告料収入も見込めるという。
2019/12/23	マンホールのふたに広告募集＝大阪府枚方市	大阪府枚方市は、2020年4月から市内5カ所のマンホールのふたに企業などの独自デザイン広告を掲載する取り組みを始める。5カ所の計5枚で、契約期間は5年間。掲載料や設置工事費など広告主が負担する必要経費は1枚当たり年間約6万9000～約10万8000円。今回の事業全体で年間約28万円の収入が見込める。
2020/2/10	広告活用でおくやみガイド作製＝滋賀県長浜市	滋賀県長浜市は、死亡時の各種手続きをまとめた「長浜市おくやみガイドブック」を作製した。葬儀社や仏壇店などの広告を掲載することで市の経費負担はない。市によると、広告事業を活用してのおくやみ関係のガイドブック作製は全国初という。
2019/11/18	窓口受付番号システムで有料広告および行政情報の表示を開始します＝神奈川県平塚市	神奈川県平塚市は、市役所本館1階で稼働している窓口受付番号システムの市民用表示機4台に動画ディスプレーおよび付帯設備を併設し、有料広告および行政情報を表示するシステムを導入する。
2019/12/4	バス停、公共施設の広告規制緩和＝維持管理などに収入充当―那覇市	那覇市は、屋外広告物条例を改正し、景観地区などにあるバス停や公共施設に広告を掲示できるよう規制を緩和する方針を決めた。広告収入をバス停の維持管理費や、地域ボランティアといった公益活動の運営経費などに充てる場合に掲示を許可する。早ければ2020年7月1日の施行を目指す。
2020/3/24	市民センターに無料の無線LAN＝東京都町田市	東京都町田市は、市内6カ所の市民センターで無料の公衆無線LANサービス「Machida FREE Wi-Fi」を開始すると発表した。市と協定を締結している広告サービス会社が提供している回線のため、市は新たな予算を必要としない。
2020/3/30	職員に外食呼び掛け＝月約2億円の効果試算―宮崎県	宮崎県は、新型コロナウイルス感染拡大の影響で外出の自粛が広がる中、消費喚起の一環として職員らに県内での外食や出張中の宿泊を勧めている。県職員は、教育委員会や警察を含めると約1万5000人。家族らと昼食を週1回、夕食を月1回1店で食べると、約1億9000万円が地域の飲食店に支払われるという。
2020/5/26	県産品消費回復へECサイト＝コロナで応援キャンペーン―広島県	広島県は、新型コロナウイルス感染症の影響で消費が落ち込んでいる県産品の生産・製造者を支援するため、インターネットで注文・決済ができる電子商取引（EC）サイトを開設する。
2020/5/27	空き家情報冊子の官民協働発行＝佐賀県基山町	佐賀県基山町では、空き家対策に関する制度や情報を町民の皆様に分かりやすく伝えるよう、情報を一冊にまとめた「基山町空き家情報冊子」を官民協働により発行した。発行にかかる費用を協賛企業の協力により作成している。
2020/7/16	財政負担ゼロで終活ノート＝茨城県常総市	茨城県常総市は、家族に伝えたいことを書き残しておく「終活ノート」を、希望する市民に無料で配布している。行政情報誌「暮らしの便利帳」を発行するサイネックスの協力を得て作製。病院や老人ホームなどから広告料を得ており、市の財政負担はゼロだ。
2020/7/27	空家対策の一環として、「マイエンディングノート」を作成しました＝佐賀県基山町	佐賀県基山町では、空家対策の一環として、官民協働により「マイエンディングノート」を作成した。エンディングノートとは、「もしものこと」が起こったときに家族や、残された人へ思いや希望を伝えるためのノート。発行にかかる費用を協賛企業の協力により作成している。

第3章 公民連携の動き（規制・誘導型）

本章で取り上げるPPPは、自治体等が公的な目的を達成するために、民間企業の活動に対して補助やインセンティブを与えて誘導したり、民間の望ましくない活動を抑制するために規制やペナルティを科したりするものを指す。民間企業は、自らの資産を用いてビジネスを実行するが、その際に政府による何らかの規制や誘導策（補助金や許認可取得手続きの簡略化、税の減免など）が行われる。

1. 雇用／産業振興

秋田市は、中心市街地の活性化と市内での起業支援のため、市が設置している「チャレンジオフィスあきた」を市中心部へ移転した。以前はJR秋田駅から一駅離れた場所にあったが、秋田駅周辺へ移転することで活動を活発化させ、開業率をあげたい考え。同事業は、月1万円台からオフィスを借りることができるもので、個室のほかコワーキングスペースや申し込み不要で誰でも利用できる「起業家交流室」などを設置している。創業支援に関する支援制度の紹介や起業準備・経営相談を行う「インキュベーションマネージャー」が常駐し、入居者をサポートしている。従前の場所でも入居した53社のうち45社が軌道に乗っているという。

さいたま市は、産業振興、地域活性化、災害時の利用など多目的にキッチンカーを活用するため、キッチンカーの仲介を行うMellowと包括連携協定を結んだ。これまでにも、市役所の敷地を民間事業者に有償で貸し出してキッチンカーでランチの販売などを行っていた。新型コロナウイルスの感染拡大によってテークアウトや屋外空間の利用が拡大していることから、飲食店の業態転換支援や災害時の活用のあり方などを検討する。

コロナ対策の中では、地域の中小企業等のリモートワークやオンラインでの採用活動の支援を行う自治体も多い。広島県福山市は、会社説明会や採用面接をオンラインで行う場合のソフトウエア導入やウェブサービス費用として最大10万円を補助する。

図表Ⅱ-3-1　雇用／産業振興の動き

年月日	見出し	内　　容
2019/10/ 8	「地元産」EV活用で産業振興＝沖縄県うるま市	沖縄県うるま市は、一部を市内の企業が製造した「うるま市産」の電気自動車を活用する「EV自動車普及促進事業」を始める。ヤマハの電動カート4台。基本部分はヤマハが製造した上で、車体製造などの一部をうるま市の企業が担っている。
2019/10/11	産学官連携の拠点開設＝岡山県	岡山県は、産学官連携を促進するための拠点となる「共同研究センター」を、岡山大津島キャンパスに開設した。大学と共同で研究や技術開発に取り組みたい県内の中小企業の相談に応じ、ニーズに合わせて研究者とマッチングする。

2019/11/19	木のストローを地産地消＝横浜市	横浜市は、海洋プラスチック汚染の一因となっている使い捨てストローの削減に向け、木製ストローの地産地消モデルを構築した。作製技術を持つ、注文住宅の建築・販売を手掛けるアキュラホームと連携。山梨県道志村内にある、市が保有する水源林の間伐材を原材料とし、市内企業の特例子会社で障害者らが製造。市内の飲食店・ホテルなどに販売する。	
2019/11/22	停電対応へ新電力推進＝自給拠点エリア形成―環境省	環境省は、台風などの災害で大規模停電が発生した際に、再生可能エネルギーで電力を自給し、被災者の支援拠点とするエリアの整備を促す。台風15号で町内全域が停電した千葉県睦沢町では、新電力が道の駅に電気を供給し、周辺住民がトイレやシャワーを使えるようにした。同省はこうした事例を全国に広げる考え。	
2019/11/25	30年人口、6000人増に＝総合計画素案を策定―広島県東広島市	広島県東広島市は、2020〜30年度を対象とする総合計画の素案を策定した。大学や試験研究機関が集積する強みを生かし、AIやビッグデータといった先端技術を活用して地域活性化を図るなど、30の施策を推進。	
2019/11/26	稼げる市政へ若手職員がPT＝広島県竹原市	広島県竹原市は、若手職員で構成する「稼げるまちづくりプロジェクトチーム」を発足させた。市は厳しい財政状況が続いており、今年度から5年間の財政健全化計画を実施している。市の収入や税収増につながる施策を考え、観光や定住促進など地域活性化のアイデアを出し合う。	
2019/12/ 3	企業移転税制、延長へ＝東京一極集中是正で―政府・与党	政府・与党は、東京23区から地方へ本社機能を移すなどした企業を税優遇する「地方拠点強化税制」を2年間延長する方向で調整に入った。同税制は2019年度末に期限切れを迎える。	
2019/12/ 9	化石博物館に大学生インターン＝岡山県奈義町教委	岡山県奈義町教育委員会は、恐竜・古生物学コースを設置している岡山理科大生物地球学部と連携協定を締結した。今後は協定に基づき、町教委が学生をインターンシップとして受け入れ、町の化石博物館「なぎビカリアミュージアム」に派遣する。学生に展示案作成などに取り組んでもらい、施設の活性化につなげたい考えだ。	
2019/12/17	都内アンテナ店、半数がリニューアル＝19年度実態調査―地域活性化センター	一般財団法人地域活性化センターは、東京都内に出店している地方自治体のアンテナショップに関する2019年度の実態調査結果をまとめた。19年4月現在の店舗数は過去最多の60店（都道府県39、市区町村21）で、うち半数がリニューアルや移転を行っていたことが分かった。これらは18年度中の実施が9店と最も多く、担当者は「インバウンド対応や東京五輪を見据えたもの」と分析している。	
2020/ 1 /22	就職氷河期対象に採用試験＝20年度から3年間―富山県	富山県の石井隆一知事は、雇用環境が厳しい時期に就職活動を行った就職氷河期世代を対象に、2020年度から3年間の予定で採用試験を実施すると明らかにした。	
2020/ 1 /30	市庁舎に若者起業の出店＝茨城県つくば市	茨城県つくば市の市庁舎に、若者が出店する「試行型チャレンジショップ」の2店舗がオープンした。市内での起業を希望する若い世代を支援する狙い。2店舗は乳児用抱っこひものサンプル展示と使用体験会、女性・子ども向けオリジナル雑貨の販売をそれぞれ行っている。出店料は市が負担した。	
2020/ 1 /31	中小企業の相談窓口設置＝新型肺炎の流行で―三重県	三重県は、新型コロナウイルスによる肺炎拡大を受け、中小企業を対象とした経営相談窓口を新たに設置した。資金繰りや経営安定に向けた相談に応じる。	
2020/ 3 / 3	中小企業の高齢者継続雇用に補助＝神奈川県厚木市	神奈川県厚木市は、高齢者を継続して雇用している市内中小企業に補助金を支給する。高齢者の働く機会をつくり、社会参加を促すとともに、企業の人材確保や技術継承を後押しするのが狙い。	
2020/ 3 /25	プラごみ分別作業に障害者を雇用へ＝東京都日野市	東京都日野市は、4月から本格稼働するプラスチック類資源化施設で、障害者の雇用を始める。NPO法人の仲介で、委託先企業が雇用するもので、ベルトコンベヤーで流れてくるプラスチックごみに混入している不燃物や可燃ごみなどを取り除く作業を行う。	
2020/ 4 /10	食事代先払いで飲食店支援＝民間ウェブサービス活用―小紫奈良県生駒市長	奈良県生駒市の小紫雅史市長は、新型コロナウイルスまん延に伴う外出自粛で売り上げが落ち込んでいる市内の飲食店支援のため、民間企業のサービスを利用し、食事代を先払いすることで市民が飲食店を応援できるシステムを導入すると発表した。	
2020/ 4 /10	地域内ポイントカードを開始＝経済循環活性化で―栃木県益子町	栃木県益子町は4月から、町内の飲食店などで使える地域内ポイントカード「mashi-po」の運用を始めた。加盟店で買い物をした利用額の1％がポイントとしてたまり、1ポイント1円で利用できる。誰でも会員になれ、会費は無料。	
2020/ 4 /15	企業誘致にコンシェルジュ＝不動産マッチングや優遇制度も―奈良市	奈良市は、企業誘致に向けてコンシェルジュを置くなど、新たな取り組みを始める。市内への企業立地を検討している人に担当者がワンストップで相談に応じるほか、不動産業界団体と提携して相談者のニーズに合った土地・建物のマッチングを行ったり、税制上の優遇や緑地面積率の規制緩和を講じたりする。2025年までに一定規模以上の事業所を市内に5件誘致することを目標とする。	

2020/ 4 /20	飲食・旅館業に独自支援＝賃料補助など6000万円規模－福島県須賀川市	福島県須賀川市は、新型コロナウイルスの感染拡大で深刻な影響を受ける飲食業や旅館業を対象に、6000万円規模の独自支援に乗り出す。
2020/ 4 /20	中小の家賃、独自に全額補助＝神奈川県鎌倉市	神奈川県鎌倉市は、新型コロナウイルスの感染症対策として県の休業要請に協力した中小企業や個人事業主に対し、1カ月50万円を上限に家賃の全額を補助する給付金制度を創設する。4、5月の家賃2カ月分で、最大100万円を補助する。
2020/ 4 /22	タクシーの宅配、特例で容認＝新型コロナ、自粛で需要増－国交省	国土交通省は、新型コロナウイルスの感染拡大を受け、タクシーによる貨物輸送を認める。外出自粛や多くの飲食店も営業を控える中、宅配への需要が高まっているためだ。5月13日までの特例措置で、弁当の配達などを想定する。
2020/ 4 /22	ICT商店街でモデル事業＝秋田市	秋田市は、2020年度から市内商店街の観光需要拡大を目的に「ICT商店街モデル事業」を始める。キャッシュレス決済の導入などを支援するもので、100万円を上限にコンサルティングや設備投資費用の半額を助成する。
2020/ 4 /23	雇用調整助成金に上乗せ＝広島県三原市	広島県三原市は、国の雇用調整助成金を受けた中小企業に対し、市が独自に上乗せする形で雇用継続助成金を交付する。雇用調整助成金の中小企業への助成率は10分の9。市は残りの10分の1を助成する。上限は1事業者につき100万円。
2020/ 4 /23	テークアウト店の紹介サイト＝商店街がコロナ対策－東京都墨田区	東京都墨田区商店街連合会が区の協力の下、新型コロナウイルス感染拡大防止策として、テークアウトを実施している区内店舗をまとめたサイト「すみだテイク！」を開設した。区内の飲食店であればサイトに参加できる。
2020/ 4 /24	ふるさと納税で感染症対策＝兵庫県伊丹市	兵庫県伊丹市は、ふるさと納税の寄付金の使い道として、新型コロナウイルス感染症対策を追加したと発表した。新設した新型コロナ対策への寄付金は、マスクや消毒液の購入、雇用維持や事業継続を支援する事業での活用を想定。子どもや高齢者、学校への支援策にも充てる。
2020/ 5 / 1	コロナ影響の離職者採用へ＝山口県宇部市	山口県宇部市は、新型コロナウイルス感染症の影響で離職を余儀なくされたり、内定を取り消されたりした市民を会計年度任用職員として23人程度採用する。一部は、相当な人手がかかると想定される現金10万円の給付事務に従事してもらう方針。
2020/ 5 / 4	3000人規模の雇用創出へ＝緊急事態宣言の延長で－北九州市	北九州市は、新型コロナウイルスの感染拡大に伴う緊急事態宣言の延長を受け、緊急雇用対策として、市の実施事業などで臨時の雇用を創出する。目標雇用創出数は2000～3000人。給付金に関する受け付け業務などで短期間の働く場を提供する。
2020/ 5 / 8	市中心部に起業オフィス移転＝交流室、マネジャー常駐－秋田市	秋田市は、起業を目指す人々に、月1万円台からオフィスを提供する「チャレンジオフィスあきた」を市中心部に移転リニューアルした。2003年に開設。これまで入居した53社のうち、45社が軌道に乗り、市の産業振興を支えている。
2020/ 5 / 8	テークアウト業務に補助＝愛知県豊橋市	愛知県豊橋市は、新型コロナウイルス感染拡大を受けて、テークアウトやデリバリーを始める飲食店への補助を5月中旬から始める。複数の団体が共同事業として、テークアウトなどに取り組む飲食店を支援する場合も補助対象とする。
2020/ 5 /21	商店街の宅配事業に補助＝愛知県	愛知県は、新型コロナウイルスの影響で売り上げが低下している商店街を支援するため、食事のテークアウトやデリバリーに取り組む団体に対する補助制度を創設した。上限は90万円で、複数団体が連携する場合は180万円まで助成する。
2020/ 5 /22	食事宅配で高齢者見守り＝岩手県陸前高田市	岩手県陸前高田市は、新型コロナウイルスの影響で外出を控える高齢者が増えていることから、食事の宅配による見守りを始める。自粛による影響を受けている飲食店の支援も兼ねる。
2020/ 5 /28	1月以降の創業者に50万円＝埼玉県草加市	埼玉県草加市は、新型コロナウイルスの感染拡大に伴う中小企業と個人事業主向けの経済対策として、売り上げ減に対応する国の「持続化給付金」の対象外となる1月以降の新規創業者向けに一律50万円を支給する制度を創設した。
2020/ 5 /28	コロナ対策地方負担に臨時交付金＝2次補正で留意事項通知－総務省	総務省は、新型コロナウイルス感染拡大に対応する国の2020年度第2次補正予算案に盛り込まれた財政措置に関する留意事項を都道府県などに通知した。学校での学習指導員の追加配置などで生じる費用の地方負担には、2兆円を増額した地方創生臨時交付金を措置。医療機関などへの緊急包括支援交付金は、1次補正に計上した分を含め全額国の負担に切り替える。
2020/ 6 / 5	プレミアム付き食事券を販売＝福井県勝山市	福井県勝山市は、市内飲食店で利用できる「勝ち山飯プレミアム付お食事券」を販売している。500円の食事券22枚つづりを1万円、11枚つづりを5000円で購入できる。市が各店舗に登録を促し、約70店舗で利用可能。
2020/ 6 / 8	地元飲食店を独自に支援＝クーポン券と電子版活用で－岡山県新見市	岡山県新見市は、市民が市内飲食店を利用する際に使えるクーポン券を配布する。新型コロナウイルス感染拡大の影響で経営が落ち込んだ市内飲食店を支援するのが狙い。7月上旬ごろから参加する事業者を募集し、8月ごろには利用開始する予定。
2020/ 6 /10	半額の前売り宿泊券発売＝岩手県大槌町	岩手県大槌町は、新型コロナウイルスで影響を受けている事業者を支援するため、町内の宿泊施設に半額で泊まれる前売り券を作り、全国のセブン－イレブンで販売を始めた。1万円分と7000円分の2種類で、計600枚販売。半額を町が負担する。

2020/ 6 /11	市内企業のウェブ採用活動を支援＝広島県福山市	広島県福山市は、新型コロナウイルスの感染拡大を受けて、市内企業を対象に、ウェブによる会社説明会の開催や採用面接に必要な費用を補助する。１社当たり最大10万円補助する。
2020/ 6 /11	「小規模事業者緊急支援事業支援金」「テイクアウト・デリバリー推進事業補助金」制度創設＝埼玉県寄居町	埼玉県寄居町は、新型コロナウイルス感染症の拡大により、影響を受けた小規模事業者及び新たにテイクアウト、デリバリー事業を開始または拡充した事業者に対し、町独自の制度を創設し、緊急的に支援する。
2020/ 6 /15	経済再始動で方針作成＝宮崎県	宮崎県は、新型コロナウイルスの感染拡大を受けて停滞した経済活動の再始動に向けて、「新型コロナウイルス感染症経済対応方針」を作成した。感染拡大防止策の実践と並行して、雇用維持や消費拡大による経済の活性化を目指す内容で、補正予算案など施策展開に反映させていく。
2020/ 6 /15	タクシー配達代行に補助金＝香川県観音寺市	香川県観音寺市は、市内飲食店の配達を代行するタクシー事業者に対し、配達料を補助する「タクシー配達代行支援事業」を始めた。新型コロナウイルスの影響で需要が減ったタクシー事業者や飲食店を支援するのが狙い。
2020/ 6 /19	１次産業を独自支援＝沖縄県南城市	沖縄県南城市は、新型コロナウイルス感染拡大で打撃を受けた農業や水産業、畜産業に携わる事業者に向け、独自の支援策を始めた。農家の肥料の購入費や漁船の燃料費を補助するほか、畜産農家にも一律で補助金を支給する。
2020/ 6 /24	最多は大阪496億円＝２次補正の臨時交付金配分額―政府	北村誠吾地方創生担当相は、記者会見を開き、新型コロナウイルス対策に充てる地方創生臨時交付金の自治体別の配分額を公表した。2020年度第２次補正予算に計上した２兆円の内訳で、都道府県別で最も多いのは大阪の496億2500万円。次いで東京468億9100万円、北海道448億7200万円だった。
2020/ 6 /26	キッチンカー、多目的に活用＝さいたま市	さいたま市は、民間企業と連携し、キッチンカーを地域活性化や産業振興、防災などに多目的に活用する。地域の食材を使った料理の提供や各種イベントでのにぎわい創出をはじめ、災害時に被災者に食事を届けることなどを検討している。市の公園や公共施設も事業者の販売、仕込みなどの場として活用し、出店者から得られる貸し付け収入で財源確保にもつなげる。
2020/ 6 /30	雇用維持型M&Aの税減免を＝取引時の消費税、法人税―IT企業など	IT系新興企業などで構成する新経済連盟は、2021年度税制改正に向けた要望をまとめた。企業が「雇用維持型」の合併・買収（M&A）を行った際に課税される消費税と法人税について、売り手と買い手に減免措置を講じるよう求めることなどが柱だ。
2020/ 7 / 7	事業者の地元産品割引を支援＝日産車など、新型コロナ経済対策で―神奈川県	神奈川県は、新型コロナウイルスの感染拡大により停滞している県内消費の喚起を目的に、県産品の割引などの支援策を導入する。県内の工場で最終消費財として製造・出荷される製品として、自動車や家具などが幅広く対象になる見込み。
2020/ 7 / 8	中小企業のテレワーク支援＝仙台市	仙台市は、中小企業などのテレワーク導入を支援するため、サポート窓口を設置した。新型コロナウイルスの感染拡大で、中小企業でも導入需要が高まっていることから、国家戦略特区制度を活用した国や大学との連携で、多様な働き方を推進する。
2020/ 7 / 9	人手不足企業と求職者マッチング＝双方に報奨金―神奈川県茅ヶ崎市	神奈川県茅ヶ崎市は、人手不足の事業者と求職者を引き合わせる合同企業説明会を開催する。成約して６カ月間雇用を継続すれば、事業者と求職者の双方に「緊急雇用報奨金」も支給する。介護や福祉など恒常的に人手が足りない分野の業種も含めて雇用の維持につなげる。
2020/ 7 /16	販売促進へ独自支援＝事業転換補助も延長―岡山市	岡山市は、新型コロナウイルスの影響で経営が落ち込んだ市内の中小・小規模事業者に対する支援として「販売促進補助金」を支給する。緊急事態宣言が解除された５月14日から11月末までに行った広告宣伝、クーポンや景品の作製委託、インターネット販売サイトの利用や展示会への出展などに掛かる費用を補助対象とする。
2020/ 7 /16	スタートアップ企業に補助＝コロナ禍に対応―愛知県豊橋市	愛知県豊橋市は、新型コロナウイルスに関する市独自の経済対策として、創業間もない中小の「スタートアップ企業」を支援するための補助金を創設する。販路開拓や業務効率化に掛かる経費について、100万円を上限に３分の２を補助する。
2020/ 7 /17	承継支援へ最大200万円＝山口県阿武町	山口県阿武町は、町内で５年以上継続して店舗などを経営した実績がある事業者が事業譲渡する際、承継元と承継先に合わせて最大200万円の奨励金を支払う制度を創設した。
2020/ 7 /27	アーティスト活動や施設を支援＝新しい生活様式対応で―神戸市	神戸市は、新型コロナウイルス感染症の影響で活動自粛を余儀なくされ、制作や発表の機会を失っているアーティストが、感染予防策を講じるなどした上で新たな活動にチャレンジする際の支援に乗り出す。
2020/ 8 / 7	スタートアップ企業成長へ補助制度＝福岡市	福岡市は、大学や高専が取得した特許を活用して創業した研究開発型のスタートアップ企業を対象に、特許使用料や資金調達などに必要な経費について、市独自に最大200万円を補助する制度を創設した。

2020/ 8 /24	ペイペイ利用で20％ポイント還元＝香川県高松市	香川県高松市は、市内の対象店舗でスマートフォン決済サービス「ペイペイ」を使って買い物をすると、最大20％のポイントが還元されるキャンペーン事業を始める。新型コロナウイルスの影響で売り上げが落ち込んだ中小事業者を支援するとともに、消費の活性化を図る。
2020/ 8 /27	「みなし過疎」なければ財政に支障＝高橋秋田県横手市長	秋田県横手市の高橋大市長は、過疎地域自立促進特別措置法（過疎法）の期限切れに伴う新法制定で「みなし過疎」の扱いが焦点となっていることについて、「人口減少や少子高齢化が加速している市にとって、みなし過疎の要件がなくなると財政運営に大きな支障を来すことになる」と指摘した。
2020/ 9 / 9	市民採用の中小企業に給付金＝静岡県磐田市	静岡県磐田市は、中小企業の人材採用を後押しするため、市民を正社員として雇用した企業に1人当たり20万円を支給する。介護分野では雇われた人にも入社支度金として5万円を給付する。
2020/ 9 /24	泉北ニュータウン地域で移動販売・キッチンカーによる買い物支援実証プロジェクトを実施します＝堺市	堺市では、泉北ニュータウン地域における、高齢化の進展や起伏の激しい地形による移動困難、そして近隣センターにおける商業機能の低下などの課題に対応するため、Mellowと連携し、近隣センターや団地の広場、公園などでの、移動スーパーやキッチンカーによる買い物支援実証プロジェクトを実施する。
2020/ 9 /25	失業者雇用の事業者に支援金＝民間人材サービスと連携―大阪府	大阪府は、民間の人材サービス会社と連携し、失業者を雇用した事業者に支援金を支給する事業を開始する。マイナビなど人材サービス大手の8社程度とコンソーシアムを設立し、府の特設ホームページに求人特集の掲載を開始する。失業者が3カ月間職場に定着した場合、事業者に支援金を支給する。
2020/ 9 /28	石蔵をサテライトオフィスに＝埼玉県小川町	埼玉県小川町は、歴史的建造物の石蔵をテレワークなどに活用する「新しい働き方創出サテライトオフィス整備事業」に乗り出す。町役場近くの1925年築の石蔵をサテライトオフィスやコワーキングスペースとして使用できるようにし、新型コロナウイルス対策で企業の地方への拠点分散などを誘導し、地域の活性化を目指す。
2020/ 9 /30	キャッシュレスで20％還元＝岐阜市	岐阜市は、市内店舗でQRコードなどのキャッシュレス決済を利用した人を対象に、利用額の最大20％をポイント還元する。新型コロナウイルスの影響で3〜4月で落ち込んだと試算される40億円以上の消費喚起を目指す。
2020/10/ 9	全自治体が計画提出＝臨時交付金の2次補正分―内閣府	坂本哲志地方創生担当相は、2020年度第2次補正予算に2兆円を計上した新型コロナウイルス対策のための地方創生臨時交付金について、全1788自治体から実施計画の提出があったと明らかにした。
2020/10/ 9	政投銀、中小企業の事業承継支援＝ファンド設立、経営者育成にも	日本政策投資銀行は、企業のM&Aを仲介する日本M&Aセンターなどとともに、中小企業の事業承継を支援するサーチファンド運営会社を設立したと発表した。後継者不足が深刻化する中、経営に関心がある優秀な人材と中小企業をつないで事業承継を実現させるとともに、経営に興味のある若者を支援する。

2. まちづくり

　国土交通省は、各地で相次ぐ水害などに対応するため、各自治体が作成する「立地適正化計画」の記載事項に居住誘導区域内などで行う防災対策を定めた「防災指針」を位置付けた。2020年6月に改正された都市再生特別措置法に盛り込んだ。災害の危険性が高いエリアから居住誘導区域内への移転に向け、市町村が手続きを支援する「防災移転計画」を作成する制度も創設した。これまでも土砂災害特別警戒区域など危険性の高い「レッドゾーン」は住宅の建設や開発が規制されているが、浸水想定区域などの「イエローゾーン」には規制がない。すでに立地適正化計画を作成している自治体のうち9割弱で浸水想定区域が居住誘導地域に含まれているという。

　改正により、立地適正化計画制度で、居住を誘導する区域からレッドゾーンを原則除外。居住誘導区域内で講じる防災対策や安全確保策を定める「防災指針」を市町村に作成してもらう。さらにレッドゾーンへの開発を原則禁止する対象用途に、店舗や病院、宿泊施設など不特定多数が使用する「自己業務用施設」を追加。水害時の浸水想定区域内で浸水深が大きいなど特に危険

性の高い「浸水ハザードエリア」に市街化調整区域が重なっている場合、開発行為を基本的に禁止する。

災害リスクの高いエリアの居住者が安全な区域へと移住するのを促進するため、市町村による「移転計画制度」を創設する。レッドゾーンやイエローゾーンから移転する場合に、登録免許税を本則の2分の1に軽減するほか、不動産取得税について課税標準から5分の1を控除する優遇策も設け、移転を後押しする。

国は、浸水の危険が高い地区から低い地区への移転を進める方針を進めているが、すでに被災した地域に再建が進んでおり、これに対して支援が行われてしまっているのも事実だ。2018年の西日本豪雨で被災した岡山県倉敷市の真備町地区では、2019年度から倉敷市が、住宅金融支援機構が提供する「リバースモーゲージ型融資」に対して補助金を交付している。これは高齢被災者が自宅の再建や修繕をする際、住宅と土地を担保にすれば、毎月利子のみを支払い続けることで融資を受けられる制度で、それに対して市が補助を提供し、制度利用者は利子の半分を負担するだけで済むようになっている。77件がこの制度を利用して住宅を再建した。

放置される空き家の解体を進めるため、埼玉県深谷市や福岡県遠賀町などは、空き家を除却した場合に税の減免措置を始めた。従来、空き家でも家屋が建っていれば住宅用地の特例で固定資産税と都市計画税が減免されるが、解体すると減免が受けられなくなるため、空き家が放置される理由となっている。このため、深谷市は20年1月から5年以内に旧耐震基準の住宅を除却した場合に両税の減免が受けられる。

図表Ⅱ-3-2　まちづくりの動き

年月日	見出し	内　容
2019/9/18	被災地活性化へまちづくり会社＝熊本県益城町	熊本県益城町は、2016年4月の熊本地震で大きな被害を受けた中心市街地を活性化させるため、町商工会などと共同でまちづくり会社「未来創成ましき」を10月にも設立する方針だ。商工会が出資する30万円と合わせ計150万円を資本金とする。
2019/9/26	筑波大の起業家支援へワークスペース＝茨城県つくば市	茨城県つくば市は、筑波大学に近い市産業振興センターをスタートアップ企業の拠点としてリニューアルオープンする。46人分のワーキング席を擁する共用スペースへ、筑波大の教員・学生をターゲットに研究人材を呼び込む。
2019/10/7	高解像度VRで空き家紹介＝鹿児島県長島町	鹿児島県長島町は、高解像度の仮想現実（VR）技術を使って空き家を紹介する事業を始めた。KDDIなどとの官民連携事業。KDDIが撮影機材やクラウドサーバーを提供し、地域おこし協力隊で構成する長島未来企画合同会社が撮影・編集を担当。
2019/10/8	高齢化地区活性化で新部署＝観光と両立のまちづくり―北海道函館市	北海道函館市は、都市建設部内に「西部まちぐらしデザイン室」を新設した。市内でも特に高齢化や人口減少が激しい西部地区のまちづくりを担う。移住・定住者を増やして、観光との両立も目指し、同地区を活性化させたい考えだ。
2019/10/17	ソサエティー5.0で財政措置を＝人口減対策で国に共同提言―指定都市市長会など	指定都市市長会と中核市市長会、全国施行時特例市市長会は、連携会議を開いた。人口減対策として、次世代高速通信など先端技術を活用した「ソサエティー5.0」の実現に向け財政措置の拡充などを求める共同提言を採択。提言書を関係省庁に提出した。
2019/10/17	居住区域の規制も＝豪雨の災害リスク軽減を―財務省	財政制度等審議会は歳出改革部会で、社会資本整備予算について議論した。台風19号による甚大な被害が明らかになる中、財務省は「豪雨の回数が増加している」などと言及。災害リスクを軽減する土地利用の重要性を提言し、治水事業の一環として居住区域の規制強化を訴えた。

2019/11/ 5	空き家を学生寮に＝中心市街地を活性化－山形県、山形市など	山形県と山形市は、地元の大学やまちづくり公社と、空き家を活用した学生寮供給に関する協定を締結した。中心市街地の空き家や空きテナントを寮にすることで、街の活性化や学生の県内定着を目指す。第1弾として現在2物件をシェアハウスに改修中で、2020年3月から入居可能となる。
2019/11/12	空き室の総菜店と食堂、厚労大臣賞に＝高齢化進む団地に開設－大阪府住宅供給公社	大阪府住宅供給公社は、高齢化が進む団地の空き室に総菜店や食堂を開設した取り組みが、厚生労働省が主催する「第8回健康寿命をのばそう！アワード」の団体部門で厚生労働大臣優秀賞を受賞したと発表した。時代のニーズにマッチしたことなどが受賞理由。事業で連携するNPO法人の「SEIN」と「チュラキューブ」も共同受賞した。
2019/11/14	市役所駐車場にキッチンカー＝北海道恵庭市	北海道恵庭市は、市役所本庁舎の駐車場の一角を、キッチンカーを使う移動販売業者に貸し出している。市民や職員に憩いの場として訪れてもらう一方、使用料収入でまちづくりの財源を確保するのが狙い。
2019/12/ 2	ふるさと納税でIT施設拡充＝石川県加賀市	石川県加賀市は、市などが設置したIT関連施設「コンピュータクラブハウス」の拡充資金に充てるため、ふるさと納税の募集を開始した。パソコンやプログラミング教材などに子どもたちが無料で触れられるスペース。学校の外でもテクノロジーに触れられる機会をつくり、子どもたちの興味関心を伸ばすことを目的にNPO法人と連携し、今年5月に開設した。
2019/12/ 9	空き家バンク登録2割超＝町民に広報紙でアピール－兵庫県多可町	兵庫県多可町では、町内の空き家活用を促進するための「多可町空き家バンク」への登録数が、調査で把握している空き家数の2割を超えた。町は増加する空き家活用への需要に応えるため、町民に空き家バンクへのさらなる登録を促している。
2019/12/20	損保4社と包括連携協定＝埼玉県狭山市	埼玉県狭山市は、大手損害保険会社4社それぞれと包括連携協定を締結した。共通する連携分野は①地域暮らしの安全、安心②防災、災害対策③産業振興、中小企業支援④観光振興⑤農業振興⑥その他地方創生の取り組み－となっている。
2019/12/26	北見工大と包括連携協定＝災害に強いまちづくりで－北海道むかわ町	北海道むかわ町と北見工業大地域と歩む防災研究センターは、災害に強いまちづくりに向け包括連携協定を締結した。北海道地震からの復旧・復興を進めるため相互協力する。
2019/12/27	中心市街地活性化でPR資料＝埼玉県寄居町	埼玉県寄居町は、中心市街地活性化の取り組みを紹介するPR資料を作製した。2018年3月に国の認定を受けた中心市街地活性化基本計画に基づく事業や、住民らによるコミュニティー活動などを取り上げた。
2020/ 1 / 6	新設全客室をバリアフリー化＝規模問わず、21年度から－京都市長	京都市の門川大作市長は、新設する宿泊施設の全客室について、原則バリアフリー化を義務付けると発表した。障害者や高齢者に配慮し、宿泊施設の質の向上につなげる狙い。2020年度に関係条例を改正し、21年度の施行を目指す。規模に関係なく、全宿泊施設の客室にバリアフリー化を義務付けるのは全国初。
2020/ 1 / 7	住宅施策ハンドブックを作製＝東京都福生市	東京都福生市は、公営・公的住宅の種類や長期優良住宅取得の際の助成制度など住宅施策をまとめたハンドブック「Su-Ma-U」を作製した。複数の担当課に分かれている住宅施策をカタログ風に集め、内容の説明や問い合わせ先を明示した。
2020/ 1 /14	屋外広告物条例を制定＝宮島対岸の景観形成－広島県廿日市市	広島県廿日市市は、JR宮島口駅周辺の景観形成のため、「景観条例」を改正するとともに、「屋外広告物等に関する条例」を新たに制定した。駅周辺は、世界遺産・厳島神社がある宮島の対岸に位置しており、一体性のある町並みを目指す。
2020/ 1 /16	「重要景観資源」「視点場」指定へ＝東京都国立市	東京都国立市は、「景観づくり基本計画」素案をまとめた。市の成り立ちや文化を象徴する建築物や木竹、樹林地を「重要景観資源」として景観条例で指定し、保全と活用を図る。メインストリートや富士山などの眺めがいいスポットは「視点場」と位置付け、場所と眺望対象を一体的に捉え、国立らしい眺望景観を保全するとしている。
2020/ 1 /16	災害対策で開発許可厳格化＝危険なエリア対象、法改正へ－国交省	国土交通省は、災害により被害を受ける危険性が高いエリアを対象に、土地の開発許可を厳格化する方針を固めた。都市計画区域内に災害危険区域や土砂災害特別警戒区域などがある場合、原則として新規の開発を行えないようにする。一定規模以上の土地の造成に当たって都道府県などの許可を必要とする都市計画法上の仕組み。
2020/ 1 /17	空き家活用促進へ研修会＝京都府	京都府は、空き家の活用を進めるため市町村の担当者を対象に研修会を開く。民間団体や宅地建物取引業協会などから専門家を招き、空き家の所有者らの相談に乗る際の基礎知識や法律上の注意点、賃貸や売買の相場について説明してもらうことを検討している。
2020/ 1 /20	補助金交付で77世帯が住宅再建＝機構のリバースモーゲージ型融資－岡山県倉敷市	岡山県倉敷市は、西日本豪雨で被災した真備町地区の住宅再建支援策の一環として、2019年度から住宅金融支援機構の「リバースモーゲージ型融資」に補助金を交付している。豪雨から約1年半後の19年12月末時点で、77世帯がこの融資を活用した。高齢被災者が自宅の再建や修繕をする際、住宅と土地を担保にすれば、毎月利子のみを支払い続けることで融資を受けられる。市の補助が加わり、利用者は利子の半分を負担すれば済む。

2020/ 1 /29	県西部JR線、新交通体系へ向け検討＝富山県など	富山県西部の4市長は、県庁に石井隆一知事を訪ね、県西部のJR城端線、氷見線を次世代型路面電車（LRT）化など、新しい交通体系とする検討に県も参画することを求める要望書を手渡した。
2020/ 1 /30	立地適正化計画に「防災指針」＝居住誘導区域の安全確保—国交省	国土交通省は、市町村がコンパクトなまちづくりに向け作成する立地適正化計画の記載事項に、居住誘導区域内などで行う防災対策を定めた「防災指針」を位置付ける方針を固めた。近年の豪雨災害を受けて浸水想定区域と居住誘導区域が重なる地域があることが指摘されており、集約を進めるまちの安全確保につなげる。通常国会に提出する都市再生特別措置法改正案に盛り込む。
2020/ 2 /14	公営住宅に大学生が入居へ＝三重県四日市市	三重県四日市市は、市営住宅の空き部屋に、地元の大学生が入居する取り組みを始める。大学生には地元自治会への加入と高齢者の見守り活動などへの参加を要請。学生が入居するのは、あさけが丘市営住宅にある4階建てマンション最上階の空き部屋2部屋。
2020/ 2 /17	シェアカフェ事業、月末スタート＝空き店舗活用、日替わりで—埼玉県など	埼玉県熊谷市で、一つの空き店舗を日替わりで使うシェアカフェ事業のオープニングイベントが開かれた。県が市、地域と連携して地域活性化を目指す「NEXT商店街プロジェクト」の一環で、順次、店舗が営業を始める。曜日当たりの月額料金は月〜金が2万1000円、土日が2万4000円で、家賃、光熱費などを含む。
2020/ 2 /17	学生らが市の未来予想図＝キャンピングカーで「防災最強都市」へ—北九州市	北九州市は、若手の市職員と市内大学の学生らを集めた「未来創造プロジェクト」の成果発表会を開催した。学生グループの一つは「防災最強都市」という未来予想図を提示。避難所や仮設住宅の代替となる中古キャンピングカーを市で保有することで、プライベートスペースの確保が難しいといった体育館避難所の課題を解決でき、仮設住宅よりも素早く提供できるなどのメリットがあるとした。
2020/ 2 /18	国際研究拠点へ広島大に5億円拠出＝広島県東広島市	広島県東広島市は2020年度、市内に本部キャンパスを置く広島大学と連携して国際研究拠点の形成を進めるため、同大の基金に5億円を拠出する方針だ。大学が約15億円を投じて21年度に開設予定の拠点施設の整備や、地域活性化などに向けた取り組みを後押しする。
2020/ 2 /20	中山間地活性化で協定＝4地区と3大学—滋賀県	滋賀県内の中山間地域にある3地区と県内の3大学が、地域活性化に関する協定を締結した。協定を締結したのは、大津市上仰木、高島市南深清水、東近江市奥永源寺、近江八幡市沖島の4地区と成安造形大、龍谷大農学部、滋賀県立大の3大学。棚田保全や耕作放棄地へのオリーブ植樹、政所茶の生産振興、地域行事や農産物のPRを行う。
2020/ 3 / 6	花火大会資金でふるさと納税活用＝大阪府高石市	大阪府高石市は、毎年実施している花火大会の費用を賄うため、クラウドファンディング型のふるさと納税制度を活用する。1万円を寄付すると、花火大会の有料観覧席のペアチケットがもらえる。
2020/ 3 / 6	盛り土造成地マップ公開＝北海道余市町	北海道余市町は、「大規模盛土造成地マップ」を町のホームページで公開した。盛り土が行われた造成地は、地震の揺れで滑ったり崩れたりする危険があり、マップを通じて町民の防災意識向上や災害時の被害軽減につなげたい考えだ。
2020/ 3 /16	給食納入業者の救済を＝新型コロナで国に緊急要望—大野埼玉知事	埼玉県の大野元裕知事は、西村康稔経済再生担当相と亀岡偉民文部科学副大臣を訪ね、新型コロナウイルス感染症対策で国の支援を求める緊急要望を行った。文科省には、臨時休校に伴い、学校給食の納入事業者が深刻な打撃を受けているとして、休業中のパートタイム従業員への収入補償や、給食休止で在庫となった食材の経費、処分費用の補塡などを求めた。
2020/ 3 /24	自由度の高い交付金要望＝新型コロナ経済対策で—全国知事会	全国知事会の湯崎英彦農林商工常任委員長は、梶山弘志経済産業相を訪れ、新型コロナウイルスの感染拡大で地域経済が疲弊しているとし、さらなる対策を講じるよう訴えた。要請書では、リーマン・ショック時の経済対策で実施した「地域活性化・経済危機対策臨時交付金」のような自由度の高い交付金の創設などを求めた。
2020/ 3 /26	キャッシュレスで地域振興＝ペイペイなどと連携協定—京都市	京都市はこのほど、スマートフォン決済サービス業者の「PayPay」、市内の商店街などで構成する合同会社KICSと連携協定を締結した。ペイペイで決済された売り上げの一部を、文化財の修繕などに活用する。
2020/ 3 /26	地域活性化へスポーツコミッション＝市町に財政支援や専門家派遣—広島県	広島県は、市町やスポーツ団体、観光関連会社と連携してスポーツを核とした地域活性化を進めるため、戦略立案や情報発信、事業支援を担うスポーツコミッションを設立する。スポーツ資源を活用したまちづくり、全国大会実施による交流人口拡大、住民の健康増進などに取り組む市町に対し、毎年最大500万円を3年間補助する。
2020/ 3 /27	適正管理、所有者の責務に＝不明土地対策で改正法成立	土地の適正な管理を所有者の責務として位置付ける改正土地基本法が可決、成立した。管理責任を明らかにすることで、増加が懸念される所有者不明土地の発生を未然に防ぐ。法改正により、管理が十分でない土地は所有権の制限も可能になり、具体的な手続きなどは個別法で定める。

2020/ 3 /30	首里城、周辺まちづくりと一体で＝県有識者委提言	沖縄県が設置した、首里城の復興方針に関する有識者懇談会は、首里城の復興と周辺のまちづくりを一体で取り組むことなどを盛り込んだ報告書を玉城デニー知事に提出した。
2020/ 3 /31	ドローン操縦免許創設へ＝22年度運用開始目指す―政府	政府は、ドローンの利活用促進や安全性確保に向け、操縦免許制度を創設する方針を決めた。ドローンの環境整備に関する官民協議会でまとめた基本方針に盛り込んだ。2022年度の運用開始を目指す。
2020/ 4 /10	市中心部にオフィスビル誘致＝税負担軽減で新制度―神戸市	神戸市は、市中心部などへのオフィス誘致を強化するため、市が「広域型都市機能誘導区域」と定めるエリアにオフィスビルを建設する際、固定資産税と都市計画税を軽減する制度を創設する。オフィスだけでなく店舗などが入居するスペースも対象で、こうした商業用スペース全体を対象にした制度は全国初とみられる。
2020/ 4 /14	自転車で「未病」改善＝活用推進計画を策定―神奈川県	神奈川県は、病気になる手前の「未病」状態を改善するために自転車に乗ってもらうことなどを盛り込んだ「自転車活用推進計画」を策定した。①快適に利用できる環境整備②未病改善の推進③観光・サイクルスポーツの振興による地域活性化④自転車事故のない安全で安心な社会の実現―を目標に据え、12の施策を講じる方針だ。
2020/ 4 /23	ＩＲ誘致反対で住民訴訟＝市民団体、土地提供差し止め求める―横浜市	横浜市が誘致を目指すカジノを含む統合型リゾート施設に関し、反対する市民団体「かながわ市民オンブズマン」は、山下ふ頭への誘致でカジノ事業者に土地を提供するのは違法な財務会計行為だとして、住民訴訟を横浜地裁に起こした。
2020/ 4 /24	「スマートシティ宣言」で先端技術を活用して生活の質の向上目指す＝石川県加賀市	石川県加賀市は加賀市スマートシティ推進官民連携協議会を開催し、協議会の会長である宮元市長がAIやロボット、ビッグデータなどを活用し、日常の課題解決を目指す「加賀市スマートシティ宣言」を行った。
2020/ 4 /30	アフラックから寄付1億円＝コロナ対策で―東京都調布市	東京都調布市は、生命保険大手のアフラックから、コロナ感染対策として1億円の寄付申し出を受けたと発表した。市医師会と協議し、医院、病院など、地域医療体制の充実に充てる方向で検討する考えだ。
2020/ 5 / 5	空き地再生、地域連携で＝「ランドバンク」事業着手―国交省	国土交通省は2020年度、放置された空き地を適切に管理し、再利用に結び付ける「ランドバンク」のモデル事業に乗り出す。地方自治体やNPOなどが調整役となり、地域のニーズに応じた活用方法を検討。国交省が経費の一部を支援する。先代から相続しても活用せずに荒れ地となるケースは全国各地で増えつつあり、同省は地域連携型の土地再生に期待している。
2020/ 5 /15	改正政投銀法が成立＝特定投資を5年延長	地域活性化や競争力強化のため、日本政策投資銀行が企業に資本性資金を供給する特定投資業務について、期限を5年延長する改正政投銀法が成立した。投資決定の期限を2020年度末から25年度末とする。
2020/ 5 /25	地籍調査で「優先地域」設定＝第7次10カ年計画決定へ―政府	政府は、土地の境界や面積を明確化する地籍調査の目標を掲げる「第7次国土調査事業10カ年計画（2020〜29年度）」を閣議決定する。地籍調査の進捗状況を示す新たな指標として「優先実施地域」を設定するのが柱。効率的な調査手法を導入し、同地域に占める進捗率を19年度末時点の79％から、10年後に87％まで引き上げることを目指す。
2020/ 5 /27	スーパーシティ法が成立＝まちづくりに最先端技術活用	AIやビッグデータなど最先端技術を活用した「スーパーシティ構想」の実現に向けた改正国家戦略特区法が可決、成立した。複数の分野にわたる規制改革を一括して行えるよう、まちづくりに関する手続きを定めた。人口減少や少子高齢化といった課題を、最先端技術を生かして解決するのが狙い。
2020/ 5 /28	飲食店の3密回避へテラス活用＝歩道使い社会実験―佐賀県	佐賀県は歩道の一部も使ってテラス席を設置し活用する社会実験「SAGAナイトテラスチャレンジ」を始めた。飲食店では3密になりやすい奥座敷の席が高級などイメージを持たれる傾向にあるが、屋外の席の価値を高めてこうした意識を変える狙いがある。実験を通じてテラス席のニーズを調べ、今後の施策に生かす。
2020/ 6 / 5	飯能信金と温泉道場が包括連携協定＝地域活性化で―埼玉県	飯能信用金庫と温泉道場は、「地域活性化に関する包括連携協定」を締結した。相互の発展と地域産業の振興に向け、双方の強みを生かし地域活性化を目指す。飯能信金が民間企業と連携協定を結ぶのは今回が初めて。
2020/ 6 /10	商店街支援で4分の3補助＝宮城県	宮城県は、新型コロナウイルスの影響で落ち込んだ地域経済を回復させるため、商店街独自の取り組みを支援する補助金を創設した。補助率は1商店街当たり4分の3で、400万円を上限に支給する。
2020/ 6 /16	グリーンインフラ構想を支援＝自治体へ専門家、先進モデル形成―国交省	国土交通省は、歩道の透水性舗装による雨水貯留など自然の力を生かしたインフラ整備や土地利用に取り組む「グリーンインフラ」を推進するため、基本構想を策定する自治体を支援する。専門家の派遣などを通じて整備の方針や体制づくりを後押しし、他の自治体への普及に向けた先進的なモデル事例にする。

2020/6/16	老朽化マンション対策強化＝改正建て替え円滑化法が成立	老朽化マンションの売却や建て替えをしやすくする制度を盛り込んだ改正マンション建て替え円滑化法などが、可決、成立した。外壁がはがれ落ちるなど周辺に危害を及ぼす恐れのある建物について、区分所有者の5分の4以上の同意があれば敷地売却できる制度などを盛り込んだ。
2020/7/10	空き店舗対策で若手起業家支援＝福島市	福島市は、駅前の空き店舗解消や地域活性化を目的に、50歳未満の若手事業者の開業支援に乗り出した。100万円を上限に開業に必要な経費を補助する。駅前や中心市街地など指定された通りに面する空き店舗1階部分に限定。改修に掛かる経費の2分の1を支給する。
2020/7/13	地域課題解決に官民連携チーム＝富山市	富山市は、地域課題の解決などに官民連携で取り組むため、若手経営者や起業家らが参加する「とやま未来共創チーム」を立ち上げた。チームは、富山駅前のビルにオープン予定の施設を拠点に、ビジネス交流プログラムやテクノロジーを活用した実証などの企画に取り組む。
2020/7/14	水害対策で容積率緩和＝都市開発で優遇制度－国交省	国土交通省は、都市開発プロジェクトに合わせて雨水貯留池や避難施設の整備といった水害対策を講じる場合、再開発ビルの容積率を緩和する優遇制度を設ける。気候変動に伴う水害の頻発や激甚化に対応し、まちづくりの観点から被害軽減につなげる。
2020/7/18	浸水リスクを3D表示＝先端技術で被害把握－国交省	国土交通省は、災害時の浸水リスクを地図上に3次元（3D）で表示する事業を始める。浸水がどのくらいの高さまで迫るかや、浸水しない建物がどこにあるかを分かりやすく発信し、迅速な避難につなげる。
2020/7/27	都市計画プランに防災目標を＝治水・まちづくり連携、モデル選定へ－国交省	国土交通省は、まちづくりの観点から水害への対応を強化するため、土地利用の規制や住宅移転も含めた20年間程度の防災施策の目標を、都市計画に関する市町村のマスタープランや立地適正化計画に位置付けるよう求める。防災・治水部局とまちづくり部局が連携して、どの範囲にどの頻度で浸水が発生するかといったハザード情報を整理するよう要請。リスクを分析した上で、ハード・ソフト両面で対策を講じてもらう。
2020/8/5	オンラインサービスを一元化＝福井県	福井県は、県内のオンラインショップやサービスに関する情報を一元的に集約したポータルサイト「オンフク」を開設する。画面上には、仮想商店街をイメージして、飲食やファッション、学びなどの店舗がそれぞれのジャンルに分かれて掲載される。
2020/8/21	市民向け空き家活用講座＝東京都日野市	東京都日野市は、空き家を地域資源として活用する人材の育成に向け、「まちと空き家の学校」制度を創設した。民間から講師を招き、シンポジウムや講座を開いて市民と活用方策を検討する。卒業生らと家主との対話が広がることを期待している。同市の空き家数は現在、戸建てで約850戸。
2020/8/27	屋外広告物、条件付き表示可＝埼玉県戸田市	埼玉県戸田市は、屋外広告物を禁止している地域内でも、条件付きで表示を認める規制緩和に乗り出す方針を決めた。また、看板の安全性を確保するため、保守責任の明確化も併せて行う。市民の意見を取り入れた条例改正案を作成し、12月議会への提出を目指す。
2020/9/2	空き家除却で固定資産税減免＝埼玉県深谷市	埼玉県深谷市は、老朽化した空き家を除却した場合に宅地の固定資産税と都市計画税を減免する。現在は建物を除却すると住宅用地特例の適用がなくなり、固定資産税などは高くなるが、同特例の適用外となった年度から3年間はこれまでと同様に両税を減免し、空き家の解体と撤去を促す。
2020/9/3	SDGs推進でオンライン活用＝相談会やセミナー開催－内閣府	内閣府は、国連が掲げるSDGsの達成に向けて取り組む自治体を支援するため、相談会やセミナーをオンラインで開催している。新型コロナウイルスの感染拡大で直接会う機会が減る中、SDGsを通じて地域課題の解決を図る自治体を後押しする。
2020/9/4	協定で公園内にカフェ設置＝最長20年間、建ぺい率最大12％－国交省	国土交通省は、都市公園を管理する自治体などと民間事業者が協定を結び、公園内にカフェや売店を設置しやすくする制度を創設する。歩行者が過ごしやすい街中づくりを目指す改正都市再生特別措置法の施策の一環。特例として施設の設置許可期間を最長20年に延長するほか、建ぺい率を最大12％まで拡大する。
2020/9/9	東日本の玄関口まちづくりプラン案＝さいたま市	さいたま市は、東北新幹線など複数の鉄道が乗り入れ、首都圏の東北、北陸地方などからの玄関口となっている大宮駅を中心としたまちの整備を具体化した「大宮GCSプラン2020」案を策定した。2021年3月までに正式版を公表する。
2020/9/11	スタートアップ企業と意見交換会＝内閣府と堺市	堺市は、市に拠点を置くスタートアップ企業の代表者らが出席し、新しいスマートシティモデルのプレゼンテーションを行った。会合には、事業支援者である近畿経済産業局や大阪信用金庫、日本政策金融公庫などが参加し、視察に訪れた竹本直一内閣府特命担当大臣と永藤英機市長を交えて意見交換の場を設けた。

2020/ 9 /16	市内限定の電子通貨カード配布＝高知県土佐清水市	高知県土佐清水市は、全市民に市内限定で利用できる1万円分の電子通貨カードを配布する。電子通貨には、埼玉県深谷市や愛媛県新居浜市などが導入している「chii-ca」のカードシステムを採用した。市に登録した飲食店、商店、観光施設などで利用ができる。
2020/ 9 /18	水道料金、全世帯で4カ月免除＝岡山県和気町	岡山県和気町は、新型コロナウイルスの感染拡大で冷え込んだ地域経済を活性化させるため、水道料金を4カ月分免除する。家計の負担を軽減し、消費拡大につなげる。対象は全世帯・事業者の計6100件。
2020/ 9 /18	地域活性化へファンド創設＝古民家改修などに投資－京都府	京都府は、古民家の改修などに投資して地域活性化を目指す「地域づくりファンド」を創設する。今年度9月補正予算案に1億円を計上し、府内の複数の金融機関からも1億円を集め、ファンドは計2億円の出資で発足。投資先事業者に継続的に助言し、運営を支援する。
2020/ 9 /23	大垣共立銀と他業種連携の複合施設開業＝愛知県で2カ所目	愛知県春日井市で、大垣共立銀行の支店と喫茶店など金融以外のサービス事業者が入る複合施設「OKBプランタン高蔵寺」が開業した。他業種と連携して地域住民のニーズに応え、街の活性化につなげるのが狙い。
2020/ 9 /24	社会人の就学に奨学金貸し付け＝富山市	富山市は、社会人として働きながら大学などで学ぶ人に奨学金を無利子で貸し付ける事業を開始した。働きながら学ぶ生き方を応援し、市内企業での人材の定着を目指す。対象は市内に居住し、キャリアアップのために大学などで学ぶ人。
2020/ 9 /25	行政デジタル化、5年で完成＝自治体システム統一一菅首相指示	政府は、行政のデジタル化推進に向けたワーキンググループの会合を首相官邸で開いた。菅義偉首相は「今後5年間、2025度末までに必要なデジタルトランスフォーメーション（DX）を完成するための工程表を、省庁の縦割りを乗り越えて作成してほしい」と指示。自治体間で異なる業務システムについても、25年度までに統一を目指す方針を表明した。
2020/ 9 /28	自治体の独自ポイント支援＝カード活用でモデル事業一総務省方針	総務省は、「自治体版マイナポイント」に取り組む地域を2021年度から支援する方針を固めた。マイナンバーカードの所有者を対象にポイントを付ける「マイナポイント」の仕組みを活用し、自治体が独自に給付する地域をモデル事業として採択し、補助する。
2020/ 9 /29	農村活性化で行政職員ら向け研修＝来年度開始へ検討一農水省	農林水産省は、農村の活性化に向けた地域の話し合いを促す人材を育てるため、市町村をはじめとした自治体職員らを対象に、新たな研修制度を創設する方針だ。2021年度から実施する予定で、今後、カリキュラムなど詳細を詰める。
2020/10/ 7	危険地域からの移転に税優遇＝住宅、施設の被災防止一国交省	国土交通省は、土砂災害や洪水などの危険性が高いエリアから街中の安全な地域へ施設や住宅の移転を促すため、税優遇措置を創設する方針だ。近年頻発する自然災害では危険なエリアで被災するケースが相次いでいるが、移動先の確保や費用負担を理由に移転が十分進んでいないため、税制面から後押しする。2021年度税制改正要望に盛り込んだ。
2020/10/ 8	車道沿いに休憩施設＝市街地のにぎわいづくり一静岡市	静岡市は、中心市街地のにぎわいづくりを目指し、繁華街の車道沿いの一角で買い物客らが休憩する施設「パークレット」を設置した。屋外で気軽に飲食や休憩ができる場所を増やすことで、新型コロナウイルス感染症により低迷している消費を活性化させたい考えだ。
2020/10/ 9	「新しい試み」で活性化＝震災、原発事故の被災地－平沢復興相インタビュー	平沢勝栄復興相は、東日本大震災、東京電力福島第1原発事故の被災地復興に向けて、新産業創出のための研究開発や人材育成を担う「国際教育研究拠点」の整備など、新たな試みを積極的に進める考えを示した。
2020/10/15	キャンプ場を半額で提供＝茨城県高萩市	茨城県高萩市は、新型コロナウイルスで落ち込んだ地域経済の活性化のため、県内在住者に市内のキャンプ場を半額で提供するキャンペーンを開始する。期間は2020年度末まで。
2020/10/15	空き店舗活用補助金の対象拡大＝石川県かほく市	石川県かほく市は、市内の空き家や空き店舗で開業する事業者向け補助金の対象業種を拡大した。新たに飲食料品小売業や持ち帰り・配達飲食サービス、理美容業などを追加した。新たに出店する際の物件購入や改装工事といった費用の半額を最大360万円助成する。45歳以下の若者と女性には、さらに30万円上乗せする。
2020/10/16	更地の固定資産税を減免＝福岡県遠賀町	福岡県遠賀町は、住宅を解体して更地にした際、住宅用地に対する課税標準の特例が外れて増額となる土地の固定資産税を減免する。空き家の解消につなげるとともに、更地となった土地を新たな宅地として流通させ、定住の受け皿としたい考えだ。

3. 人口増加

新型コロナウイルスの拡大抑制のためにリモートワークが急速に広まったことにより、地方への移住に対する関心が高まっている。内閣府が実施した意識調査によると、就業者の3分の1以上がテレワークを経験し、特に東京23区では55.5％が実施したと回答した。東京圏に住む20代で地方移住に対する関心が高まったと回答した割合が27.7％、23区では35.4％となっており、地方移住や東京一極集中を是正する追い風となることが期待されている。自治体もオンライン相談会、交流会、動画の配信などを進めている。

政府は「人材版ふるさと納税」の制度を創設する。企業が社員を地方に派遣する場合に税制優遇する考えだ。自治体の地域活性化事業に企業が寄付した場合、税額控除などで最大約9割を軽減する「企業版ふるさと納税」の仕組みを活用する。政府から認定を受けた事業に対し、企業は人件費などを含めて寄付。社員を地方に派遣して事業に従事させ、人材面からも支援する。企業の実質的な負担は寄付額の約1割となる。ほかにも、地域おこし協力隊に対して高いマネジメント能力を持つ人を「地域おこし協力隊マネージャー」に任命し地域活性化プロジェクトの責任者として活動してもらう制度を21年度から創設する。

地方部では、移住希望者がいても住宅が見つからないことも多い。兵庫県多可町では、2016年に開設した空き家バンクに4年間で町内の空き家の約2割が登録された。空き家バンク開設以降に空き家を利用した移住者の数は92人となっているという。町の広報誌で空き家活用の特集を組むなどしながら空き家バンク制度の周知を図り利用を促している。

図表Ⅱ-3-3　人口増加の動き

年月日	見出し	内　容
2020/3/26	関係人口でプラットフォーム設立＝会員同士で事例共有へ―内閣府など	内閣府などは2020年度、特定の地域と継続的につながりを持つ「関係人口」の創出・拡大に向け、自治体や民間事業者を会員とする官民連携のプラットフォームを設立する。会員間で先進事例を横展開させるなど、「関係人口」という新たな概念を広げていきたい考えだ。
2019/9/20	3〜5歳児の給食費無料へ＝岡山県吉備中央町	岡山県吉備中央町は、町内の保育園、幼稚園に通う3〜5歳児の給食費を無料にする。保育無償化で、給食費が自己負担となることから、町独自に保護者の経済的負担の軽減策を実施する。
2019/9/26	大学へ寄付、ふるさと納税使途に＝福岡県飯塚市	福岡県飯塚市は、ふるさと納税の使い道のメニューとして、市内の大学への寄付を追加する。2017年に包括連携協定を締結して以降、大学には教育やまちづくりなどの分野で協力してもらっており、市の恩返しとして何か役に立てることがないか考えたという。
2019/9/27	「田舎暮らし甘くない」動画を公開＝二段階移住制度をPR―高知市	高知市は、移住者が地域になじめない「移住ミスマッチ」の問題を提起するため、「＃田舎暮らしは甘くない」と題する動画を制作し、特設サイトで公開している。高知県外在住者が同市に引っ越した後、段階的に県内の他市町村へ移り住む「こうち二段階移住」制度の利用促進をPRしたい考え。
2019/9/27	移住促進に向け情報発信強化＝短期滞在者が魅力を紹介―山本群馬知事	群馬県の山本一太知事は県議会本会議で、県外からの移住を促進するため、インターネットや雑誌などさまざまな方法で情報発信を強化する方針を明らかにした。今後、インターネット交流サイト（SNS）やブログなどを通じて影響力のある情報を発信できる人材に短期滞在してもらい、地域の魅力を紹介する取り組みなどを進める。

2019/ 9 /30	村の「ファン」向けアプリ導入＝岡山県西粟倉村	岡山県西粟倉村は、イベントなどで訪れる村の「ファン」とのつながりを深めるため、定期的に情報提供を行うスマートフォンアプリを導入した。アプリを通じ、都市部に住みながらも村の取り組みに興味がある人との結び付きを強め、「関係人口」の増加につなげるのが狙い。
2019/10/ 2	住宅取得者に最大100万円補助＝5年間の固定資産税相当額－福岡県那珂川市	福岡県那珂川市は2020年度から、市内で住宅を取得した人を対象に、固定資産税相当額を補助する取り組みを始める。高齢化率の高い地域を選ぶと補助額を加算するのが特徴。補助対象の期間は5年間で、総額最大100万円となる。
2019/10/ 3	UIターン者確保へ東京拠点＝島根定住財団	島根県の外郭団体「ふるさと島根定住財団」は、東京都での活動拠点となる事務所を開設した。都内のアンテナショップと同じビル内に設置。併せてアンテナショップ内に設けている移住相談コーナーを担当するスタッフを増員し、きめ細かな対応を目指す。
2019/10/ 9	公設民営4保育園を公私連携型に＝東京都調布市	東京都調布市は、12カ所の市立保育園のうち運営を民間に委託してきた公設民営の4園を2022年度までに公私連携型に移行するなどとした「公立保育園における民間活力の活用に関する方針」の素案を公表した。市はこれまで単独予算で運営費などを捻出しなければならなかった公設民営4園を、国や都の補助を充てられるよう、市の関与を低めて実質民営となる公私連携型保育所に転換。
2019/10/24	第2子以降の保育料無償化へ＝大阪府枚方市	大阪府枚方市は、2020年度から第2子以降の0～2歳児について全世帯の保育料を無償化する。子だくさんな世帯をはじめ子育て世帯を呼び込み、人口増加につなげる狙い。
2019/10/25	「ワーケーション」の導入検討＝北海道	北海道は、休暇を楽しみながら仕事をする「ワーケーション」導入に向けた検討を始める。道内16市町と連携し、観光体験と農業、産業、大学の視察を組み合わせた3コースを用意するとともに、道内各地のサテライトオフィスを開放し、首都圏企業の社員らを受け入れる。
2019/10/28	土木、建築職にも移住枠＝職員採用Ⅰ種試験－福井県	福井県は、職員採用Ⅰ種試験の「移住・定住促進枠」の対象を技術職に広げた。従来は行政職だけだったが、19年度は「土木（総合）」「建築」の試験区分でも実施する。
2019/10/30	関係人口にらみ「地域留学生」＝高校生1年間受け入れ－内閣府	内閣府は2020年度、高校生が育った地域外の学校で生活し、地方の魅力を知る機会を設ける「地域留学」事業を始める。若者が「地域留学生」として、一定期間移住し学校に通うことで、将来的に地域に多様な形で関わる「関係人口」の創設につながる効果を期待している。
2019/11/ 5	氷河期支援や移住促進を展開＝新総合戦略で骨子－愛知県	愛知県は、まち・ひと・しごと創生総合戦略推進本部を開き、2020年度からの5カ年計画となる新総合戦略骨子をまとめた。人口増加を維持するため、新産業創出をはじめ、「就職氷河期」世代や女性の活躍支援、移住促進などを積極的に展開することを打ち出した。
2019/11/11	スマホアプリ活用、助け合い・移住促進＝宮崎県綾町が実証実験開始	宮崎県綾町は、町に貢献する活動へ参加するたびにスマホアプリで「スコア」を獲得し、楽しみながら町民の助け合いを促進し、将来的には都会からの移住を支援する仕組み「AYA　SCOR」の実証実験を開始した。
2019/11/13	ふるさと納税で航路継続目指す＝大阪府岬町	大阪府岬町は、インターネットで寄付金を集めるクラウドファンディング型ふるさと納税を活用し、試験的に復活していた町内の深日港と兵庫県・淡路島の洲本港を結ぶ航路の継続を目指す。
2019/11/13	東京・自由が丘のカフェで移住イベント＝石川県能美市	石川県能美市は、東京都目黒区自由が丘のカフェで移住促進イベント「ペタ×もぐフェスタ2019」を開催する。市の伝統工芸である九谷焼のシールを使った絵付けや、名産品のユズを使ったジュース作り体験の場の提供、銘菓の販売・試食を実施。
2019/11/15	集会所に「お試し住宅」機能＝福島県桑折町	福島県桑折町は、町での生活を体験できる「お試し住宅」を開設した。集会所として活用していた一軒家を改修し、新たに宿泊機能を持たせた。町内への移住希望者らに無料で貸し出し、定住促進や地域活性化につなげるのが狙い。
2019/11/18	「ワーケーション」推進本格化＝自治体連合が発足	都会で働く人たちがリゾート地などで一定期間、その土地ならではの活動を楽しみつつ、テレワークで仕事も行う「ワーケーション」の受け入れを推進する自治体連合が18日、発足した。都市部から地方へ人の流れをつくり、地域活性化や企業の働き方改革につなげるのが狙いで、全国から65自治体が参加。今後、ワーケーションの知名度向上や地域の魅力発信などの活動を本格化させる。
2019/11/18	Uターンで奨学金元金を負担＝鳥取県智頭町	鳥取県智頭町は、進学のため町を離れる若者への奨学金制度を始める。町が利子分を利用者に補助。卒業後10年以内にUターンすれば、町内に住み続けている間は、元金分も町が補助する。町は若者の町外転出が多いため、Uターンを促す狙いがある。
2019/11/19	若者定住へ奨学金ローンに助成＝北海道苫小牧市	北海道苫小牧市は、若者の定住促進策として、大学生向け奨学金ローン返済などへの助成制度を今年度創設した。大学卒業後に市内で就職、居住することが条件。大学卒業後に市内での就職と居住を条件に奨学ローン助成制度と教育ローン利子補給制度の二つを創設。

2019/11/25	防災、老朽化対策が論点＝社会資本重点計画改定へ＝国交省	国土交通省は、今後のインフラ整備の基本的な指針となる「社会資本整備重点計画」の改定作業に着手した。現行計画は2020年度末に期限を迎えることから、21〜25年度の5年間を念頭に、計画部会で議論する。相次ぐ災害を受けた事前防災のほか、インフラの老朽化対策などが論点となる見通しだ。
2019/11/27	AIが移住サポート＝「ベテラン相談員」へ試験運用＝広島県	広島県は、AIによる自動会話プログラム「チャットボット」で移住相談に応じるサービスの試験運用を始めた。相談窓口で蓄積した1万件以上のやりとりを深層学習させた成果を検証し、改良。2020年夏ごろに本格運用を始める。
2019/11/27	地方負担分、割合変更可能＝移住支援事業で自治体通知へ＝創生本部	政府のまち・ひと・しごと創生本部は、移住・就業者に支援金を支給する「地方創生移住支援事業」の地方負担分について、地域の実情に応じ、道府県と市町村で事業費の負担割合を変更できることを通知で周知する方針を決めた。
2019/12/ 2	「多世代共生」の郊外団地に＝改正地域再生法が成立	全国の都市郊外にある住宅団地の再生に向けた改正地域再生法が成立した。住居専用の地域内で、店舗やオフィス、高齢者施設を建てやすくするよう、行政手続きを簡素化することなどが柱。高齢化が進む団地で、子育て世代も含めた老若男女が安心して住める「多世代共生型のまち」への転換を目指す。
2019/12/ 9	短時間テレワーク「まちづくりに有効」＝横浜市とソフトバンクが実証実験	横浜市とソフトバンクは、ICT機器を利用して自宅などで短期間働く「ショートタイムテレワーク」の実証実験を行い、「まちづくりに有効な手段であることが分かった」との調査結果を発表した。
2019/12/10	移住・就職のポータルサイト開設＝富山県	富山県は、県内への移住や県内企業への就職を推し進めるため、「とやま移住・就職総合支援ポータルサイト」を開設した。既存の関連サイトを集めて利用者が情報を検索、収集しやすくした。
2019/12/10	東京圏転入超過、24年度に解消＝地方創生の新戦略案判明	2020年度から5年間の第2期地方創生の基本的方向を示した政府の新総合戦略案が判明した。東京圏への転入超過を24年度に解消するとの目標を明記。AIなど先端技術を使って地域の課題を解決・改善する自治体数を600団体に増やす方針も打ち出した。情報通信基盤の整備や人材の確保育成といった支援策を強化する考えだ。
2019/12/13	子育て世代向け住宅が完成＝住民共助で安心を＝富山県舟橋村	日本一小さな村として知られる富山県舟橋村に、子育て世代向けの賃貸住宅「リラフォートふなはし」が完成し、入居が始まった。住宅は隣接する公園と認定こども園とともに、子育て共助のモデルエリアを構成。
2019/12/16	移住施策を強化＝埼玉県長瀞町	埼玉県長瀞町は、移住に関する相談から実際の移住までのフォローをワンストップで行う移住定住相談窓口を新設した。個別ツアーの開催やLINE公式アカウントによる情報発信を通じて、町の魅力をアピールする。
2019/12/18	移住支援金の要件見直しへ＝対象者・企業を拡大＝政府	政府は、2019年度から始めた東京圏から地方に移住・就業した人に最大100万円を支給する「移住支援金」について、対象者などの要件を見直す方針を固めた。要件の見直しでは、直近10年間で通算5年以上23区に在住・通勤している人を含める方針だ。移住先の都道府県が選定する企業についても要件を緩和。
2019/12/20	ふるさと納税使途に学校給食など追加＝岐阜県飛騨市	岐阜県飛騨市は、ふるさと納税寄付者が選択できる寄付金の使い道に、学校給食など3事業を追加した。従来は大枠が六つあるだけだったが、具体的事業を明示し、市に興味を持ってもらいたい考えだ。
2019/12/20	中学生向け定住促進パンフ＝愛知県田原市	愛知県田原市は、中学生向けの定住促進パンフレットを作製した。生徒に配ったほか、市ホームページにも掲載している。市内の中学3年生は2018年度で611人。
2019/12/27	移住者向けの雪道運転講習会＝新潟県燕市	新潟県燕市は、県外から市内へ移住した人を対象に、雪道の自動車運転講習会を初めて開催した。講習会では、市内で自動車の販売などを行う事業者が講師となり、ガラスの曇りを素早く取るための操作や、スノータイヤとノーマルタイヤの違いなどを説明。
2020/1/ 8	移住推進で社団法人設立へ＝山形県	山形県は、官民連携で移住定住を推進するための一般社団法人を設立する方針だ。産業界や大学を含め地域一体となって効率的に取り組みを進めたい考え。
2020/1/23	LINEでUターン情報提供＝栃木県	栃木県は、東京圏に住む県出身の若者に向け、無料通信アプリLINEを使って、就活情報や交流イベントなどUターン促進につながる情報の配信を始めた。配信内容は、移住体験ツアーや交流イベントの告知、栃木県ゆかりの企業の就活情報など。
2020/1/31	体験型観光集め博覧会＝広島県江田島市	広島県江田島市は、22種類の体験型観光を集めた「えたじまものがたり博覧会」を開催する。オリーブ茶作りや広島大付属小学校の臨海教育場で過ごす「大人の臨海学校」などが実施される。
2020/2/ 5	移住者用シェアハウスを整備＝和歌山県	和歌山県は、廃校などの遊休施設や空き家を活用し、県外からの移住者が居住するシェアハウスや世帯用住宅を整備する事業を始める。移住希望者が住居探しや空き家のリフォームを行う手間と負担を省き、移住のハードルを下げるのが狙い。
2020/2/ 5	県版協力隊、対象市町を拡大へ＝兵庫県	兵庫県は、2019年度に導入した県独自の地域おこし協力隊について、対象市町を20年度から拡大する。受け入れ要件を緩和し、高齢化が進む小規模集落で地域活性化を手助けする外部人材の活用を後押しする。

2020/ 2 /10	若者世帯向け住宅検討＝北海道東川町	北海道東川町は、移住・定住施策の一環で、若者世帯向けの住宅を整備する方向で検討に入った。地元の農業や商工観光業の後継者であることを入居要件とする。
2020/ 2 /12	LINEで地元企業への就職を応援＝山形県南陽市	山形県南陽市は、無料通信アプリLINEを使って、防災情報や子育て情報、イベント情報などの行政情報の配信をはじめる。市ホームページへのリンクをはじめ、「安全安心」、「子育て相談」、「就活応援」のコーナーを設置。
2020/ 2 /15	氷河期世代も地方体験を＝「ふるさとワーホリ」PR強化－総務省	総務省は、都市部の若者らが地方で働きながら生活体験する「ふるさとワーキングホリデー」について、30～40代の「就職氷河期世代」への働き掛けを強化する。民間の転職フェアに出展するなどしてPRし、地方生活に関心のある人たちの移住実現や同世代の雇用対策につなげる。
2020/ 2 /20	約2年半で35世帯移住＝大型商業施設に窓口開設－岐阜県各務原市	岐阜県各務原市が2017年7月に大型商業施設「イオンモール各務原」に移住定住総合窓口を開設して相談を受け付けたところ、19年12月末までの2年半弱で累計35世帯80人が市内に移住した。うち県外移住者は約77％に上る。
2020/ 3 / 2	移住戦略立案にビッグデータ＝岡山県	岡山県は2020年度、ビッグデータを活用した統計的手法による調査を行い、首都圏からの移住を呼び込むプロモーション戦略を立案する。潜在的な移住者層を「仕事」や「子育て」など志向ごとにグループ分けし、それぞれに最適な情報発信を効率的に行う狙い。
2020/ 3 / 3	肉牛排せつ物でバイオガス発電＝地元事業者がプラント整備－山形県飯豊町	山形県飯豊町は、町特産の米沢牛が出した排せつ物をバイオガス発電の原料として活用する計画だ。臭気問題の解決とエネルギーの有効活用を図り、住み続けられるまちづくりにつなげたい考えだ。地元事業者の東北おひさま発電が町内牧場1カ所にプラント整備を進めている。
2020/ 3 /12	LINEで就職情報提供＝出身高校に応じて発信－山形県	山形県は、県外に出た若者に就職情報を提供するため、無料通信アプリLINEの公式アカウントを開設した。4月から利用者の出身高校や住所に応じて情報を配信する。条件を満たす対象者にのみ情報を流す機能「セグメント配信」を活用し、焦点を絞った情報発信を目指す。
2020/ 3 /17	都内への通勤・通学助成見直し＝路線拡充し支給額引き下げ－茨城県潮来市	茨城県潮来市は、移住定住の促進を目的に実施してきた東京都内への通勤・通学交通費の助成事業について、内容を見直す。助成対象となる路線を拡充する一方、支給額の上限を月額1万円に引き下げる。
2020/ 3 /23	管理不全防止へ分譲マンション調査＝埼玉県戸田市	埼玉県戸田市は、管理不全の分譲マンションが周辺を含む住環境に悪影響を及ぼすのを防ぐため、市内の全分譲マンションを対象に実態調査を始める。必要に応じて所有者らに適切な管理を促したり、住民と専門家をつなげたりして支援する考えだ。
2020/ 4 / 6	ふるさと納税寄付金で市民活動支援＝使途公開、新たに追加－福岡県大野城市	福岡県大野城市は、ふるさと納税で得られた寄付金の使途について、「地域住民による、地域課題のための活動支援」を新たに追加した。4地区の「コミュニティ運営協議会」がつくるそれぞれの「まちづくり事業」に寄付金を充て、各事業を支援する。
2020/ 4 / 7	盛り土年代調査、半数が完了＝居住誘導区域で優先対策－国交省	国土交通省は、大規模な盛り土造成地がある全国1003市区町村のうち、約半数の自治体が2019年度末までに盛り土の造成年代調査を済ませたとする集計結果をまとめた。国交省は、立地適正化計画の「居住誘導区域」から優先的に安全確保対策を進める方針で、対象自治体に取り組みを呼び掛けている。
2020/ 5 /12	施策利用の移住者は過去最多に＝19年度は383人－三重県	三重県は、県や県内市町の施策を活用した県外からの移住者数が、2019年度は383人と集計以来、最多になったと発表した。18年度中に全市町に移住相談窓口が設置されたことや空き家の改修費用の補助など制度面の充実が効果を上げた。
2020/ 5 /13	合併推進債の期限延長要望へ＝庁舎建て替え、検討中断で－熊本市	熊本市は、合併市町村のまちづくりを財政支援する合併推進債について、適用期限の延長を国に要望する方針だ。市は推進債を活用した本庁舎建て替えの検討を進めていたが、新型コロナウイルス対策に人員や財源を充てるため、大西一史市長が中断する意向を示した。
2020/ 5 /18	休業の映画館を支援＝山形市	山形市は、新型コロナウイルス感染症対策で、大型連休中に営業を自粛した映画館に対し、独自に支援する。対象となるのは、興行場法に基づき営業許可を得ている映画館で、4月25日～5月10日の全日休業したところ。
2020/ 5 /29	東京圏若者の半数が移住関心＝対象絞った広告でサイト誘導へ－創生本部	政府のまち・ひと・しごと創生本部は、東京圏の若者の半数が地方での暮らしに興味があるとするアンケート結果をまとめた。これを参考に、移住促進に向けたウェブサイトを秋に新設。移住に関心を持つ若者へ効果的に情報を届けるため、「ターゲティング広告」を採り入れる。
2020/ 6 / 3	オンラインで移住相談＝福島市	福島市は、新型コロナウイルス感染拡大を防ぐため、オンラインでの移住相談を始めた。ビデオ会議システム「ズーム」などを利用し、UIターンを検討する移住希望者の相談を受け付ける。利用する際は、市ホームページを通して事前予約する必要がある。

2020/ 6 / 4	窓口利用の移住者、過去最多＝19年度は926人－富山県	富山県は県の移住相談窓口などを通して県に移住した人の数が2019年度は926人に上ったと発表した。前年度から21人増え、08年に統計を取り始めて以来過去最多となった。
2020/ 6 /12	町民税1割減税、23年度まで継続＝大阪府田尻町	大阪府田尻町は、2020年度から4年間、町民税を1割減税する。町内への移住促進を目的に17年度から3年間実施しており、23年度まで継続する。
2020/ 6 /15	10万円支給を制度化＝特別給付金対象外の新生児から－千葉県多古町	千葉県多古町は、新型コロナウイルス対策の特別定額給付金の対象外となる新生児について、1人当たり10万円を支給する制度を創設することを明らかにした。対象は第1、2子とする。
2020/ 6 /15	テレワーク支援、全離島に拡大＝沖縄県	沖縄県は、離島に住みながらテレワークで仕事を請け負う人に対して必要経費を支援する事業について、対象を全離島に拡大する。新型コロナウイルス感染症の影響で、主力の観光産業が打撃を受ける中、テレワークを促すことで収入確保を後押しする。
2020/ 6 /15	移住者の住宅購入を支援＝山口県下関市	山口県下関市は、同市へ転入する人の新築または中古住宅購入費の一部を補助する「移住者向け住宅購入支援事業」を始めたと発表した。住宅の流通促進や、住環境の向上、多世代にわたる地域コミュニティー形成を図ることが目的。
2020/ 6 /16	分散勤務、公民館で試行＝山形市	山形市は、新型コロナウイルス感染症対策として、本庁のネット回線を利用できる公民館を活用した分散勤務を試行した。まちづくり政策課が先行して実施。市は試行結果を受け、全庁的に分散勤務できる体制の構築を検討する。
2020/ 6 /17	3世代同居へ最大40万円補助＝定住人口増加で－福島市	福島市は、3世代以上が同居か2キロ以内の「近居」を新たに始める場合、住宅の購入やリフォームに掛かる費用を最大40万円補助する。世代間での支え合いを推進するとともに、定住人口の増加につなげるのが狙い。
2020/ 6 /17	Uターンし町産材住宅建築に補助＝北海道当麻町	北海道当麻町は、Uターンを予定またはした人が住宅建築で町産木材を建材全体の5割以上使った場合、450万円の補助金を交付している。町の「おかえりふる里応援事業」の一環。ふるさとでの定住化を促すのが狙い。
2020/ 6 /17	新婚生活支援の補助金創設＝静岡県富士市	静岡県富士市は、新婚世帯を支援する補助金制度を創設し、申請受け付けを始める。新居の取得費用か家賃、引っ越し費用について、夫婦のいずれかが市外から転入した世帯は50万円、夫婦ともに市内に住んでいた世帯は35万円を支給する。
2020/ 6 /19	移住相談、オンライン化広がる＝「気軽な参加」に利点－宮城県内自治体	新型コロナウイルスの感染拡大をきっかけに、宮城県内の自治体でビデオ会議システムを活用した「オンライン移住相談」が広がっている。各自治体は、場所を問わずに気軽にやりとりできるというメリットを生かし、情報発信の新しい手段として考えているようだ。
2020/ 6 /21	3割超がテレワーク経験＝東京20代、移住に関心高く－内閣府調査	内閣府は、新型コロナウイルスの感染拡大を受けた働き方や意識の変化に関する調査結果を発表した。それによると、就業者の34.6％が不定期を含めたテレワークを経験。地方移住については東京圏の20代の関心が特に目立ち、3割近くが高まっていると回答した。
2020/ 6 /22	空き家バンクと改修補助で移住促進＝沖縄県久米島町	沖縄県久米島町は、島外からの移住を促進するため、空き家を有効活用する。所有者と利用希望者をインターネット上で仲介する「空き家・空き地バンク制度」を5月に導入し、改修費用の半額を助成する。
2020/ 6 /23	県営住宅で移住体験＝福島県	福島県は、県営住宅の空き住戸を移住体験住宅として提供する事業を始めた。体験住宅は、福島、会津若松、郡山、いわき、白河、南相馬各市で、計15戸程度設ける。テレビや冷蔵庫など必要な家財は備え付けで、家賃は月1万円。期間は原則3カ月だが、最長1年まで延長できる。
2020/ 6 /24	転入子育て世帯にコメ3俵支給＝福岡県みやま市	福岡県みやま市は、市に3年以上定住する意思がある世帯を対象に、住宅購入への補助を盛り込んだ「子育て世帯マイホーム取得支援制度」を創設した。市外からの転入世帯に限り、さらにコメを毎年60キロ（1俵分）、3年間支給する。
2020/ 6 /25	スポーツイベント開催に補助金＝福井県	福井県は、交流人口の拡大とスポーツ文化の醸成を目的に、県内外から参加が見込まれる新たなスポーツイベントの開催を支援する。海や山の自然を生かした活動、駅前のにぎわい創出に向けたイベントなどに対し、事業経費を補助する。
2020/ 7 / 7	子育て世帯の新築住宅取得を支援＝高知県香美市	高知県香美市では、次世代を担う子育て世帯に対して、新築住宅の取得を支援する「香美市子育て新築住宅取得支援事業補助金」を交付する。10年以上継続して居住する意思があることなどが主な条件。
2020/ 7 /15	リモートワークで移住促進＝地方創生の方針案提示－政府	政府は「まち・ひと・しごと創生会議」を首相官邸で開き、地方創生に関する施策の基本方針案を示した。東京の企業に勤めながら働く場所を地方に移すリモートワークを後押しし、地方への移住や定住につなげることなどが柱。
2020/ 7 /15	移住アドバイザーに広告社員ら任命＝副業人材活用し戦略立案－福島県	福島県は、移住・定住促進施策を戦略的に推進するため、副業・兼業限定で採用した大手広告代理店の社員ら3人を「『福島に住んで。』アドバイザー」に任命した。移住増加に向けた広報戦略の立案などに携わってもらう予定。

2020/7/31	人材版ふるさと納税創設＝社員の地方派遣に税優遇－政府	政府は、企業が社員を地方に派遣する場合に税制優遇する「人材版ふるさと納税」制度を創設する方針だ。新型コロナウイルスの感染拡大を受け、東京一極集中の是正が改めて注目される中、都市から地方への人の流れを後押しする。
2020/8/3	「ワーケーション」推進へ実証実験＝栃木県日光市	栃木県日光市は、旅行先で休暇を楽しみながら仕事にも取り組む「ワーケーション」推進に向けた実証実験を開始する。市内の宿泊施設でワーケーションを実施した企業に対して、1泊当たり5000円を上限に、宿泊費の半額を補助する。
2020/8/6	0歳児にベビー用品無償提供＝兵庫県たつの市	兵庫県たつの市は、子育て支援のため、0歳児を育てる家庭に紙おむつなどのベビー用品を無償提供する事業を始めた。生後2カ月目と5カ月目に、それぞれ6000円相当の商品を届ける。22年度まで実施する。
2020/8/7	住民投票条例案を否決＝庁舎移転新築計画で－静岡市議会	静岡市議会は、市清水庁舎の移転新築計画の是非を問う住民投票条例を制定する議案を賛成少数で否決した。移転先が現庁舎の場所と同じ津波浸水想定区域に指定されているため、懸念する住民もおり、市民団体が住民投票条例の制定を求めて市長に本請求を行っていた。
2020/8/11	ふるさと納税でNPO支援＝静岡市	静岡市は、ふるさと納税で集めた寄付金をNPO法人や自治組織に交付する新制度を始めた。交付先は寄付者が指定できる。各団体の資金調達を支援し、活動の活性化を図る狙い。返礼品は贈呈されない。
2020/8/17	移住推進で首都圏ラジオ番組＝山梨県	山梨県は、移住や二地域居住の推進を目的とした包括連携協定をエフエム東京などと締結した。県内の移住者らを取り上げたラジオ番組を首都圏で放送し、新型コロナウイルスを契機に生活スタイルの変化への機運を高める狙い。
2020/8/21	コロナで転入、在宅勤務に5万円＝千葉県栄町	千葉県栄町は、新型コロナウイルス感染拡大を契機に町に転入して在宅勤務する人を対象に、1世帯当たり5万円の「応援金」を支給する。在宅勤務に向けた通信環境の整備などに使ってもらう。定住・移住促進策の一環。
2020/8/24	町民向け空き家改修補助＝鳥取県江府町	鳥取県江府町は2020年度から、町民向けの空き家改修費補助事業を始めた。結婚や出産などを機に町外に流出する動きを食い止めるのが狙いで、町内の空き家に引っ越してもらうよう後押しする。
2020/8/25	「協力隊マネージャー」創設＝専門人材の活躍後押し－総務省	総務省は、地域活性化プロジェクトの責任者となる「地域おこし協力隊マネージャー」制度を2021年度に創設する。専門知識やノウハウを持つ隊員の活躍の場を広げることで、制度の一層の充実を目指す。
2020/8/25	テレワーク、ワーケーションに奨励金＝鹿児島県薩摩川内市	鹿児島県薩摩川内市は、市内に滞在してテレワークを行う県外在住者や、観光地で休暇を楽しみながら働く「ワーケーション」を行う県外企業に、奨励金を支給する。県外在住者が市内でテレワークをする場合、1人20万円を支給。
2020/8/25	移住相談に「ズーム」活用＝岡山市	岡山市は、新型コロナウイルス対策として、ビデオ会議システム「ズーム」を活用したオンラインの移住相談を始める。相談は1回当たり30分。ズームの画面共有機能を使い、PDFやパワーポイントの資料を示しながら担当職員が説明する。
2020/8/27	駅舎改修の「まちかど案内所」が人気＝奈良県御所市	奈良県御所市のJR御所駅に設けられた「まちかど案内所」が、交流の拠点として人気を集めている。駅舎は木造で築120年以上が経過しているが、部分的な改修にとどめて開業当時の姿を残している。JR西日本は取り壊す方針だったが、まちづくりの拠点とするため、市に無償譲渡した。
2020/8/27	県営発電所の電気料金プラン創設＝北陸電力と合意－富山県	富山県は、県企業局の水力発電所の電気を活用した新たな電気料金メニューを創設することで北陸電力と合意した。料金メニューは①本社機能を県に移転するなどした企業が対象の割引メニュー②県に移住した世帯が対象の割引メニュー③二酸化炭素削減に取り組む県内企業向けに産地価値を付与するメニュー―の3種類。
2020/8/28	コロナ対策でスポーツ自転車に補助＝愛媛県今治市	愛媛県今治市は、スポーツタイプの自転車購入に補助を出す取り組みを始めた。スポーツ自転車の普及を目指すとともに、新型コロナウイルス対策として自転車での移動を推進する。
2020/9/1	保育従事者に3万円の商品券＝鹿児島県鹿屋市	鹿児島県鹿屋市は、新型コロナウイルス対策を盛り込んだ2020年度一般会計補正予算案を発表した。国の慰労金給付の対象とならない保育所や放課後児童クラブ、幼稚園などに勤務する職員に1人3万円の商品券を配布するほか、市内宿泊者に2000円分のお土産券を発行する。
2020/9/2	テレワーク移住者誘致を促進＝愛媛県	愛媛県は、新型コロナウイルスの影響でテレワークに切り替えた都市部の人を対象に、同県への移住を呼び込む施策を促進する。移住促進のため市町が行うテレワーカー向けのお試し移住住宅に対するWi-Fi環境の整備などについて、1000万円を上限に県が半額補助する。

2020/9/3	首都圏の大手銀行人材を地方へ＝データベースで中小企業支援―政府	政府は、首都圏への一極集中是正の一環として、地方移住に関心を持つ大手銀行の職員らと、人材を求めている各地の中小企業とのマッチングを後押しする。年内をめどに官民ファンドの地域経済活性化支援機構が人材のデータベースを構築。銀行員らに地方での活躍の場を提供するとともに、人材不足に悩む中小企業を支援する狙いだ。
2020/9/4	転入者にテレワーク環境の市営住宅＝長野県飯山市	長野県飯山市は、新型コロナウイルス感染拡大を受け、導入が進むテレワークのできる環境を整えた市営住宅を転入者向けに4部屋設けた。企業誘致や移住・定住を促進するのが目的。
2020/9/9	オンラインの移住相談窓口開設＝高知県日高村	高知県日高村は、オンラインによる移住相談窓口を開設した。新型コロナウイルスにより首都圏などでの対面相談が困難なため、ビデオ会議システム「ズーム」を活用。テレワーク導入企業が増えつつあることを踏まえ、都市部から地方への移住希望者を取り込みたい考えだ。
2020/9/12	職住近接のまちづくり推進＝コロナ対応、広場や公園活用―国交省	国土交通省は、新型コロナウイルス感染拡大を防ぐ「新しい生活様式」に対応したまちづくりに向け、有識者検討会を設置する。テレワークの普及を踏まえ、「職住近接」へ住宅地中心の地域にサテライトオフィスを設けやすくしたり、「3密」回避で広場や公園を有効活用したりする方策を探る。
2020/9/15	過疎対策、移住・テレワーク推進＝来年通常国会に新法―自民特別委	自民党の過疎対策特別委員会は、2020年度末の過疎地域自立促進特別措置法（過疎法）の期限切れに伴い、地域の持続的発展を理念とする新法の概要をまとめた。新型コロナウイルスの感染拡大を踏まえ、都市から地方への人の流れを加速させるため、移住やテレワークの推進などを重点分野に位置付けた。
2020/9/16	オンラインで移住体験＝石川県	石川県は、オンラインによる移住体験機会の提供を始める。新型コロナウイルス感染拡大で密集が避けられる地方への移住に関心が高まっているため、インターネットを通じて地域の魅力を発信することにより移住促進を目指す。
2020/9/17	県外移住者に最大50万円＝岐阜県	岐阜県は、県外から移住した人を対象に、移住支援金を支給する制度を新設した。新型コロナウイルスの影響で失職した人や移住に踏み出せない人の背中を押したい考え。10月以降に申請ができ、最大50万円を支給する。
2020/9/18	移住者向け仮住まい住宅整備＝富山県氷見市	富山県氷見市は、新型コロナウイルス感染拡大により都市部から地方へ移り住む流れが加速するとみて、移住者が市内で定住先を決めるまでの仮住まい用戸建て住宅を2棟整備する。入居期間は原則2年以内とする。
2020/9/23	豪雨対策、民間施設の支援強化＝固定資産税免除へ―国交省方針	国土交通省は度重なる豪雨に備えるため、雨水を一時的にためたり地下に染み込ませたりする施設を自主的に設置する民間事業者や個人への支援を強化する方針を固めた。施設の固定資産税を免除するほか、設置費用の補助率を引き上げる。
2020/9/25	人口10万2000人突破＝第1次計画の目標達成―福岡県糸島市	福岡県糸島市の人口が9月1日時点で10万2081人となり、市の第1次長期総合計画（2011〜20年度）で掲げる目標（10万2000人）を達成した。市は、専門部署を設けて移住・定住策を進めており、こうした取り組みも奏功しているとみられる。
2020/9/25	地方テレワーク推進で交付金＝一極集中是正へ21年度創設―内閣府など	内閣府と内閣官房は、サテライトオフィスを整備するなど、地方創生につながるテレワークを推進する自治体向けの交付金を2021年度に創設する方針を固めた。地方に移住してテレワークで仕事をする新たな働き方を後押しし、東京一極集中の是正につなげる。
2020/9/30	ふるさと納税で人間ドック割引＝栃木県壬生町	栃木県壬生町は、ふるさと納税の返礼品として人間ドック割引券を追加する。割引券は町内の独協医科大病院で使えるもの。町に寄付した出身者が帰省した際に利用することなどを想定している。
2020/9/30	本社移転、3人以上移住で支援金＝長野市	長野市は、県外企業が市内に本社機能移転や事業所新設をして、3人以上の社員が移住すれば、最大550万円を支援する。新型コロナウイルスの感染拡大で地方への関心が高まる中、支援を強化して企業誘致や移住を促したい考えだ。
2020/10/1	従業員移住に各200万円＝コロナ受け企業誘致強化―広島県	広島県は、新型コロナウイルスの感染拡大で地方移転に関心を持つ企業が増えているため、期間限定で新たな助成制度を設け、IT企業などの誘致を強化する。県内に本社機能を移転・分散したり、研究開発部門を設けたりする企業を対象に、県外から移住する常勤雇用者と家族1人につき200万円を助成する。
2020/10/1	乗り合い型移送サービスで実験＝京急、横浜国立大、横浜市など	京急電鉄と横浜国立大、横浜市、日産自動車は、横浜市内で、3〜4人の乗り合い型移送サービスの実証実験を開始すると発表した。住民の高齢化が進み、鉄道駅やバス停などへのアクセスが良くない地域での新たな交通手段とする狙い。
2020/10/2	県内初のワーケーション体験事業＝石川県中能登町	石川県中能登町は、観光地に滞在しながら仕事も行う「ワーケーション」の体験プログラムを始める。古民家や旅館など3カ所に仕事スペースを整備し、宿泊先で仕事ができるようにする。町内企業を勤め先として紹介し、滞在中の勤務体験も味わってもらう。

2020/10/ 5	山村在住職員を募集＝愛知県豊田市	愛知県豊田市は、市内の山村地域に住みながら働く職員を採用する。新型コロナウイルスの感染拡大で社会の価値観が変化する中、地域での生活や仕事の在り方をPRしてもらうなどして、山村での移住促進も目指す。
2020/10/12	サテライトオフィス利用、設置に補助＝栃木県	栃木県は、サテライトオフィスでのテレワークを契機に県内への移住を推進する。県内のサテライトオフィスを短期利用する企業やフリーランス、オフィスを設ける市町に費用を補助する。
2020/10/13	移住者の正社員採用で奨励金＝新型コロナで関心向上－山形県	山形県は、県内事業者が大都市圏からの移住者を正社員として採用した場合、事業者と移住者の双方に奨励金を支給する。新型コロナウイルスの影響で地方移住への関心が高まる中、同県に目を向けてもらう狙い。
2020/10/14	定住促進へ奨励金最大100万円＝茨城県美浦村	茨城県美浦村は、活力あるまちづくりを進めるため、定住する人に対し、最長５年間で最大100万円の奨励金を交付している。対象は、村に新築または中古住宅を購入し、住民として定住する人。

4. 市民参加

長崎市は、必要署名数を集めた場合には議会の議決なしで住民投票を行える常設型の住民投票制度を導入する。2019年末に審議会が市に提出した報告書では、市民の発議に必要な署名数を有権者の６分の１以上とした。首長や議会による発議は設けない。投票資格者は公職選挙法に準じて18歳以上とし、外国人は特別永住者と中長期在留者とした。投票率による成立要件は設定しない。

同市では16～18年で５回住民投票を求める直接請求が市民から出され、いずれも必要な署名数が集まっていたが市議会では条例案が否決された。こういった状況を受けて常設型住民投票制度の導入を検討する審議会を設置していた。2020年度中の条例制定を目指している。

鹿児島県垂水市で市庁舎の移転新築計画への賛否を問う住民投票が20年８月に行われ、反対が多数を占めた。投票率は68.83％。海沿いの敷地への市庁舎の移転改築を計画していたが、海に近い立地が防災拠点としてふさわしくないという指摘や約43億円の総事業費に対する疑問の声が上がっていたことから、市議会が住民投票条例案を可決した。住民投票の結果に法的拘束力はないが、市は再度検討する考えを示した。

大阪府岬町は、イノシシ肉などのジビエや魚類、山の幸などの地元素材を活用するソーセージ開発を住民参加型で進めている。食材の選定から商品製作、販売までを参加者が担うようにする考えで、ワークショップを開催する。イノシシ以外にもハモ、フグ、シイタケなどから食材を選び調理方法のテストや施策を実施する。パッケージやマーケティング、販売方法などを検討する。精肉加工食品の製造・販売を行う神戸市内の企業や飲食関係のプロデュースを行う都内の企業が商品の開発やパッケージ、販路拡大などにノウハウを提供する。

年月日	見出し	内　容
2019/ 9 /20	県民参加型予算を初導入＝提案募り来年度反映―鈴木三重知事	三重県の鈴木英敬知事は、県事業の質の向上や住民の県政への参画につなげようと、2020年度当初予算編成で県民参加型予算「みんなでつくろか　みえの予算」を初めて導入すると発表した。実施してほしい事業の提案を募り、予算に反映させる。5000万円程度の予算を充て、1事業につき上限1000万円で実施する。
2019/10/21	「環境」めぐり6時間の市民討議会＝神奈川県茅ケ崎市	神奈川県茅ケ崎市は、市内の集会場で市民35人が参加する市民討議会を開く。市は、討議会で出された意見を今後の環境政策に反映させる考えだ。今回は21年度にスタートする次期環境基本計画に関し広く市民の声を吸い上げるため、環境をテーマにすることにした。
2019/11/29	参加型でジビエソーセージ開発＝大阪府岬町	大阪府岬町は、ジビエのイノシシ肉など地元食材を活用したオリジナルのソーセージ開発を住民参加型で進める試みをしている。食材の選定から商品製作、販売までを参加者が担う。全5回のワークショップを開催。住民をはじめとする町内外の20人近くが参加する見通し。使われなくなった旅館をリノベーションした町の交流スペース「ミサキノヒトフク」を会場とし、空き家の有効活用の側面もある。
2019/12/ 4	新庁舎整備に市民の声反映＝埼玉県八潮市	埼玉県八潮市は、2023年度中の開業を目指す市役所新庁舎の整備に向け、市民から意見を聞くワークショップを開催する。新庁舎に備える予定の市民向けスペースについてグループで議論。今年度中の策定を目指す基本設計に反映させる方針だ。
2019/12/12	県民参加型予算、事業提案者が説明＝20年度から導入―三重県	三重県は、2020年度の当初予算編成から初めて導入する県民参加型予算の事業提案者によるプレゼンテーションを実施した。約5000万円を確保し、複数事業を選定する。今後、提案から選ばれた20事業のうち、県民による投票や知事査定を経て、選定された事業を20年度当初予算案に盛り込む。
2019/12/16	「市民参加」発展と課題に言及＝新たな長期計画案―東京都武蔵野市	東京都武蔵野市は、2020年度から29年度までの10年間を期間とする第6期長期計画案を策定した。1971年策定の当初計画以来基本原則とし、市の特色となっている「市民参加・市民自治」の継続発展を掲げる一方、「参加者の固定化」などの課題にも言及。参加者の裾野を広げる必要性に触れた。
2020/ 1 / 6	新たな「道の駅」へ学生コンテスト＝地方創生、観光などで提案募る―関東地方整備局	関東地方整備局は、管内1都8県にある「道の駅」での取り組みについて、学生からアイデアを募るコンテストを開く。管内全178の「道の駅」を舞台に、主に地方創生や観光につながる方策を学生が検討し、新たに展開する事業などのヒントにしたい考え。
2020/ 1 /15	常設型住民投票制度導入へ＝20年度の条例制定目指す―長崎市	長崎市は、必要署名数などの要件を満たした場合に議会の議決を経ることなく住民投票ができる「常設型」の住民投票制度を導入する。市は検討審議会が取りまとめた報告書を2月議会に報告し、2020年度中の条例制定を目指す。
2020/ 1 /17	県民参加型予算に2837人投票＝鈴木知事「東京都の初年度上回った」―三重県	三重県は、2020年度当初予算編成に向け、知事査定を開始した。今回初めて導入した県民参加型予算に関し、総務部が説明。県民による各事業への投票について、有効投票者数が2837人、有効投票数が6381票に上ったと明らかにした。
2020/ 3 /13	住民参加型移動支援事業に補助＝神奈川県綾瀬市	神奈川県綾瀬市は、高齢者らの移動や外出を支援するため、住民の助け合いによって行う住民参加型の移動活動支援に対する補助制度を創設する。年間最大35万円まで活動費用を補助するほか、車両の貸し出しも行う。住民参加型移動支援は原則として無償であることから、住民らが継続的に活動していくためには、市としてのサポートが必要だと判断した。
2020/ 8 / 6	道の駅に子どものアイデア＝埼玉県熊谷市	埼玉県熊谷市は、市東部の国道17号バイパス沿いに計画している「道の駅　くまがや」（仮称）の設計に市内小中高校生のアイデアを反映させる方針だ。学校の協力を得て「夏休みの宿題」として道の駅の「未来予想図」作りに取り組んでもらい、2020年度に策定する基本設計の参考とする。
2020/ 8 /10	庁舎移転、住民投票で反対多数＝市長「計画白紙に」―鹿児島県垂水市	鹿児島県垂水市で市庁舎の移転新築計画の賛否を問う住民投票が行われ、即日開票の結果、反対が多数を占めた。結果に法的拘束力はないが、尾脇雅弥市長は「結果を真摯に受け止める」と述べ、計画を白紙に戻すと表明した。
2020/ 8 /13	処分地選定は難航必至＝地元合意形成の壁厚く―核のごみ	使用済み核燃料から出る高レベル放射性廃棄物の最終処分地について、北海道寿都町が選定調査への応募を検討していることが判明した。経済産業省によれば、他にも関心を示す自治体があるという。増え続ける核のごみの処分問題解決を急ぐ政府は前進と受け止めるが、町民や周辺自治体の合意形成の壁は厚い。処分地選びは今後も難航が予想される。
2020/ 9 /18	総合計画に中学生の意見反映＝高知県越知町	高知県越知町は、年度内に改定する総合振興計画に町内の中学生の意見を反映させる。11月にも計画の骨子をまとめる予定で、町の将来を担う中学生の柔軟な発想を取り入れ、過疎化の流れから脱却できる内容にしたい考えだ。

2020/10/ 7	中学生提案で駅に無料レンタル傘＝奈良県王寺町	奈良県王寺町は、「中学生議会」の出席者から出た提案を基に、町内にあるJRの駅2カ所に無料レンタルの傘を用意した。昨年の議会で、生徒の一人が「突然の雨に備えてレンタル傘が設置してあれば、暮らしやすくなる」と提言、実施を検討していた。

5. 税・債権回収

自治体の徴収率向上策としてスマホ決済を採用する自治体が急速に増えている。コンビニ収納などに比べて導入にかかる費用や手数料が低いことから導入しやすく、市民にとっても利便性が大きく向上する。

総務省は、自治体ごとに異なる地方税の情報システムを標準化するため、標準仕様書を作成する。業務の効率化や導入・維持管理費用の削減につなげるのが狙い。「税務システム等標準化検討会」を設置して自治体やシステム開発事業者と話し合い

2021年夏をめどに策定する方針だ。対象は個人住民税、法人住民税、軽自動車税、固定資産税、収滞納管理で、検討会の下にそれぞれワーキングチームを設け、具体的な検討を進める。項目やセキュリティの要件、必須機能、オプション機能などを整理する。

地域活性化センターと東武トップツアーズは20年7月に、企業版ふるさと納税に関して自治体と企業をマッチングするための新会社「企業版ふるさと納税マッチングサポート」を設立した。企業版ふるさと納税に関する企画、提案、支援、広告及びコンサルティングなども行う。

図表Ⅱ-3-5　税・債権回収の動き

年月日	見出し	内　容
2019/10/ 2	RPA、税務業務に応用＝長野県	長野県は、税務関連の3業務でロボティック・プロセス・オートメーション（RPA）を活用する。県は2018年度、財産活用課と総務事務課、教育委員会の3業務でRPAを導入。今年度は30業務に拡大する方針で、税務課から情報政策課に提案があった。
2019/10/ 2	市税徴収を地区担当制に＝職員のスキル底上げ―仙台市	仙台市は、市税の滞納整理業務で高額・少額の金額別に分けていた担当を地区担当制に変えた。1人の職員が高額滞納も少額滞納も担当する形態にすることで、幅広いスキルを磨いてもらい、職員全体の底上げを図るのが狙い。
2019/10/25	住民税、事業所に預かり依頼＝外国人材の未収金対策で－岡山県笠岡市	岡山県笠岡市は、納税通知書を送付する5～6月を前に、外国人材が帰国して住民税が未収金になるのを防ぐための取り組みを始めた。対象となり得る外国人が同意した場合に限り、雇用する事業所が納税想定額を預かっておく仕組み。
2019/10/29	固定資産税未払い納付の農家に交付金＝愛知県蒲郡市	愛知県蒲郡市は、未納だった過去の償却資産分の固定資産税を納付した市内で農業を営む個人・法人に対し、最大4年間の納付分と同額の「農業者支援交付金」を支給する。農家の負担を抑え、離農を防ぐのが狙い。
2019/10/30	森林環境税で災害対策拡充＝課税期間4年延長―大阪府	大阪府は、独自に徴収している森林環境税の課税期間を2023年度まで4年間延長し、災害対策を拡充する。昨今の災害で得られた知見を生かし、土石流や流木の対策を強化する。9月議会に関係条例の改正案を提出した。
2019/11/ 1	徴税業務の電子化促進＝地方財政を効率化―財務省提言	地方財政の効率化に向けた財務省の提言内容が分かった。地方自治体で税金を徴収する際の費用削減を狙い、徴税業務の電子化を促進することなどが柱。地方自治体の徴税費用は平均で国の1.7倍。財務省はITやAIの導入、複数の自治体による共通システムの構築などで費用を削減できると訴える。
2019/11/ 6	第3子から副食費を無償に＝静岡県菊川市	静岡県菊川市は、幼児教育と保育の無償化に併せ、保護者の負担が残る給食費のうち、おかず代などに当たる副食費を3～5歳の第3子以降は無償とする制度を創設した。

2019/11/8	地方税、システム標準化進める＝徴収「コスト高」指摘ー高市総務相	高市早苗総務相は、財務省が財政制度等審議会の分科会で、自治体の徴税コストが国に比べて高く、縮減が必要と指摘したことに関して「基幹税務システムの標準化について、管理運営や更新の効率化を図る観点から検討を進める」と述べた。
2019/11/13	仮想通貨を差し押さえ＝市税滞納で自治体初ー大阪府寝屋川市	大阪府寝屋川市は、市税を滞納していた30代男性が預けていた仮想通貨を差し押さえたと発表した。改正資金決済法で仮想通貨に財産的価値が定義されたことを受けた対応。差し押さえたのは122円。
2019/11/15	福岡の宿泊税に同意＝県・市と北九州、20年4月導入ー総務省	総務省は、福岡県と福岡市、北九州市がホテルなどの宿泊者に課す法定外目的税「宿泊税」の新設に同意した。県・市は2020年4月1日から導入し、観光振興や旅行者の受け入れ環境整備に充てる。
2019/11/22	城ケ島大橋の通行料無料化へ＝漁港管理条例一部改正を提案ー神奈川県	神奈川県は県議会に、三浦半島の先端と主要観光地である城ケ島を結ぶ城ケ島大橋の通行料を無料にするため、県漁港管理条例の一部改正に関する条例案を提出する。可決されれば、2020年4月1日に施行される予定。
2019/12/6	富士山協力金の義務化を議論＝トイレチップと一体化も検討ー山梨・静岡両県など	山梨、静岡両県などでつくる富士山世界文化遺産協議会の有識者専門委員会は、登山者から任意で徴収する保全協力金の制度見直しについて議論している。税と入山料という二つの手法で義務化の可否を検討。トイレチップと一体化し、払えばトイレを無料化する案も出ている。ただ、議論の期限は設けていない。
2019/12/11	特定債権滞納、3年で11億円削減＝兵庫県	兵庫県は、2018年度末で1000万円以上の滞納がある13の特定債権について、21年度までの3年間で約11億円縮減する目標を設定した。コンビニ収納の対象を拡大するなど対策を強化し、過去実績を上回る回収目標を掲げて達成を目指す。
2019/12/18	森林環境譲与税、前倒しで増額＝20年度は倍増の400億円ー総務省	総務省は、地方公共団体金融機構の金利変動準備金2300億円を活用し、2020年度から自治体に配分する森林環境譲与税を増額する。20年度は400億円と当初の予定から倍増。
2019/12/23	宿泊税施行後の調査＝事業者、市民ら対象ー京都市	京都市は、宿泊税条例施行後の運用状況を検証するため、市内の宿泊事業者、市民、宿泊客らを対象とした調査を始めた。調査を通じて、市民・旅行者の宿泊税への理解や認知度向上に役立てる。
2019/12/23	税組織改革で市税事務所設置＝事務効率化などーさいたま市	さいたま市は、税務組織を抜本改正する。これまで本庁と全10区役所にあった部・課を再編し、大宮と浦和にそれぞれ開設する市税事務所に権限の多くを移すのが柱。事務作業を効率化するほか、滞納案件などにきめ細かに対応するのが狙い。
2019/12/25	税相談にタブレット端末導入＝災害時の被害認定にも活用ーさいたま市	さいたま市は、市民の税相談に利用するタブレット端末を税務部と区役所に開設する市税事務所2カ所に導入する。区役所の賦課徴収事務を市税事務所に移した後も、タブレットを通じて市民が区役所の窓口で相談できるようにする。災害時の家屋などの被害認定にも活用する予定だ。
2020/1/20	市税収納にモバイル決済＝堺市	堺市は、市税の収納にモバイル決済サービスを新たに導入した。「LINE Pay」「PayB」「楽天銀行コンビニ支払サービス」の3種類が利用可能。
2020/1/20	目立つ封筒で滞納者に注意喚起＝大阪府枚方市	大阪府枚方市は、市税滞納者への注意喚起を狙いに、送付文書が他の郵便物に紛れないよう目立つデザインの封筒を製作した。新しい封筒のデザインは、紅白で彩色したものと、赤地に黒の枠を施したものの2種類。
2020/1/30	ふるさと納税訴訟上告へ＝市長「到底受け入れ難い」ー大阪・泉佐野	大阪府泉佐野市がふるさと納税新制度からの除外取り消しを求めた訴訟で大阪高裁が市の請求を棄却したのを受け、千代松大耕市長は、最高裁に上告すると発表した。
2020/1/31	奈良市、宿泊税導入先送り＝新型肺炎の影響回避	奈良市の仲川元庸市長は、2020年度中を予定していた宿泊税の導入を先送りすると表明した。新型コロナウイルスによる肺炎の感染が拡大する中、宿泊税が観光業へのダブルパンチになるのを避ける。
2020/2/4	宿泊税1泊200円で21年度に導入へー北海道函館市	北海道函館市は市議会総務常任委員会で、導入を目指している宿泊税の具体案を公表した。1人1泊当たり200円とし、2021年10月の導入を目指す。
2020/2/7	スマホで市税など納付＝広島県安芸高田市	広島県安芸高田市は、スマートフォン決済の「PayB」「LINE Pay」「PayPay」で、市税などを納付できるようにする。対象は、市県民税、固定資産税、軽自動車税、国民健康保険税、介護保険料、公共上下水道使用料、市営住宅使用料、児童クラブ保護者負担金、保育料、幼稚園保育料など18種類。
2020/2/7	高級ホテル誘致事例を調査＝人材育成で関係者に意見聴取ー観光庁	観光庁は、訪日外国人旅行者の受け入れ拡大に向けて世界レベルの高級ホテルを各地で50カ所程度新設する政府方針を踏まえ、各地域の先進事例の調査や業界関係者からの意見聴取に着手した。
2020/2/17	生活保護費、コンビニ返還可能に＝受給者の利便性向上	政府は、生活保護の受給者がもらい過ぎた保護費を返還する場合などに、コンビニエンスストアで支払えるようにする方針を固めた。受給者の利便性向上が狙い。自治体にとっても効率的な回収につながる。

2020/ 2 /19	生活保護の不納欠損を指摘＝包括外部監査―名古屋市	名古屋市の包括外部監査人は、2019年度の監査結果を報告し、生活保護費の不納欠損など計23項目について是正を求めた。市は18年度、保護費の不正受給で返還されない「不納欠損」について適切に処理していなかったため、国庫負担金の補充を受けられず、約5000万円を市が全額負担することになった。
2020/ 2 /19	町税納付、コンビニ、スマホ決済で＝福岡県岡垣町	福岡県岡垣町は、町税などについて、全国のコンビニエンスストアで納付できるようにするとともに、スマートフォン決済の取り扱いを始める。利用できるスマホ決済は「PayPay」「LINE Pay」「支払秘書」。
2020/ 2 /25	市税、保険料にスマホ収納を導入＝沖縄那覇市	沖縄県那覇市は、市税や県民税、国民健康保険税などの収納にスマートフォン決済を利用できるようにする。どこにいても支払えるようにすることで、市民の利便性を向上するのが狙い。 対応させる決済アプリは「LINE Pay」と「PayPay」。
2020/ 3 / 2	イベント中止、施設利用料を還付＝愛媛県	愛媛県の中村時広知事は、新型コロナウイルスの感染防止のために県有施設でのイベントやコンサート、会合などを中止にした際の利用料金を徴収しないことを発表した。すでに納付された利用料金は還付する。
2020/ 3 /13	市税などスマホ収納開始へ＝愛知県蒲郡市	愛知県蒲郡市は、税などの収納でスマートフォン決済への対応を開始する。市民の利便性向上が狙い。対応するのは、ビリングシステムが提供する「PayB」。
2020/ 3 /19	学校徴収金システムを導入へ＝東京都町田市教委	東京都町田市教育委員会は、市立小中学校の教材費などの徴収をオンラインで管理する「学校徴収金システム」を導入する。授業に必要なドリルや裁縫道具、習字道具などの教材購入に際し、インターネットバンキングを使って自動的に管理するもの。
2020/ 3 /19	宿泊税交付金、最多は久留米市＝20年度配分見込み額公表―福岡県	福岡県は議会予算特別委員会で、4月導入の宿泊税を原資とした県内市町村への交付金の見込み額を公表した。市町村ごとの宿泊者数などに基づき案分した結果、最多は久留米市の約4600万円。交付金は地域に合った観光振興に充ててもらう。
2020/ 3 /19	水道料金、減免などの配慮を＝新型コロナ感染拡大で―厚労省	厚生労働省は、新型コロナウイルスの感染拡大の影響により、生活が困窮している人を支援するため、個別の事情に配慮し水道料金の支払い猶予や免除、分割納付計画の策定などを行うよう地方自治体に求める通知を発出した。
2020/ 3 /30	固定資産税、納付1年猶予＝新型コロナで緊急対策―岡山県真庭市	岡山県真庭市は、新型コロナウイルスの感染拡大で影響を受けた事業者や個人を対象に、固定資産税と法人市民税の納付期限を最長で1年間猶予する緊急対策を発表した。
2020/ 4 / 1	中学の配達弁当を「給食」に＝横浜市教委	横浜市教育委員会は、市立中学校での昼食の配達弁当「ハマ弁」について、2021年度から学校給食法上の給食に位置付ける方針だ。市が献立作りなどに主体的に関わり、ハマ弁の利用拡大を目指す。
2020/ 4 / 3	市税などのスマホ納付開始＝神奈川県座間市	神奈川県座間市は、スマートフォン決済の「LINE Pay」で市民税や介護保険料などの納付ができるサービスを始めた。今後は「PayPay」などでも利用できるよう検討していくという。
2020/ 4 / 6	空き家リフォーム補助を見直し＝北九州市	北九州市は、空き家の増加抑制を目的としたリフォーム補助制度を大幅に見直す。「住まいの安全安心・流通促進事業」として18年度に始めたものの、対象が断熱工事やバリアフリー化工事などに限られ、申請件数が伸び悩んでいることから、対象工事のメニュー追加や補助率の引き上げなどを通じ、空き家の利活用を後押しする。
2020/ 4 / 8	「特別交付金」で全額補填＝固定資産税減免による減収―政府	政府は、新型コロナウイルスの感染拡大を受けた税負担軽減策のうち、中小企業を対象にした固定資産税と都市計画税の減免で生じる減収を全額国費で穴埋めするため、「特別交付金」を新設する方向で調整している。
2020/ 4 /14	国保、減収分を全額補助＝新型コロナ対応の減免で―厚労省	厚生労働省は、市町村などが新型コロナウイルスの感染拡大に伴い収入が大きく落ち込んだ人の国民健康保険料を減免する場合、減収分を全額補助する方針だ。市町村などの負担をなくすことで、新型コロナの影響に苦しむ自営業者らへの積極的な支援を促す。
2020/ 4 /17	納税口座振替、ネットで受け付け＝山口市	山口市は、市県民税などを対象に、スマートフォンなどからインターネットを通じて、口座振替を受け付けるサービスを始めた。地元の地銀や信用金庫、ゆうちょ銀行など7金融機関のいずれかに預金口座があり、キャッシュカードの発行を受けた個人は、市のウェブサイト上で申し込みができる。
2020/ 4 /24	教材ネット配信、無償を認可＝今年度のみ、家庭学習に対応―文化庁	文化庁は、著作権者の許諾がなくても遠隔授業の教材などとして著作物をネット配信できる改正著作権法に関し、2020年度に限り、学校側が支払うべき補償金をなしにすると発表した。
2020/ 4 /27	学童利用料を日割りで返金＝山形県南陽市	山形県南陽市は、子どもの学童保育施設利用を自粛した保護者に対し、休んだ日数に応じて利用料を返金する。利用料は通常通り各施設で徴収し、後日休んだ日数に応じて市がまとめて精算する。
2020/ 4 /28	SMSで納税・納付を催告＝長野県松本市	長野県松本市は、税金や社会保険料の未納者に対し、携帯電話のショートメッセージサービスを利用した催告を始める。対象となるのは、市・県民税、固定資産税、軽自動車税、国民健康保険税、介護保険料、後期高齢者医療制度保険料。

2020/ 4 /28	市税、各種料金の支払い猶予＝茨城県水戸市	茨城県水戸市は、新型コロナウイルスの感染者やその家族、経済的損失を受けた市民らを対象に、市税や各種料金の支払い猶予を認める措置を始めた。市税と国民健康保険税は原則1年間、水道料金などは9月30日まで支払いを猶予する。
2020/ 5 / 1	道路占用料、納入期限を延長＝コロナ対策、地方道も適切対応を－国交省	国土交通省は、新型コロナウイルスの感染拡大を受け、国が管理する国道に関して事業者らから徴収する道路占用料について、自治体から外出自粛の要請が出ているなどやむを得ない場合、納入期限を延長することを決めた。地方道についても、同省の対応を踏まえて適切に対応するよう各自治体に通知した。
2020/ 5 /27	年度内、小中の給食費無償化＝富山県滑川市	富山県滑川市は、新型コロナウイルスの感染拡大を受けた経済対策として、市内の小中学生の給食費を2020年度中は無償化する。子育て世帯の負担を軽減するのが狙い。
2020/ 6 /12	養育費の強制徴収検討＝法務・厚労省、年内に論点整理	法務、厚生労働両省は、離婚後の子どもの養育費の確保策に関して、両省審議官級によるタスクフォースの初会合を開いた。養育費が支払われない場合、公的機関が立て替えたり、強制的に徴収したりする支援制度の導入を目指す。
2020/ 6 /23	電子納税、全自治体で利用実績＝対象拡大を検討―地方税共同機構	企業などが複数の自治体に一括して納税できる「地方税共通納税システム」について、すべての地方自治体で納付が行われた。同システムは昨年10月に全自治体に一斉導入。運営する地方税共同機構は利用率のさらなる向上に向け、対象税目の拡大を検討する方針だ。
2020/ 7 / 9	税務システムを標準化へ＝来夏めど仕様書作成―総務省	総務省は、全国の市区町村を対象にした地方税の情報システムについて、標準仕様書を作成する。自治体ごとに異なるシステムを標準化することで、業務の効率化や導入・維持管理費用の削減につなげるのが狙い。2021年夏をめどに策定する方針だ。
2020/ 7 / 9	滞納整理で14億3500万円徴収＝19年度－大阪府域地方税徴収機構	大阪府は、地方税の滞納整理に取り組む「大阪府域地方税徴収機構」が2019年度に個人住民税など14億3500万円を徴収したと発表した。
2020/ 7 /11	企業版ふるさと納税で新会社＝自治体とマッチング―地域活性化センター	地域活性化センターは、企業が地方自治体に寄付をすると一定の税額控除が受けられる「企業版ふるさと納税」に関連して東武トップツアーズと共同で新会社を設立した。新会社は、トップツアーズのネットワークを活用し、寄付金を募る地方自治体と企業をマッチングする。
2020/ 7 /21	税額通知の電子化で実証実験＝住民税の特別徴収―総務省	総務省は、個人住民税の特別徴収税額通知の電子化に向けた実証実験を今夏行う。書面で作成されている通知を電子交付することで、企業の負担を軽減するほか、新型コロナウイルス対策にもつなげるのが狙い。同省は実験結果を踏まえて制度化を急ぐ方針だ。
2020/ 7 /27	コンビニ収納未導入でキャッシュレス決済―北海道士別市	北海道士別市は、LINE Payが提供するコンビニ収納未導入自治体向けの公金のキャッシュレス決済サービスを導入した。電子マネーはLINE Payを利用し、導入費用は258万5000円。
2020/ 8 /25	庁舎内ホテルと契約解除＝3億円賃料滞納で－大阪府	大阪市の沿岸部にある大阪府咲洲庁舎の一部で昨年開業したホテルが賃料滞納を続けたとして、府が施設の賃貸借契約を解除したことが分かった。府は事業者と協議した上、フロアの明け渡しや滞納金支払いを求める民事訴訟も検討する。昨年10月から今年7月までに約3億2000万円を滞納。
2020/10/ 1	コロナ受け、郵送で不動産公売＝静岡市	静岡市は、新型コロナウイルスの感染拡大を受け、市税滞納で差し押さえた不動産の公売方法を、郵送などで一定期間受け付ける「期間入札」に変更する。これまでは会場に参加者が集まって入札する「期日入札」だった。
2020/10/ 2	家宅捜索スキル向上へ実技研修＝徴税強化で－栃木県と14市町	栃木県の7県税事務所と県内14市町は、徴税強化の一環で、同県栃木市のモデルハウスを使って県税滞納者の自宅などを家宅捜索する実技研修を初めて実施した。若手職員らがスキルを向上させるため、動産を差し押さえる手順やノウハウをロールプレーイング形式で学んだ。

6. 金融

ゆうちょ銀行は、栃木県がPFIで実施する総合スポーツゾーン東エリア整備運営事業で足利銀行、常陽銀行、百五銀行、群馬銀行、栃木銀行、足利小山信用金庫に加わり協調融資に参加する。ゆうちょ銀行がプロジェクトファイナンスを実施するのは初めて。同事業は、栃木県が宇都宮市内に建設する新体育館やプールで、融資総額は170億7300万円で、このうちの数十億円を

ゆうちょ銀行が融資する。

新型コロナウイルスの感染拡大の影響を受けた産業振興の一環として、政府は産業革新投資機構（JIC）や地域活性化支援機構（REVIC）などの官民ファンドによる投資態勢の拡大を進めている。20年6月には政府による保証枠をJIC約3兆円（従前1.5兆円）、REVIC約2.5兆円（同1兆円）に拡大し、体制も拡充した。政府は、コロナ禍によって経営が悪化した企業の資金増強にこれらの官民ファンドを使い、業界再編、新産業創出、地域経済の下支えなどを行うことを目指している。コロナ禍への経済対策では政府主導の銀行貸し出しが膨大となっていることから、今後業界再編などのきっかけとなることも期待される。しかしながら、官民ファンドが主導した業界再編や新産業創出には失敗事例も多い。また、安易な公的救済によって本来存続すべきでない企業が継続してしまう可能性もあり、注意が必要だ。

東京大学は、国立大学法人として初めて社会貢献活動などを目的とする（ソーシャルボンド）大学債「東京大学FSI債」を発行した。同大学がFSI（Future Society Initiative）と名付けている活動などに充てる。具体的な内容としては、キャンパスの感染症対策や研究施設の整備などだ。同大は格付情報センターから「AA＋」、日本格付研究所「AAA」の格付けを取得している。10年間で1000億円を発行する計画の初弾で、償還期間は40年で規模は200億円、利率は年0.823％。

図表Ⅱ-3-6　金融の動き

年月日	見出し	内　　容
2020/ 3 /16	跡地活用にSIB、ふれあい指標化＝静岡県島田市	静岡県島田市は、旧庁舎の跡地に造る複合施設の運営に、民間資金を活用して問題解決を図り成果報酬を支払う「社会的インパクト投資（SIB）」の手法を取り入れる。施設の利用者数や、利用を通じて市民同士のふれあいやつながりが、どの程度強化されたかなどを成果指標にする。
2019/10/28	利子補給制度を導入＝西日本豪雨の住宅被害に－岡山市	岡山市の大森雅夫市長は、西日本豪雨で住宅が被災し市内で再建や購入、補修をするために費用を借り入れる場合、市が利子の一部を補助すると発表した。対象は、被災した住宅を再建、補修するか、新築、中古物件を購入する西日本豪雨の被災者。ほかの市町村で被災していても、市内で建設や購入をする場合は補助を受けられる。
2019/11/21	22兆円の地方債が適格に＝日銀担保基準緩和で推計－総務省	総務省は、日銀が金融機関に資金を供給する際に担保として受け入れる地方債の基準を緩和したことで、新たに担保として適格と認められる可能性のある非公募債と証書貸付債権が最大で計22兆円程度に上るとの推計結果をまとめた。
2020/ 1 / 3	ソーシャルレンディングが急拡大＝個人がネット経由で企業融資	インターネットを介して個人の資金を集め、必要とする企業に融資するソーシャルレンディングの市場が急拡大している。年10％前後の高利回りをうたうものもあるが、金融庁は資金を集める際に虚偽の説明を行ったとして、一部事業者に業務改善命令を出すなど、トラブルも起きている。一方、リスクが比較的少ない商品も登場し、現在の超低金利下で安定的な資産運用を目指す個人投資家の人気を集める。
2020/ 3 /16	農業、漁業者向け資金創設＝新型コロナ対策で－島根県	島根県は、新型コロナウイルスの感染拡大の影響で経営の安定維持が困難になった農業者、漁業者向けに、運転資金を低利で融資する制度を創設した。事業者の規模要件は設けず、幅広く受け付ける。
2020/ 3 /16	中小企業向け金融支援を拡大＝コロナ対策で補正予算－静岡県	静岡県は、新型コロナウイルスの感染拡大を受け、県内中小企業向けの金融支援を拡大する。県の制度融資枠に500億円のコロナ対策枠を新設し、セーフティーネット貸し付けなどの利用企業に利子補給するほか、信用保証料の事業者負担分も県が支払う。融資限度額も拡大する。
2020/ 3 /19	商工中金、危機対応融資の受付開始＝低利や実質無利子で	商工中金は、新型コロナウイルスの感染拡大で影響を受けた中小・零細企業を対象とした危機対応融資の受け付けを始めた。直近1カ月の売上高の減少に応じ、低利や実質無利子で運転資金などを貸し付ける。限度額は3億円以内。

2020/ 3 /24	新型コロナで利子補給＝滋賀県栗東市	滋賀県栗東市は、新型コロナウイルスの影響で売り上げが減少した市内の中小企業・小規模事業者を対象に、独自の利子補給制度を創設する。対象となる融資は、滋賀県の制度融資「セーフティネット資金」。
2020/ 3 /26	トロバス保存に寄付400万円＝長野県大町市	長野県大町市の牛越徹市長は、2018年に運行を終了した「関電トンネルトロリーバス」を保存するために、クラウドファンディング型ふるさと納税を10日から開始したところ、25日までに約400万円が寄付されたと発表した。
2020/ 3 /27	新型コロナ対応で中小企業へ融資あっせん＝東京都日野市	東京都日野市は、新型コロナウイルスの影響を受けている中小企業の運転資金向けに、独自に融資あっせん制度を設ける。市議会最終日に関連条例案が可決されるのを受け、市内に事業所のある法人や、市内在住の個人事業者を対象に信用保証料などを補助する。
2020/ 3 /31	SIB活用し健康ポイント＝複数の企業・店舗が参画―岡山市	岡山市は、SDGsに関連し、民間資金で社会課題を解決するSIB（ソーシャル・インパクト・ボンド）を活用した健康ポイント制度を導入している。健康ポイント制度は2019年度から3年間、消費者が地元の企業や店舗が提供する健康につながるサービスを利用するとポイントがたまり、特典を受け取れる仕組み。
2020/ 4 / 1	マル経融資の金利負担＝新型コロナ対策で独自支援―広島県福山市	広島県福山市は、新型コロナウイルスの影響で売り上げが減少している小規模事業者を対象に、日本政策金融公庫の「新型コロナウイルス対策マル経融資」の利子補給を独自に行う。市が補給することで、事業者は無利子で融資を受けられるようになる。
2020/ 4 / 7	小規模事業者に上乗せ補助＝滋賀県守山市	滋賀県守山市は、小規模事業者の地道な事業活動を支援する国の「小規模事業者持続化補助金」に市独自の上乗せを行う。補助率を国の分と合わせて6分の5に拡大し、市内小規模事業者の負担を軽減する。
2020/ 4 / 8	中小企業に独自の金融支援＝滋賀県湖南市	滋賀県湖南市は、新型コロナウイルス感染症対策として、市内の中小企業が県信用保証協会のセーフティネット保証（SN保証）を利用する際の信用保証料の助成や利子補給を行う。
2020/ 4 /13	3年分の利子、保証料を全額補助＝新型コロナ対策で独自支援―長崎県波佐見町	長崎県波佐見町は、新型コロナウイルスの感染拡大の影響で売り上げが減少した町内の中小企業・小規模事業者の資金繰りを支援するため、4月から独自の利子補給制度を開始した。県の融資制度などを利用した際の3年間分の利子と保証料を全額補助する。
2020/ 4 /24	中小・小口零細企業向け融資拡充＝東京都羽村市	東京都羽村市は、新型コロナウイルス感染症の影響で資金繰りが悪化している中小企業や個人事業者を支援するため、これらの事業者を対象にした2種類の資金融資制度を拡充した。
2020/ 4 /24	コロナ対策で事業者に30万円助成＝北海道長万部町	北海道長万部町は、新型コロナウイルス感染症の拡大で経営に影響を受けている事業者に対し、最大30万円を助成する制度を開始した。銀行などを除く約180の商工会の会員が対象。宿泊業者や飲食業者には30万円、その他の正会員には10万円、NPOなど正会員に準じる定款会員には5万円を助成する。
2020/ 4 /28	コロナ対策で新制度融資＝小規模事業主に10万円交付も―横浜市	横浜市は、新型コロナウイルスの感染拡大で経営に影響を受けた市内中小企業を支援するため、新たな制度融資を創設すると発表した。
2020/ 4 /28	中小企業への制度融資に新制度＝群馬県	群馬県は、国が新型コロナウイルスの拡大を受けた経済対策として実施する中小企業への実質無利子・無担保融資について、県の制度融資に「新型コロナウイルス感染症対応資金」を新設すると発表した。
2020/ 4 /30	大型連休も融資相談＝窓口開設で対応―金融機関	中小事業者の急な資金需要に対応するため、多くの民間金融機関が大型連休中も支店で相談窓口を開設する。多くの地方自治体は、1日から制度融資の適用を始める方向。民間金融機関も実質無利子・無担保融資を提供できるようになる。
2020/ 4 /30	3年間実質無利子、保証料負担ゼロ＝新型コロナ感染症対応資金を創設―神奈川県	神奈川県は、融資当初の3年間は実質無利子で、保証料負担が最大でゼロになる「新型コロナウイルス感染症対応資金」制度を創設すると発表した。融資額は過去最大規模の7300億円を見込んでいる。
2020/ 4 /30	中小企業向け補助金を倍増＝滋賀県	滋賀県は、新型コロナウイルスの感染拡大で影響を受けた中小企業や小規模事業者を支援する「新型コロナウイルス感染症対策経営力強化補助金」の追加募集を始めた。
2020/ 5 / 1	売り上げ減25%でも緊急支援＝宮崎県延岡市	宮崎県延岡市は、新型コロナウイルス関連の経済対策として、1カ月の売上高減少率が25%以上50%未満の市内の事業者に緊急支援給付金30万円を支給すると発表した。

2020/ 5 / 8	つなぎ融資で迅速な資金調達＝新型コロナ対策－新潟県	新潟県は、新型コロナウイルスの感染拡大により影響を受けている事業者への県の融資制度で、民間金融機関と協力し、正式な融資実施前に資金を受け取れるつなぎ融資を実施している。これにより、申し込みから実行まで14営業日程度かかる融資を4営業日程度で受け取れる。
2020/ 5 / 8	融資制度の利子補給率99％に＝中小企業の資金繰りを支援－千葉県佐倉市	千葉県佐倉市は、新型コロナウイルス感染拡大を踏まえた中小企業の資金繰り支援を実施すると発表した。市の制度で運転資金を融資するに当たって、利子補給の補助率を現行の50％から99％に引き上げる。
2020/ 5 / 8	生活困窮の子育て世帯に一律3万円＝五輪延期で事業見直し－埼玉県戸田市	埼玉県戸田市は、新型コロナウイルスの影響を受けた市民への緊急支援として、ひとり親などで生活困窮状態にある子育て世帯に一律3万円を給付することを決めた。売り上げが減少した小規模業者と個人事業主には10万円を給付する。
2020/ 5 /12	実質無利子の融資制度創設＝京都府	京都府は、京都市と協調し、新型コロナウイルス感染拡大の影響を受けた中小企業の資金繰りを支援するため、民間金融機関による融資制度を創設した。融資額は最大3000万円で、当初3年間は実質的に無利子になる。
2020/ 5 /15	100万円の無担保融資創設＝埼玉県秩父市	埼玉県秩父市は、新型コロナウイルス感染拡大に伴う経済対策で、中小事業者の迅速な資金調達支援を強化するため、100万円以下の無担保小口融資制度を創設した。融資枠は3億円。信用保証協会を通さないため、受け付けから約1週間で融資できる。
2020/ 5 /15	起業前後も支援手厚く＝2事業を開始－秋田市	秋田市は2020年度から、起業前後の環境を整備するため、「ビジネススタートアップ事業」「起業家応援支援事業」を新たに始める。起業に興味がある市民の掘り起こしから、起業後の悩み相談まで、セットで支援する。
2020/ 5 /18	日本初、森林信託を導入＝銀行と共同開発－岡山県西粟倉村	岡山県西粟倉村は、三井住友信託銀行と共同で、山主が銀行に山の所有権を預け、運用を任せる森林信託を開発し、日本で初めて導入した。林業の担い手不足や、所有者不明などにより全国的に課題となっている森林の荒廃を防ぐ効果が期待されている。
2020/ 5 /22	観光業の資金確保を支援＝クラウドファンディング促進－宮城県	宮城県は、新型コロナウイルスで大きな影響を受けている県内の観光・宿泊事業者がクラウドファンディング（CF）による資金確保に乗り出しやすくするため、手数料などを負担する支援事業を始める。対象は300～500社を想定。
2020/ 5 /22	助成金支給前に貸し付け＝新潟県三条市	新潟県三条市は、国の雇用調整助成金の手続きに時間がかかることを踏まえ、支給前に助成金の50％相当額を無利子で貸し付ける。申し込みから貸し付けまで、3営業日程度を見込む。申し込みは随時受け付ける。
2020/ 5 /25	コロナ対策で融資あっせん拡充＝東京都調布市	東京都調布市は、新型コロナウイルスの感染拡大で経営に影響を受ける市内事業者を対象に、既存の利子補給を伴う特定金融機関への融資あっせん制度を拡大した。対象要件を緩和した上で、当初3年間の利子と、信用保証料を全額補助する。
2020/ 5 /28	事業継続へ最大200万円支給＝岡山県赤磐市	岡山県赤磐市は、新型コロナウイルスの影響で売り上げが落ち込んだ企業に対し、事業継続を目的として市単独で最大200万円の支援金を提供する。市内に本社などがある事業者2200社のうち、約1200社の利用を見込み、事業費は2億4300万円。
2020/ 6 /11	事業者に家賃など10万円助成＝大阪府枚方市	大阪府枚方市は、新型コロナウイルス感染拡大の影響を受ける市内事業者を支援するため、売り上げが減少し、府の休業要請支援金の対象外となっている事業者に一律10万円を助成する。主に店舗の家賃などに活用してもらう考え。
2020/ 6 /12	事業者に臨時給付金＝滋賀県湖南市	滋賀県湖南市は、新型コロナウイルスの感染拡大を受けた生活や経済の支援策をまとめた。生活支援策では、未就学児童に1万円を給付するほか、経済支援策では市内事業者に10万～15万円の臨時給付金を支給する。
2020/ 6 /22	利子補給目的の基金への充当可能に＝地方創生臨時交付金で考え方－政府	政府は、新型コロナウイルス感染拡大を受けた自治体向けの地方創生臨時交付金について、2020年度第2次補正予算に計上した2兆円の対象事業や配分の考え方を固めた。1次補正計上分では対象外としていた基金への充当について、利子補給など一定の要件を満たす積み立てに限り認める方針へと転換。近く自治体ごとの配分額を示す。
2020/ 6 /24	ネット資金調達の事業者を支援＝手数料と奨励金支給－広島県呉市	広島県呉市は、新型コロナウイルスの影響を受ける事業者がクラウドファンディング（CF）を活用する際の手数料を全額補助する。また、調達した金額に連動した「奨励金」を支給する。事業を継続するための販路開拓や、新規顧客の獲得などを応援したい考え。市内に事業所を持つ全業種が対象。
2020/ 7 / 8	事業者支援金集まり「うれしい」＝クラウドファンディングなどで－花角新潟知事	新潟県の花角英世知事は、官民連携で実施していた県内事業者に支援金を送るためのクラウドファンディングなどで約5800万円が集まったと発表した。支援の対象は、新型コロナウイルス感染拡大の影響を受けている県内の飲食店、宿泊施設、文化・スポーツ団体。

2020/ 7 /13	認知症高齢者を保険で支援＝滋賀県草津市	滋賀県草津市は、認知症高齢者らが一人で出歩き鉄道事故などを起こした場合に備え、個人賠償責任保険の保険料を全額負担する。市が保険契約者となり、最大１億円補償する。被保険者は、市の「認知症高齢者等見守りネットワーク事前登録事業」に登録し、市の住民基本台帳に記録され、認知症かその疑いがある人。
2020/ 7 /14	地方債の日銀担保活用、前向き検討を＝金融機関に働き掛け―総務省	総務省は、日銀が金融機関に資金を供給する際に担保として受け入れる地方債の対象を拡充したのを受け、地方債の適格担保としての活用を前向きに検討するよう働き掛ける通知を全国銀行協会などに出した。特に証書貸付債権の活用が進んでいないとして、金融機関側から活用ニーズがあれば積極的に応じるよう地方自治体にも呼び掛けている。
2020/ 7 /17	夏季観光事業者に支援金＝福井県高浜町	福井県高浜町は、新型コロナウイルスの影響で８カ所の海水浴場を開設しないことにより、7、8月の売り上げの合計が前年同月比で50％以上減少した事業者に対し、減少額の20％、最大50万円を補助する。複数業種を営む事業者の場合は、それぞれ要件を満たしていれば、最大100万円を支給するという。
2020/ 8 /20	ゆうちょ銀、地銀と初の事業融資＝栃木県のスポーツ施設整備	ゆうちょ銀行は、栃木県が民間資金を活用して進めるスポーツ施設整備事業への協調融資に参加すると発表した。融資には複数の地方銀行が加わる。ゆうちょ銀が地銀と連携し、こうしたプロジェクトファイナンスに取り組むのは初めて。
2020/ 9 /28	西日本シティ銀、ベンチャーファンド設立＝20億円規模、地場企業対象	西日本シティ銀行は、地場のベンチャー企業を対象とした投資ファンドを設立したと発表した。ファンド総額は20億円。業種は限定せず、ベンチャーや、第２の創業を目指す企業を対象とする。
2020/10/ 4	官民ファンドが投資拡大＝コロナ禍で再編主導―安易な救済に懸念も	新型コロナウイルス感染症が企業業績に影響を及ぼす中、産業革新投資機構などの官民ファンドが投資態勢の拡大・強化を急いでいる。政府は経営悪化企業の資本増強にファンドを使い、業界再編などを通じて新産業創出や地域経済の下支えにつなげたい考えだ。ただ、安易な公的救済で「ゾンビ企業」が増えれば、経済成長を損なうとの懸念もある。
2020/10/ 5	スタートアップ支援、第２号ファンド設立＝金融機関などと連携―京都市	京都市は、市や金融機関などと共同でスタートアップ企業を支援する第２号ファンドを設立したと発表した。国は、「エコシステム拠点都市」に京阪神地域を選定。コロナ禍でスタートアップの資金調達が厳しさを増す中、第１号ファンドの取り組みも発展させ、支援をさらに充実させたい考えだ。
2020/10/ 8	東大、社会貢献債を初発行＝資金調達力を強化	東京大学は、社会貢献を目的とした債券を発行すると発表した。国立大学法人の大学債発行は初めて。補助金など財源が限られる中、資金調達力を強化する。償還期間は40年で規模は200億円、利率は年0.823％。調達資金は最先端の研究施設整備やキャンパスの感染症対策などに充てる。

第4章 公民連携を取り巻く環境

1. 行財政改革

　2019年12月にデジタル手続法が施行されたことで、自治体のさまざまな業務を自動化する人工知能（AI）やロボティック・プロセス・オートメーション（RPA）の導入への関心が急速に高まっている。また、行政の申請書等で印鑑を廃止する動きも進む。

　ただ、試験的な導入を行った結果、本格導入を見送る自治体も出てきている。鹿児島県姶良町（現・姶良市）は、実証実験を行っていたチャットボット機能を活用したLINEによる市民からの問い合わせ対応について、本格導入を断念した。夜間の問い合わせ対応などでは一定の効果があったが、高齢者はLINE等を利用している割合が少なく、思ったほど効果が出なかったという。栃木県は、5業務で実証実験を行ったが、そのうち2業務では本格導入を先送りした。

　また、小規模な自治体では、利用者の数が少なく、導入費用や手間に見合わない懸念もある。そこで、仕様の標準化や広域的な導入の必要性が高まっている。政府は住基や地方税、介護保険、国民年金といった17の自治体事務の標準化を決定し、その第一弾として総務省は、20年9月に住民記録システムの標準仕様書を取りまとめた。地方税や介護保険、障害者福祉、就学関係の各事務については21年夏をめどに、児童手当や国民年金、後期高齢者医療といった事務については、22年夏をめどに標準仕様書を作成する計画。

　愛知県は県内の54の市町村とシステムの共同導入を検討しており、手書き書類を自動入力するシステムの共同利用を42市町村で20年度に始める計画だ。このほかRPAにも26自治体が関心を示しているといい、共同調達を検討していく。

　行政のデジタル化の推進とその効果の最大化を図るためには、単純にこれまでの書類を機械で読み取る、デジタル処理をするといった対応だけでなく、業務プロセス、フローを上流から見直すことも肝要である。

　また、OCRやAIはインフラ管理の高度化にも応用が進んでいる。静岡県企業局は、紙ベースで管理している浄水場の点検記録のデータ化を進める。水の濁度等や薬剤の投入量やタイミング、投入後の水の成分などの記録を1年ほど前からとっており、これをデータ化してパターン化し将来的には自動投入する仕組みを構築していく考え。このほかにも浄水場の設備機器の点検記録をデータ化して分析し、設備が傷むタイミングを調べて修繕計画に反映したり、点検項目の見直しに役立てたりする。

図表Ⅱ-4-1　行財政改革の動き

年月日	見出し	内容
2019/9/19	RPAを全庁整備＝鳥取県	鳥取県は、定型業務を自動処理するRPAを全庁で利用できるようにするため、サーバー型システムを整備する。2019年度は3〜5業務で運用を始め、21年度には1課につきRPAで1業務を目指す。また、RPAを構築できる人材育成にも乗り出す。
2019/9/20	キャッシュレス決済で協定＝ペイペイと連携、全国初－愛知県西尾市	愛知県西尾市は、スマートフォン決済サービス「ペイペイ」を運営するペイペイとキャッシュレス決済の推進に向けた連携協定を結んだ。今回の協定はスマート自治体化を目指す中、市内の事業者間でキャッシュレス決済の導入を促進するのが狙い。
2019/9/24	公民連携で屋外喫煙所を試行整備＝大阪府	大阪府は、屋外での受動喫煙を防止するため、2019年度から順次、分煙に配慮した屋外喫煙所を試行的に整備する。設置は主に市町村が担うが、整備や管理運営面では民間事業者の協力を仰ぐ方針。
2019/10/1	質問に答えるAIキャラクター＝静岡県菊川市	静岡県菊川市は、市民の質問にインターネット上でAIが回答する自動会話プログラム「茶保子」を、ホームページで公開している。4月から実証実験を始め、5月に本格導入。8月末までに約5000件の利用があった。2020年度も続ける予定。
2019/10/7	歳入不足87億円見込む＝20年度予算の財政収支仮試算－鹿児島県	鹿児島県は、行政改革推進プロジェクトチームの会合を開き、2020年度当初予算編成における財政収支の仮試算を公表した。87億円の歳入不足を見込んでいることが明らかになった。扶助費は前年度から51億円増えた。来年同県で行われる国体の運営費が基金で賄いきれず、一般政策経費から28億円支出することも響いた。
2019/10/8	手書き書類の自動入力で実証実験＝福岡市	福岡市は、AIと光学式文字読み取り装置（OCR）を組み合わせたAI-OCR技術で手書きの実帳票をデータ化し、ロボティック・プロセス・オートメーション（RPA）でシステムに自動入力する実証実験を始めた。NTTデータ九州と共同で、9月から11月までをめどに実施している。
2019/10/10	上海事務所の職員常駐見直し＝北九州市	北九州市は、中国に設置している二つの事務所のうち、上海事務所の在り方を見直す。係長級職員1人が常駐してインバウンド誘致などに努めているが、行財政改革の一環として経費削減につなげる狙いもあり、職員を常駐させない活動体制に改める。
2019/10/15	決算ベースに財政推計作成＝長野市	長野市は、2019〜23年度の歳出入の見通しを示した財政推計を作成した。推計の期間を従来の10年から5年と短くし、決算額を基礎としたより精度の高い数値を示したのが特徴。推計を基に財政運営の見直しを進めるとともに予算の編成に活用する。
2019/10/16	窓口業務を郵便局に委託＝石川県加賀市	石川県加賀市は、橋立出張所で行っていた窓口業務を橋立郵便局に委託した。取り扱う業務は住民票の写しや印鑑登録証明書の発行などで、これまで出張所で扱ってきた多くの業務が可能。市職員の派遣は行わないことから、戸籍の届け出や印鑑登録などはできない。
2019/10/31	県税事務所にセルフ収納機＝窓口業務の民間委託も－沖縄県	沖縄県は2020年度から、納税者の納付作業などを自動化する「税公金セルフ収納機」を導入する方向で検討している。導入を検討しているのは各県税事務所と自動車税事務所の計6カ所。リース費用は1台につき月額約14万円を想定している。
2019/11/8	5年間で収支均衡＝中期財政フレームを改定－滋賀県大津市	滋賀県大津市は、今後5年間の予算編成の方針を示した「中期財政フレーム」（2020〜24年度）を改定した。幼児教育・保育の無償化などで昨年の改定時より歳出規模が70億円拡大するものの、ガス事業民営化に伴う利益剰余金の活用や市債の繰り上げ償還により、収支均衡を図る目標を設定した。
2019/11/8	児童手当問い合わせにAI活用＝東京都江戸川区	東京都江戸川区は、児童手当の受給に関する問い合わせの対応に、AIを活用した自動会話プログラム「チャットボット」を導入した。繁忙期には電話での照会が1日100件程度あることから、対応手段を増やし業務効率化につなげる狙いがある。
2019/11/13	財政悪化で構造改革プラン策定へ＝来年度は新規事業凍結－相模原市	相模原市は、行財政運営を抜本的に見直すため、「行財政構造改革プラン」を策定することを決めた。このほど作成した長期財政収支見通しで、現状の行財政運営を継続すると中長期的に財政状態の悪化が避けられず、現行サービスの維持も難しくなるとの将来像が示されたため。
2019/11/18	引っ越し時の記入負担を軽減＝マイナンバーカード活用－静岡県藤枝市	静岡県藤枝市は、引っ越しに伴い窓口で必要となる手続きについて、マイナンバーカードを活用して住所氏名などを申請書に自動で印字するシステムを導入した。1件当たりの手続き時間が約2分短縮され、従来の3分の2程度になる見込み。
2019/11/20	住民税業務にAI導入＝職員負担軽減へ－東京都練馬区	東京都練馬区は、富士通と連携し、住民税関連の業務にAIを導入する共同実証を開始する。2020年4月から着手し、結果をみて本格導入を検討する。従来の約4000時間の作業のうち、6割ほどを削減できると予測している。
2019/11/26	広報担当の幹部職を公募＝静岡市	静岡市が人材サービス会社「ビズリーチ」を活用し、総務局の局次長級である「戦略広報監」を公募したところ、515人から応募があった。市が幹部職を公募するのは初めてで、情報発信力の強化や職員の人材育成を狙う。

2019/11/29	証明書、窓口でデジタル申請可能に＝山口県宇部市	山口県宇部市は、市役所窓口でタブレット端末を使った住民票などのデジタル申請を試験的に始める。職員が証明書の用途や必要な記載内容などを聞き取って、端末上で申請書を作成。申請者が電子ペンで署名するだけで手続きが済む。
2019/12/ 2	４市町でRPA実証実験＝システム共用で負担減―大分県	大分県は、定型業務を自動処理するロボティック・プロセス・オートメーション（RPA）のシステムを県内の４市町が共有して運用する実証実験を12月に行う。共用によってコスト面などの負担を減らし、導入ノウハウや財政的な余裕のない自治体がRPAを取り入れていくのを支援するのが狙い。
2019/12/ 2	手数料を抜本改定＝埼玉県春日部市	埼玉県春日部市は、住民票の写しの交付、放置自転車撤去などの手数料を抜本的に改定する。受益者負担の考え方を徹底し、全63項目について適正な額に引き上げる。関係条例案を12月議会に提出、2020年４月１日に施行する予定だ。
2019/12/ 3	窓口開庁、朝８時～夜８時に＝サービス向上、全国初―大阪府寝屋川市	大阪府寝屋川市は、来年４月から市役所本庁舎の平日の窓口開庁時間を午前８時～午後８時に延長する。これまで、木曜日以外の平日の開庁は、午前９時～午後５時半だった。出勤前や仕事帰りに市民が立ち寄れるようにする。
2019/12/ 4	法令翻訳の官民会議が初会合＝法務省	法務省は、日本法令の国際的な発信に向けた官民戦略会議の初会合を開いた。国内外の経済団体関係者らを交え、法令英訳作業の短縮やAIを活用した機械翻訳の実現などの具体的な進め方について協議する。会合は年１～２回程度開く。
2019/12/ 5	「削る行革」転換へ新計画＝ICT活用などで「スマート県庁」実現―大分県	大分県は、2020年度から５年間の行政運営の指針となる「新大分県行財政改革推進計画」の素案をまとめた。行政経費や施設の削減を主とした「削る行革」から本格的に転換。「スマート県庁」を旗印とした新たな行政運営の仕組みづくりを目指す。
2019/12/ 6	RPA採用、８割が具体化＝未検討・否定は皆無―都道府県のRPA導入状況・地方行財政調査会	地方行財政調査会は、人口減少に伴う将来の人手不足などに備え、地方自治体の業務を効率化するために導入の動きが広がっている「RPA」（ロボティック・プロセス・オートメーション）について、全47都道府県を対象に実態調査を実施した。それによると、21団体が「既に導入している」と回答。
2019/12/11	５割超が採用具体化＝都市のRPA導入状況・地方行財政調査会	地方行財政調査会は、地方自治体の業務を効率化するために導入の動きが広がっている「RPA」（ロボティック・プロセス・オートメーション）について、188の都市を対象に実態調査を実施した。このうち、RPAを「既に導入している」と回答したのは仙台、名古屋、北九州など42団体、試行などを経て「近く導入する予定である」と答えた35団体と合わせ、半数を超える団体がRPAの採用を具体化していることが分かった。
2019/12/12	AI、RPA導入マニュアル作成＝市町村の参考に―山梨県などの研究会	山梨県と県内10市町村でつくる「スマート自治体研究会」は、AIやロボティック・プロセス・オートメーション（RPA）などを活用した業務省力化について、市町村向けの導入マニュアルを作成した。具体的な業務を挙げて、導入に掛かる想定コストや効果、手順を紹介しており、県の担当者は「単独で検討を進める余裕のない市町村の参考にしてほしい」と話している。
2019/12/13	手書き申請書、AIでデータ化＝埼玉県新座市	埼玉県新座市は、児童手当など手書きの申請書をAIが読み取るシステム「AI-OCR」を５業務に導入する。委託料や使用料として、2019年度12月補正予算案に210万円を計上した。年間約540時間削減できる見込みで、作業時間は従来の50％減となる。
2019/12/13	来年度予算編成でEBPM試行＝新規事業にデータ活用―岡山県	岡山県は、2020年度予算編成から、EBPM（証拠に基づく政策立案）を試行導入する。各部局から１事業ずつ、EBPMを適用する新規施策を提案してもらい、政策立案や効果の見極めに統計やデータを活用する。
2019/12/16	１部６課削減、過去最大規模＝20年４月から、組織改革―岡山県津山市	岡山県津山市は、計１部６課を削減する。過去最大規模の組織改革。施策の企画と予算編成業務を同じ部に統一し、市教育委員会についても学校教育に専念できるよう大幅に再編する。
2019/12/18	市民の相談にAI回答＝愛知県小牧市	愛知県小牧市は、AIによる自動会話プログラム「チャットボット」を活用し、LINEで市民からの行政相談に答える取り組みを始めた。事務作業の効率化が狙いで、住民票の取得やごみの分別などに関する問い合わせに24時間体制で対応する。
2019/12/18	防災データ、他市町と共有＝香川県高松市	香川県高松市は、災害時に広域で防災情報を共有するため、綾川町と観音寺市、NECと連携した実証研究事業を始めた。気象や川の水位、交通などのデータを共通のプラットフォームに収集して「見える化」を図り、効率的な災害対応を目指す。
2019/12/19	電子申請システムを市町と開発＝滋賀県	滋賀県は、県内市町と共に、転出入に伴う各種手続きなどの電子申請システムを開発する方針を決めた。県内19市町のうち、参加表明した12市町と共に開発費用の予算計上を目指す。システム開発を協働で行うことで財政負担の軽減を図る。
2019/12/19	RPA対象業務、順次拡大へ＝次期行革大綱決定―愛知県	愛知県は、行政改革推進本部を開き、2020年度からの第７次行革大綱「あいち行革プラン」を決定した。事務事業の効率化や働き方改革の推進を柱に位置付け、定例業務を自動処理するソフトウエア「ロボティック・プロセス・オートメーション（RPA）」の対象業務を24年度まで順次拡大することを新たな取り組みとして打ち出した。

2019/12/20	庁内会議のペーパーレス化促進＝職員PC、ノート型に―沖縄県那覇市	沖縄県那覇市は2019年度内に、本庁内で行う会議のペーパーレス化に向けた取り組みを加速させる。無線LANを整備し、職員のデスクトップ型パソコンを順次ノート型に変更。有線がなくてもPC利用できるシステムを構築することで、会議資料の印刷コストを抑制する狙いがある。
2019/12/20	国の行政手続き、9割オンライン化へ＝24年度までに、パスポート申請も	政府の「デジタル・ガバメント閣僚会議」は、行政手続きの電子化推進に関する実行計画をまとめた。この後の閣議で決定。現在は窓口に行く必要のあるパスポート申請をインターネットで認めるなど、段階的に国の行政手続きのオンライン化を進める。2024年度までに9割のオンライン化を目指す。
2019/12/20	開庁時間を45分短縮＝滋賀県大津市	滋賀県大津市は2020年4月から、職員の働き方改革の一環として、市役所本庁舎や支所などの開庁時間を45分短縮する。職員の勤務時間と差を設けることで、円滑な窓口業務の開始や前後の時間外勤務解消につなげる。
2019/12/27	財政悪化で緊急対策着手へ＝大分県杵築市	大分県杵築市は、財政状況が悪化しこのままでは財政再生団体に転落する恐れがあるとして、2020年度から3年間の緊急財政対策に着手する。人件費の削減と市民サービスや公共施設の見直しが柱。
2019/12/27	実証実験をワンストップで調整＝横浜市	横浜市は、企業がAIなど近未来技術を使った実証実験を円滑に進められるよう、関係機関との調整をワンストップで行う支援窓口を年度内に新設する。国家戦略特区制度を活用して、新たなビジネスモデルの創出を後押しする。
2020/1/6	デジタル化推進へ2課室新設へ＝未来技術実装や生産性向上―福田栃木知事	栃木県の福田富一知事は、新年の県政運営の抱負としてデジタル化の推進を挙げ、庁内に二つの課室を新設する方針を明らかにした。新たな課室は、総合政策部内に新設する「デジタル戦略室」と経営管理部内に設ける「行政改革ICT推進課」。
2020/1/7	コンビニ交付で住民票など100円おトクに＝静岡県富士市	静岡県富士市は、マイナンバーカードを利用してコンビニエンスストアで各種証明書を取得した場合、手数料を100円減額する。市民の利便性の向上と同時に、マイナンバーカードの普及、窓口の混雑緩和などの業務効率化を図るのが狙い。
2020/9/24	「デジタル庁」へ官民連携を＝平井担当相に業界団体	日本IT団体連盟の川辺健太郎会長は、内閣府に平井卓也デジタル改革担当相を訪れ、行政のデジタル化を指揮する「デジタル庁」創設に向けて官民連携を提案した。団体の提案はマイナンバーカード普及に向けたアプリ導入やオンライン投票の実現などが柱。
2020/1/8	リニア新駅周辺整備は推進＝行財政構造改革―相模原市	相模原市は、行財政構造改革プラン（計画期間2020〜27年度）ですべての主要事業をゼロベースで見直すことを決めたが、リニア中央新幹線の神奈川県駅（仮称）周辺整備事業、新斎場整備事業、次期一般廃棄物最終処分場整備事業の3事業は、例外扱いとしてプラン期間中でも推進する。
2020/1/14	証明書受け付けシステム導入＝窓口待ち時間短縮を目指す―岐阜市	岐阜市は、申請書を記入することなく、マイナンバーカードや印鑑登録証で証明書の交付を申請できる機械を導入した。市民課に1台設置。申請書の記入時間を省くことで、窓口の混雑緩和や待ち時間の短縮を目指す。8言語に対応している。
2020/1/17	スマート自治体推進へ財政措置＝RPAやテレワークに特別交付税―総務省	総務省は、先進技術を活用して業務の高度化、効率化を図る地方自治体への財政支援に乗り出す。定型的な事務を自動的に処理するロボティック・プロセス・オートメーション（RPA）や、テレワークなどに必要な技術を導入する経費について特別交付税措置を講じる。
2020/1/17	経営型行政運営実現へ新計画＝大分県佐伯市	大分県佐伯市は、市職員や公共インフラ、自主的な財源などを「経営資源」と捉え、「経営型行政運営」を目指す新行革プランをまとめた。人口減少を見据えた行政サービスの見直しや業務効率化、公共施設マネジメントを進めることが柱。
2020/1/20	通信費見合いの旅行雑費廃止＝旅行命令、口頭でも可―茨城県	茨城県は、県内への出張などで職員に旅行雑費として支給していた100〜200円の通信費を廃止する方針を決めた。19年に県が実施した「やめるくん」と呼ばれる事業見直しキャンペーンの中で決まったもの。
2020/1/21	スマホアプリにチャットボット＝東京都葛飾区	東京都葛飾区は、暮らしに関する行政情報を発信する区のスマートフォンアプリ「葛飾区総合情報アプリ」に、区民らから寄せられた質問に自動応答する会話プログラム「チャットボット」を導入した。「ごみ」「戸籍・住民登録」の2分野について、テキストメッセージ形式でやりとりするもので、24時間、365日自動応答する。
2020/1/21	嘱託職員選考でAI面接実験＝三重県四日市市	三重県四日市市は、AIを活用し、嘱託職員の選考の面接を行う実証実験を始めた。対象者が自身のスマートフォンやタブレット端末で専用アプリを開き、AIが考えた質問に、端末の画面を通じて答える。
2020/1/28	課題残り運用できぬ事務も＝RPA実証実験―栃木県	栃木県は、2019年に5事務で行ったロボティック・プロセス・オートメーション（RPA）の実証実験の結果をまとめた。大半は業務時間の削減効果が確認できたが、2事務では課題が残り、解消するまで本格運用できない結果となった。これを受け県は、2020年度以降は導入が容易なものを中心に対象を拡大する方針。

2020/1/30	「短期留学」対象市町村拡大＝若手が1週間業務体験―総務省	総務省は、若手職員の「短期交換留学」の対象となる市町村を拡大する。自治体と相互に若手職員を1週間派遣し合い、それぞれの業務を体験させる取り組み。これまで奈良県川上村との間で行ってきたが、新たに福島県西会津町と長野県佐久穂町が加わった。2月には高知県仁淀川町と、3月には三重県志摩市とも交流を始める。
2020/2/5	財政健全化緊急対策策定へ＝3年で集中実施―神奈川県茅ヶ崎市	神奈川県茅ヶ崎市は、財政状態の改善に向けた取り組みを一定期間に集中実施するため、財政健全化緊急対策素案（計画期間2020〜22年度）をまとめた。長期財政見通しを試算したところ、これまで通りの行財政運営を継続した場合、21〜30年度では毎年31億〜55億円の財源不足が発生する見込み。
2020/2/6	ロボットが来庁者誘導＝岐阜県大垣市	岐阜県大垣市は、来庁者を誘導する自律走行型ロボットを導入した。ロボットの上部に設置されたタッチパネル画面を操作すると、フロアマップが表示され、誘導を希望すると担当課に連れて行ってくれる。
2020/2/13	市立病院でAI問診＝香川県三豊市	香川県三豊市は、市立永康病院で、初診の患者に対しAIを使って問診する取り組みを始めた。AI問診の導入は、県内の病院では初めて。患者の待ち時間の短縮や医師のカルテ作成の負担軽減などにつなげたい考えだ。
2020/2/19	人口減少対策にAI導入＝全国初の手法で分析―広島県福山市	広島県福山市は2020年度、人口減少対策にAIを導入し、施策の検証や構築に活用する。京都大学こころの未来研究センターと連携し、今後起こり得る未来をAIで分析。AIが予測した結果を用いて、より効果的な行政サービスの構築につなげたい考えだ。
2020/2/21	ICTで申請手続き簡素化＝区役所窓口で実証実験―神戸市	神戸市は、ICTを活用した区役所の窓口サービスの向上策と業務改革に取り組む。1月からタブレットを活用し、窓口での申請手続きを簡素化する実証実験を始めた。2020年度には郵送やインターネット上で申請できる手続きを拡大する考えだ。
2020/3/4	兼業禁止、範囲明確化へ＝地方議員の成り手確保―地制調小委	政府の第32次地方制度調査会は、専門小委員会を開き、地方議員の成り手確保を議論した。総務省が論点整理を提示。自治体から仕事を請け負っている企業・団体の役員が議員を兼ねることを禁じる地方自治法の規定をめぐり、禁止の範囲を明確化する方向性について、委員から大きな異論はなかった。
2020/3/5	新規職員採用2年取りやめ＝大分県杵築市	大分県杵築市は、財政健全化を図るため、職員の新規採用を2年間取りやめて人件費を抑制するなどの緊急対策をまとめた。公共施設の廃止や事業見直しも進め、2019年度当初予算と比べ、一般会計で約12億円の削減効果を見込む。
2020/3/5	宅地造成の権限移譲促進＝盛り土防災で市町村に―国交省	国土交通省は、市町村が策定する立地適正化計画の中で、居住誘導区域内にある大規模盛り土造成地の防災対策について記載した場合、宅地造成等規制法に基づく「造成宅地防災区域」への指定や勧告の権限を移譲できる仕組みを設ける。都道府県から防災事業を実施する市町村への権限移譲を促進することで、対策をスムーズに進められるようにする。
2020/3/12	歳出削減成果、次年度予算反映＝実績の課に優先配分―三重県桑名市	三重県桑名市は、2020年度当初予算編成から、各課によるアイデアで歳出削減や財源創出の成果が出た場合に、実績を挙げた課に一部を優先的に配分する「がんばり見える化予算」を新たに始める。財政健全化に向け既存事業の見直しを進めるとともに、庁内の改革意識を高めるのが狙い。
2020/3/13	公用車の保有台数見直しへ＝岐阜県笠松町	岐阜県笠松町は2020年度、税収が伸び悩む厳しい財政状況を背景に、公用車の保有台数をはじめ、臨時職員数などの「財政ダイエット」に挑戦する。20年度の削減総額は1600万円を見込んだ。現在32台ある公用車のうち、老朽化した6台を3月中に廃止し、26台にする。
2020/3/16	システム標準化へ検討体制＝省庁別に市町村、事業者とWG―政府	政府は、地方税や介護保険といった自治体事務に関する情報システムについて、仕様の標準化に向けた検討体制や工程表をまとめた。既に住民基本台帳システムについては、総務省が自治体やシステム開発事業者を交えた検討会を設けており、今夏をめどに標準仕様書を作成する予定。
2020/3/16	財源不足118億円拡大＝19〜26年度の収支見通し―滋賀県	滋賀県は県議会行財政・働き方改革特別委員会で、2019〜26年度の財源不足額が累計で1183億円になるとの財政収支見通しの再試算結果を示した。20年度当初予算案で法人2税や地方譲与税の税収が19年8月の前回試算を下回ったことにより、財源不足額は118億円拡大した。
2020/3/17	20年度、44市町に派遣＝デジタル専門人材派遣制度などで―北村担当相	北村誠吾地方創生担当相は、AIなど先端技術に詳しい人材や首長の補佐役となる人材を2020年度は44市町に派遣すると発表した。「デジタル専門人材派遣制度」は、愛知県豊田市や宮崎市など19市町が活用。NTTドコモやLINEなど通信大手の課長やマネジャークラスの社員が派遣され、自治体にデジタル分野に関する助言などを行う。
2020/3/23	AI共同システム、42市町村が参加＝愛知県	愛知県と県内54市町村は、AIなどを活用したシステムの共同利用を協議する研究会の第5回会合を名古屋市内で開いた。業務効率化の一環として、手書き書類を自動入力するシステムの共同利用を2020年度から42市町村で始めることを確認した。

2020/3/23	仕分けで14事業見直し＝経費圧縮分は新規事業に投入ー静岡県	静岡県は、2020年度予算編成過程で既存事業の効果を検証、仕分けする事業評価を行い、評価対象となった29事業のうち14事業で見直しや廃止を決めた。計1億2900万円を圧縮したが、代わりに同じテーマで、より効果的な新規事業を始めるものもあり、事業費総額は19年度を上回るという。
2020/3/25	AI-OCR、RPA導入へ実験＝栃木県大田原市	栃木県大田原市は、AIによって書類を自動でテキストデータ化するシステム「AI-OCR」と、「ロボティック・プロセス・オートメーション（RPA）」の導入に向けた実証実験を行っている。NTTがシステムのプログラミングをし、実験データの分析結果も取りまとめる。結果は4月中下旬に発表できればとしている。
2020/3/25	LINEアカウントをAI化＝鹿児島県日置市	鹿児島県日置市は、LINEの公式アカウントを改良した「ひおきLINEサポート24」の運用を開始した。AIを組み込んだチャットボットを活用し、子育てなど生活相談に自動応答する。公式LINEでは子育てやマイナンバーカードなど約500の行政手続きに関する相談内容を想定。
2020/3/25	電子調達で見積もり合わせ機能＝システム拡充、全国初ー大阪府	大阪府は、電子調達システムの機能拡充に着手する。これまで入札せずに業者を選定していた少額随意契約の工事や委託業務で、見積もり合わせ機能を導入。競争性を持たせ、年間2億円を超える調達コスト削減を見込む。同年度当初予算案に約2億円を計上し、21年度調達分から運用を開始する。
2020/3/25	警察以外の権限、早期移譲を＝特別自治市で研究会報告ー横浜市	横浜市の第3次大都市自治研究会は、特別自治市のあり方について、中間報告をまとめた。国の大都市制度改革議論が停滞する中、「当面目指すべき対処策」として「財源確保を前提に警察以外の事務権限の早期移譲」を求めた。
2020/3/27	住民票交付にスマホ決済＝兵庫県三田市	兵庫県三田市は、住民票や印鑑証明などの発行手数料の支払いに、QRコードを活用したスマートフォン決済を導入する。市有施設使用料の支払いにも対応。公金管理のリスク低減にもつながり、公金支払いのキャッシュレス化を進める。
2020/4/3	AIが議事録作成を支援＝石川県野々市市	石川県野々市市は2020年度、市役所で開かれた会議や打ち合わせの議事録作成をAIが支援するシステムを新たに導入する。AIが音声データを解析して、自動で文字に変換することで議事録を作成する。編集機能も搭載されているため、誤った箇所は直接修正できる。
2020/4/8	AIで窓口の混雑を可視化＝高松市	高松市は、香川大学と連携し、市民課窓口の混雑度を専用サイトで見られる実証事業を始めた。サイトは市民課のホームページからQRコードでアクセスできる。窓口の待合スペースにカメラを設置し、撮影した画像データをパソコンに送信すると、AIが人を認識し、人数を計測する仕組み。人数データは窓口の混雑度として反映される。
2020/4/9	5業務にチャットボット導入＝茨城県	茨城県は、職員の負担軽減や業務の効率化を図るため、県民らからの問い合わせに対し、AIが応答する自動会話プログラムを導入した。対象は5業務で運用を開始した。県行政経営課によると、導入部署は税務課、空港対策課、生活衛生課、教育庁総務課、県警交通総務課。
2020/4/13	「官民連携推進室」を新設＝20年度組織機構改正ー北海道	北海道は、2020年度組織機構改正を公表した。民間ノウハウを活用した道政課題解決を推進するため、総合政策部に「官民連携推進室」を新設。水道事業では、経営の一体化や地域間の広域連携などを促進するため、環境政策部に「水道広域推進室」を設置。市町村行政の広域連携では、総合政策部に「行政連携課」を設置し、関係業務を一元化する。
2020/4/15	成果見えずチャットボット断念＝鹿児島県姶良市	鹿児島県姶良市は、2019年2月から実証実験を始めたチャットボット機能を活用したLINEによる市民からの問い合わせ対応について、本格導入を断念した。数字で成果を表せない部分が多く、「数年後にもっと使いやすくて低価格なAIサービスが出るのではという庁内の声もあった」（担当者）ためという。
2020/4/17	スマート窓口、21年秋から＝AIが「可能な手続き」提案ー鳥取県米子市	鳥取県米子市は2020年度から、AIなどICTを使った「スマート窓口」の構築を始める。働き手不足が深刻化する「2040年問題」を見据え、業務を省力化した上で市民サービスの向上を進める。市は20年度当初予算に、システム構築や進行管理などの委託料として約7700万円を計上。21年秋から子育て分野での運用を目指す。
2020/4/17	証明書の即日交付中止＝郵便活用、区民課窓口縮小ー熊本市	熊本市は、住民票などの証明書交付を郵便で請求できるようにし、窓口での即日交付を原則として取りやめる。交付手数料は、窓口で請求すると300円だが、郵便で請求すると200円になる。返送代は市が負担する。
2020/5/14	AI顔認識で人の流れ計測＝岐阜県高山市	岐阜県高山市は、JR高山駅前などにカメラを設置し、AI顔認識システムで人の通行量計測を始めた。新型コロナウイルスの感染拡大を受けた緊急事態宣言の期間中、市内の人の流れや終息後の観光客数の回復状況を記録するのが目的。

2020/5/18	財務書類情報、着実に更新を＝地方公会計で報告書－総務省研究会	総務省の「地方公会計の推進に関する研究会」は、統一的な基準による地方公会計情報の整備に関する報告書をまとめた。決算年度の翌年度末までに財務書類の作成や固定資産台帳の更新を終えていない自治体が一定数あると指摘。最新のデータを反映しなければ、予算編成や公共施設の管理に役立てるのは難しいとして、自治体に対し、毎年度着実に作成や更新ができる体制の構築を求めた。
2020/5/19	休業協力金支払い業務にRPA＝申請者情報を自動入力－茨城県	茨城県は、新型コロナウイルスによる休業要請への協力金で、支払い業務にロボティック・プロセス・オートメーション（RPA）を導入した。休業要請協力金は、1事業者につき最大30万円を支給するもので、郵送による申請の受け付けを開始。
2020/5/20	政府、新型コロナ対策で日本MSと協定＝チャットや事務効率化	内閣官房は、新型コロナウイルス感染症対策にIT技術やデータを活用するため、日本マイクロソフトなど2社と連携協定を結んだ。AIなど民間のノウハウを生かすのが狙いで、内閣官房による新型コロナ対応の外部協定は今回が第1弾。
2020/5/27	スーパーシティ法が成立＝まちづくりに最先端技術活用	AIやビッグデータなど最先端技術を活用した「スーパーシティ構想」の実現に向けた改正国家戦略特区法が、可決、成立した。複数の分野にわたる規制改革を一括して行えるよう、まちづくりに関する手続きを定めた。人口減少や少子高齢化といった課題を、最先端技術を生かして解決するのが狙い。
2020/5/29	RPAで業務時間9割削減＝効果確認、対象拡大へ－福井県	福井県は2020年1～3月に、定型業務を自動化する「ロボティック・プロセス・オートメーション（RPA）」を試験的に運用し、対象業務では労働時間を約87%削減した。県はRPAによる業務効率化の効果が確認されたと判断。今後、対象業務を拡大するなどRPAの導入をさらに進めていく方針だ。
2020/6/1	AIで虐待を早期発見＝東京都練馬区	東京都練馬区は、AIを活用し、児童虐待を早期発見する実証実験を民間企業と共同で開始した。区の子ども家庭支援センターに蓄積されたデータをAIが読み取ることで、虐待の早期発見につなげる。職員の負担軽減にも役立てたい考えだ。
2020/6/4	RPAで作業時間92%短縮＝沖縄県宜野湾市	沖縄県宜野湾市は、ロボティック・プロセス・オートメーション（RPA）の実証実験を実施した結果、対象業務の作業時間が92%短縮できたとする結果をまとめた。業務効率化が見込めることから、市は本格導入に向けた準備を進める。
2020/6/10	デジタルシティ構想に提案200件＝静岡県裾野市	静岡県裾野市は、AIやビッグデータなどを活用して地域課題を解決するスソノ・デジタル・クリエイティブ・シティ構想の提案を募ったところ、53事業者から約200件が寄せられたと明らかにした。
2020/6/11	ドローンで作付けを確認＝作業時間、人員削減に効果－新潟市西区農業再生協議会	新潟市西区農業再生協議会は、ドローンによる空撮で、農作物の作付け状況を確認する取り組みを行っている。従来、作付け確認には多くの時間と労力を要していたが、空撮した画像をパソコンで確認でき、時間や人員の効率化につながっているという。
2020/6/15	AIで上下水道事業効率化＝企業と共同研究－熊本市	熊本市は、AIなどを活用した上下水道事業の効率化について民間企業と共同研究を始めた。資産管理システムの構築を検討するとともに導入効果を検証する。共同研究にはNTT西日本、NEC、東京ガスエンジニアリングソリューションズ、日本水工設計、PwCアドバイザリー、ミライト・テクノロジーズが参加する。
2020/6/15	証明書交付手数料、郵送申請は免除＝三重県桑名市	三重県桑名市は、新型コロナウイルスの感染防止対策の一環として、市民が郵送で証明書を申請した場合、交付手数料を免除する取り組みを始めた。対象の証明書は、住民票の写しや住民票記載事項証明書、所得課税証明書など7種類。
2020/6/15	アンテナショップの在り方議論＝20年度中に方針策定－宮城県	宮城県は、特産品の販売を担うアンテナショップや物産展などの今後の在り方について検討を始めた。5月に食品製造業や広告関係のメンバーでつくる検討会を設置。課題を整理し、販売支援や情報発信の方針を2020年度末までにまとめる。
2020/6/16	RPAで給付金事務、大幅自動化＝静岡県三島市	静岡県三島市は、10万円の特別定額給付金の事務作業にロボティック・プロセス・オートメーション（RPA）を導入し、申請開始から10日間で約510時間の作業時間削減を実現した。電子申請は想定より少なく、導入当初に見込んでいた削減時間より少なかった。一方で、振込書類へ変換する管理システムは想定を大幅に上回る事務作業削減を実現した。
2020/6/17	地方行政のデジタル化推進＝人手不足や感染症に備え－第32次地制調	政府の第32次地方制度調査会は、総会を開き、人口減少が深刻化する2040年ごろを見据えた地方行政の在り方に関する答申案を了承した答申案では40年にかけて人口減少や高齢化、インフラの老朽化が進むと指摘。これらの課題に対応するため、①地方行政のデジタル化②広域連携③公共私の連携④地方議会－の四つのテーマに関する提言を盛り込んだ。
2020/6/22	行政手続き、完全オンライン化＝押印は原則廃止－規制改革会議	政府の規制改革推進会議はオンライン会合で、デジタル時代の規制の在り方に関する意見書をまとめた。対面・書面を原則とする規制・制度を見直し、行政手続きを完全オンライン化するとともに、押印も原則廃止するよう提言した。

2020/6/24	チャットボットで新型コロナ情報提供＝東京都福生市	東京都福生市は、新型コロナウイルス関係の情報提供方法として、「選択式チャットボット」をホームページにアップした。選択肢をクリックすることで、最終的に相談窓口や問い合わせの電話番号、制度を紹介するページへのリンクなどにつなぐ。
2020/6/26	市HPに電子申請特設ページ＝鳥取市	鳥取市は、市のホームページに電子申請ができる手続きをまとめた特設ページ「e-鳥取市役所」を近く設ける。国民健康保険や市民税、子育て支援やイベント参加などに関する手続き約80件で電子申請が可能。今年度中に26件を追加する方針だ。
2020/6/30	国際線ターミナルの22年夏開業断念＝コロナによる航空需要減で－高知県	高知県は、訪日外国人観光客の誘致を目的とした高知龍馬空港の国際線ターミナルについて、2022年夏の開業を断念した。新型コロナウイルス感染拡大に伴う航空需要の落ち込みなどが理由で、今後の整備方針は9月議会までに判断していくという。
2020/7/1	支援金ウェブ申請で誤り自動確認＝大阪府八尾市	大阪府八尾市は、新型コロナウイルスの影響を受けた零細事業者に独自に給付する支援金について、ウェブ申請をスムーズに進めるため、包括連携協定を結んでいるソフトウエア会社サイボウズのクラウドサービス「kintone」を活用している。申請内容の誤りを自動で確認できるのが特長。
2020/7/3	出生・死亡届を簡素化＝電子申請で窓口を一元化－石川県津幡町	石川県津幡町は、出生届や死亡届を町役場に提出する際、必要な書類の一部を電子化し、申請窓口を一元化する取り組みを始める。2021年1月に予定される新役場の開庁に合わせて、手続きを簡素化する。
2020/7/3	新型コロナで225事業見直し＝熊本市	熊本市は、必要な財源と人員を新型コロナウイルス感染症対策に集中させるため、225事業を見直す。対象は2020年度当初予算に計上された関連事業費計56億4800万円。市はこのうち一般財源24億6600万円の減額を検討し、9月以降の補正予算で対応する。
2020/7/10	オンライン商談システム構築へ＝「新しい生活様式」に対応－高知県	高知県は、国が提唱する「新しい生活様式」に適応した外商活動を推進するため、オンライン商談の仕組みづくりを新たに始める。新型コロナウイルスの影響で国内外の展示商談会が相次いで中止・延期される中、オンライン商談のノウハウをマニュアル化し、新しい外商手法として確立したい考えだ。
2020/7/16	自治体向け文書に電子印影導入＝茨城県	茨城県は、行政機関向けの文書に限り、知事名義の印鑑押印を電子印影でも可能とした。国や他自治体への報告や通知などの文書に関して電子印影を可能とし、要領も作成した。自治体向けであっても交付金や許認可関連の重要文書は適用外とした。
2020/7/29	省庁書類の押印見直し＝給与・労働関係、新型コロナ受け－人事院	人事院は、各省庁の職員の給与や勤務時間を管理する一部書類について、人事担当部署などに求めていた押印を不要とする見直しを行った。今回運用を見直した書類は①給与簿②俸給関係審査協議書③超過勤務等命令簿④管理職員特別勤務実績簿⑤給与の口座振込申出書－の5点。
2020/8/3	民間人材活用で放課後補習＝東京都江戸川区	東京都江戸川区は、民間人材を活用し、区立の小中学校で放課後補習教室を始めた。専門的な知識を持った人材に授業を任せることで、子どもの学力の底上げをするのが狙い。放課後の1時間を活用して算数・数学の個別指導に当たる。
2020/8/7	公用車をカーシェアで運用＝静岡県三島市	静岡県三島市は、県内のトヨタ販売店と協定を結び、公用車をトヨタのカーシェアリングサービスで運用する実証実験を始める。走行履歴や使用料のデータを分析し、リースとカーシェアのどちらが費用対効果が高いか検証。カーシェアの方が優れていれば2021年度以降に本格導入する。
2020/8/7	RPAで3万6000時間削減＝19年度に20業務で導入－茨城県	茨城県は、業務効率化や働き方改革の一環として、2019年度の年間を通じ、20業務でロボティック・プロセス・オートメーション（RPA）を導入した結果、業務時間を3万5783時間削減する効果が得られたと公表した。20年度はこれに加え、新たに20業務で導入する方向で検討しており、業務改革を一層推進する。
2020/8/12	申請手続き7種を電子化＝大分県	大分県は、業務効率化と県民サービス向上のため、県への届け出や書類提出など7種類を電子化する。許認可や手数料の収納がなく、提出書類も比較的少ない申請手続きですぐに導入する。これまでの年間の申請実績は約9700件だった。
2020/8/14	税2業務、RPAで時間半減へ＝岡山県備前市	岡山県備前市は、法人市民税と軽自動車税の2業務にロボティック・プロセス・オートメーション（RPA）を導入する。市は2業務の作業時間について、年間約800時間から約400時間への半減につながると見込む。
2020/8/19	異動手続き、チャットボットで＝石川県能美市	石川県能美市は、AIで自動応答する「チャットボット」を使った住所変更手続きをできるようにした。場所や時間を選ばず、スマートフォンから手軽に申請できるため、市役所での手続き時間の短縮が期待される。
2020/8/24	LINEで災害情報集め地図に表示＝広島県	広島県は、災害時にLINEで被害情報を集め、AIで分析・整理した上でデジタル地図に表示するシステムを構築する。AIが自動的に回答する県の「チャットボット」に登録したLINEユーザーから文章と写真で周辺の被害状況を送ってもらい、迅速な全容把握と対応につなげる。2020年度に実証実験を繰り返し、21年度の導入を目指す。

日付	見出し	内容
2020/8/25	AIで河川水位の予測実験＝静岡県藤枝市	静岡県藤枝市は、AIで中小河川の３時間後までの水位を予測する実証実験を始めた。河川氾濫時の市民の自主的な避難行動を促す狙いがある。国が実施する「スマートシティ実証調査」の受託事業で、企業や大学などが加わる「ふじえだICTコンソーシアム」を主体として行う。ソフトバンク、イートラスト、ウェザーニューズの３社が参加し、事業費は1000万円。
2020/8/25	見守りロボット利用拡大で寄付募集＝愛媛県西条市	愛媛県西条市は、高齢者宅に設置する見守りロボットの利用拡大のため、ふるさと納税の仕組みを活用して寄付を募るガバメントクラウドファンディングを始めた。寄付金を用いて、月額4950円の利用者負担を一部減免する予定。
2020/8/25	保育所入所手続きにLINE＝三重県桑名市	三重県桑名市は、新型コロナウイルスの感染拡大防止対策として、LINEを通じ、公・私立の保育所入所に関する申請書類を受け付けるサービスを始める。住民にとっては、市役所に来なくても手続きを済ませることが可能になる。
2020/8/28	押印手続きを全面見直し＝「脱はんこ」推進、3000事業対象―岡山県	岡山県は、行政手続きのデジタル化を推進するため、押印が必要な約3000件の手続き・事業を全面的に見直し、可能なものは９月以降に順次廃止すると発表した。押印が必要なケースは現状、手続き関係約2500件、補助金関係約500件の計3000件。
2020/8/28	証明書交付にキャッシュレス決済＝エンディングノートも配布―三重県松阪市長	三重県松阪市の竹上真人市長は、市役所窓口で発行する住民票の写しや戸籍証明書などの交付手数料について、クレジットカードや電子マネー、バーコードなどでの決済を新たに始めると発表した。
2020/8/31	区民課窓口にICT活用＝転出入手続きを効率化―熊本市	熊本市は、転出入に伴う窓口手続きについて、ICTを活用した「届け出ナビシステム」を同市中央区の区民課窓口に導入する。市は同区に端末５台を導入。１年間運用した場合、約２万件の利用があると見込んでいる。
2020/9/9	事業者の働き方改革支援にAI活用＝仙台市雇用労働相談センター	仙台市雇用労働相談センターは、テレワーク導入など働き方改革を目指す企業を支援するため、就業規則の相談にAIを活用した実証実験を始めた。期間は2020年度末までで、約100件を目標に相談を受け付ける。
2020/9/16	既存事業全般を見直し＝21年度予算編成方針―さいたま市	さいたま市は、2021年度予算編成方針をまとめた。同年度は誕生20周年とともに、次期総合振興計画の初年度としながらも、170億円の財源不足が見込まれることから、既存事業全般を見直すことなどを打ち出した。
2020/9/19	税関、AIで検査効率化＝薬物・密輸、人手不足とコロナ禍で	不正薬物や金の密輸、コピー商品の取り締まりを効率化するため、税関が検査場での撮影画像など膨大なデータをAIで解析し、業務を効率化する取り組みを強化している。個人・法人の海外とのオンライン取引は拡大を続け、2019年の輸入申告件数は4640万件と、14年以降の６年間で倍増。
2020/9/23	行政区再編、特別委で賛成多数＝浜松市	行政区の再編・統合を協議する浜松市の特別委員会が、委員長を除く委員11人が再編実施の賛否を表明し、賛成が７人と、反対の４人を上回った。拘束力はないものの、鈴木康友市長が昨年春の市長選で公約に掲げた区再編は、実現に向けて大きく前進した。
2020/9/25	事業見直しで13億円捻出＝宮城県	宮城県は、新型コロナウイルスの影響を踏まえ、全部局の事務事業を見直した。新型コロナの感染拡大に伴い中止や延期となったイベント経費や出張旅費の見直しにより約13億6600万円を捻出した。今後の感染防止対策や災害対応費などに充てる。
2020/9/28	申請書類の約半数から押印廃止＝静岡県袋井市	静岡県袋井市は、市民が市役所に提出する申請書類約1370件のうち、約690件から押印を廃止した。
2020/9/29	入札契約の相談体制強化＝適正化助言、平準化推進も―国交省	国土交通省は、自治体からの入札契約の適正化に関する相談体制を強化した。工期やコストといった事業課題に最適な入札契約方式の活用方法を助言する「入札契約改善アドバイザー」制度を創設。自治体の発注担当職員の不足や工期・事業費といった制約を踏まえ、新たな入札方式の活用を促すのが目的。
2020/10/1	財政非常事態を宣言＝新型コロナ影響―埼玉県新座市	埼玉県新座市は、新型コロナウイルス感染拡大の影響で市税などの大幅な減収が見込まれ、2021年度当初予算編成と将来にわたる安定した行政運営を行っていく上で財政非常事態だと宣言した。20年度末で５億円程度となる財政調整基金や他の基金をすべて取り崩しても、21年度に25億円の財源不足が生じるという。
2020/10/2	空き家調査に人工衛星画像＝効率化で経費節減―東京都	東京都は、空き家の実態調査を効率化するため、人工衛星による画像を活用した実証事業を始める。ICTを利用し、リアルタイムで空き家を特定する方法を確立させ、市区町村の経費節減につなげたい考え。対象エリアの温度分布を測定できる人工衛星の「熱赤外画像」を活用する。
2020/10/12	事業をゼロベースで見直し＝来年度予算編成方針―山形県	山形県は、2021年度予算編成方針を決定した。新型コロナウイルスによる社会情勢の変化を踏まえ、全ての事業で内容や規模をゼロベースで見直す。一方、例年と同じく一律のマイナスシーリングは設けず、引き続き職員の自由な発想を重視する。

2. 公共施設

青森県むつ市は2020年３月、市役所の大畑庁舎を近隣にある市立大畑小学校内の空きスペースに移転した。同校は児童数がピークの４分の１未満に減っているため、以前は教室が入っていた北棟を改修し活用した。１階に市民対応の窓口、２階に地域活動で使える部屋を設け、３階は倉庫にする。延べ床面積は約1480平方メートルで、総工費は約１億8800万円。移転に合わせ、複数の手続きができるワンストップサービスも導入する。使用中の学校を庁舎に活用するのは珍しい。旧大畑庁舎は解体後、駐車場として整備する。

小学校のプールの維持管理費、老朽化による更新費用の軽減、専門的な指導の充実などを目指して市内のスポーツクラブのプールを利用する自治体が増加している。栃木県足利市は、2019年に試行的に始めた校外のプール利用を、20年度から市内小中学校４校に広める。従来、維持管理経費は４校で年間約180万円かかっており、19年度にスポーツクラブで授業をした１校の利用料金が約100万円だった。短期的には安上がりではないものの、長期的にはプールの建て替え等の経費削減効果が見込める。

図表Ⅱ-4-2　公共施設の動き

年月日	見出し	内　　容
2019/ 9 /18	公共施設再編でワークショップ＝愛媛県西条市	愛媛県西条市は、市の公共施設の老朽化に伴う再編計画を作成する際、市民が共同作業を通して課題解決策を考えるワークショップを導入する。有識者会議や市民へのアンケートも併せて実施し、計画策定に反映させる考えだ。
2019/10/18	廃校など改修費補助を拡充＝特別支援学校の教室不足解消―文科省	文部科学省は2020年度から、廃校や余裕教室などの有効利活用で、特別支援学校の教室整備を進める自治体に対し、改修費の補助を拡充する方針を決めた。補助率を現行の３分の１から２分の１に引き上げる。
2019/11/ 7	改修空き家を町営住宅に＝10年後に無償譲渡―島根県美郷町	島根県美郷町は、町内の空き家を改修して町営住宅とし、10年間住めば建物と土地を無償譲渡するモデル事業を始めた。対象者は、中学生以下の子どもがいる世帯か20代の夫婦。居住地域は問わないが、UIターン者が申請すれば優先する。
2019/11/ 7	駅前を「子どもの森」に再開発＝東京都三鷹市	東京都三鷹市は、通勤、通学での利用者が多く、再開発を計画しているJR三鷹駅南口前周辺のうち、拠点となる区域を「子どもの森」として整備する方針だ。コンセプト案によると、駅前広場を造り、シンボルツリーを配置。文化交流施設を設けるとともに商業施設も誘導し、子どもから高齢者まで安心、安全に集える空間づくりを目指す。
2019/11/13	コミセン条例が成立＝一斉移行から段階移行に―大津市議会	大津市が９月議会で撤回した、公民館のコミュニティーセンター移行条例が大津市議会11月特別会議本会議で賛成多数で可決、成立した。議会の反発を受け、９月議会提出案に盛り込まれていた2020年４月からの一斉移行から、20年４月〜25年４月の段階移行に変更した。
2019/11/27	基地跡地に体育館建設＝未利用国有地の利用で構想―東京都府中市長	東京都府中市の高野律雄市長は、建築後40年以上と老朽化が進み、台風19号で浸水被害を受けた市総合体育館について、「府中基地跡の留保地に新しく建てる構想は持っている」と述べた。留保地は現在、財務省管理の未利用の国有地で、市は今年度中にも利用計画を策定する。国に示した上で、払い下げの協議を進めたい考えだ。
2019/11/29	空き家問題で民間団体と協定＝兵庫県加西市	兵庫県加西市は、課題が多岐にわたるケースの多い空き家問題で、専門家を集め、窓口を一元化して相談を受ける民間事業者団体「加西空き家対策専門協議会」と連携協定を結んだ。固定資産税の納税通知を送付する際に協議会の案内チラシを同封するなどして、空き家となっている家主をはじめ、その予備軍にもアプローチしていく。

2019/12/9	小学校中心に実施団体4割弱＝子どもの減少に伴う都市の学校統廃合－東北大学大学院教育学研究科青木栄一研究室依頼調査・地方行財政調査会	地方行財政調査会は、出生率低下による児童・生徒数の減少に伴う小中学校の再編・統廃合について、都市を対象に近年の取り組み状況を調べた。2014年度から18年度にかけて、各市区教育委員会が所管する小学校、中学校、義務教育学校（小中一貫校）の統廃合の有無を聞いたところ、全体の37.5％に当たる244団体が「実施した」と回答した。
2020/1/6	駅前に図書館、空間を刷新＝人口減少対策で3拠点に集中投資－神戸市	神戸市は、人口減少対策プロジェクト「リノベーション・神戸」の第2弾として、市内西部の拠点となる3カ所の駅前で新たに図書館を整備するほか、駅ビルや商業施設のリニューアルなどを集中的に進める。駅前空間を刷新し、商業機能や文化環境を充実させるのが狙い。市有地を活用した住宅供給も推進し、まちの活性化につなげる。
2020/1/10	庁舎を小学校に移転＝廃校していない校舎に－青森県むつ市	青森県むつ市は、市役所大畑庁舎を市立大畑小学校の校舎内に移転し、3月23日から供用開始する。児童減少で増えた空きスペースを使う。市によると、廃校していない学校の校舎を庁舎に活用するのは全国でも珍しいという。
2020/1/14	物販、飲食店が入居＝大宮交通公園を再整備－京都市	京都市は、大宮交通公園の再整備計画について概要を発表した。公園内に北消防署が移転することに加え、これまでなかった物販や飲食店が新たに入る。防災機能を高めるほか、市民のにぎわいづくりにつなげる。
2020/1/15	施設老朽化への対応が課題－公立公民館・コミュニティ施設の標準規模等調査－地方行財政調査会	地方行財政調査会は、公立公民館とコミュニティ施設についてそれぞれ、施設の老朽化対策など施設整備の方針や、安心・安全な施設管理の取り組みを調べた。公立公民館がある49市に対し、施設の整備改修にかかる計画について聞いたところ、27市が「市としての公共施設にかかる整備計画等により、整備改修の方針が決まっている」と回答。「計画等を策定中である」が12市だった。
2020/2/6	県営団地で家賃算定ミス＝1880万円過大徴収－福島県	福島県は、県営住宅団地の385戸から約10年にわたり家賃約1880万円を過大に徴収していたと発表した。給湯配管などの改修工事をしなかった世帯にも、工事を前提に家賃を徴収していたことが原因という。配管の老朽化状況を調査している際に誤徴収が発覚した。
2020/2/28	停電時も全館冷暖房可能に＝新庁舎、地中熱活用－北海道浜中町	北海道浜中町は、建設中の新庁舎の冷暖房について、省エネに向け地中熱を活用する。同時に、新庁舎は津波発生時には住民の避難施設となり、停電時でも非常用発電機による電力だけで全館に冷暖房を供給できるようにする。
2020/3/6	老朽施設、財務省に移管＝会計検査院の指摘で－衆院	衆院議院運営委員会は理事会で、衆院法制局分室の施設について、財務省への移管を了承した。老朽化のため2012年9月以降は使用しておらず、会計検査院から改善を求められていた。
2020/3/9	校外プール利用が好評＝小中学校、経費節減も－栃木県足利市	栃木県足利市は、校内プールの老朽化や維持管理経費の軽減を目的として2019年夏、小中学校4校の水泳授業を試験的に市内のスポーツクラブなど校外施設で行った。現場の反応はおおむね好評で、校内で授業をするよりも安くできるという。
2020/4/2	小中学校の再編計画案作成＝東京都東大和市教委	東京都東大和市教育委員会は、市立小中学校15校を対象にした「市立学校の適正規模および適正配置等の方針案」と「市立小・中学校再編計画案」を作成した。市民らの意見を取り入れ、5月末までに正式決定の見込み。
2020/9/1	歴史的建造物の利活用促進＝埼玉県川越市	埼玉県川越市は、歴史的建造物の利活用促進のために、2020年度7月補正予算で1500万円を計上した。新型コロナウイルス禍での新しい生活様式モデル事業として、歴史的建造物をテレワーク用のサテライトオフィスに利活用してもらい、民間の力で歴史的建造物を保全したい考え。

3. インフラ

国土交通省は、技術職が不足する自治体を支援するため、「入札契約改善アドバイザー」制度を創設した。工期やコストが厳しい中で、入札契約の取組改善、新たな入札契約方式の導入・活用を検討する自治体を支援する。自治体での新しい入札方式の

活用などを促す。自治体では発注業務に携わる職員の不足などが原因で、コンストラクションマネジメント方式の採用を検討するにも難しい。このため、自治体からメールで相談を受け付け、国交省が事業委託契約を結ぶ支援事業者と連携して回答する。必要に応じて面会でアドバイスを行う。このほかにも、年度末近くに工事が集中する傾向が高いことから、工事の平準化を支援

する「平準化支援ヘルプデスク」や一般競争入札の導入やダンピング対策など入札契約適正化法に基づく取り組みや制度の問合せに応じる窓口「入札契約ワンポイントナビ」も設置した。

英国では、小規模な自治体の個別案件の発注支援を進めるため、官民連携の組織を作る仕組みが取り入れられている。スコットランドでは「Hub」と呼ばれる官民合同出資会社を設置し、その組織が自治体から相談を受けて事業化の検討や発注支援などを行う。加えて、相談を持ち掛けた自治体に対して近隣自治体との施設の共同利用や低未利用施設の有効活用を提案し、広域的な視点から公共施設や公共資産の有効活用を進めることができる。

総務省は2019年４月時点での自治体が運営する簡易水道事業、下水道事業の公営企業会計の取り組み状況をまとめた。人口

３万人未満の小規模団体で公営企業会計を適用済みなのは簡易水道で35.1％、下水道が14.8％にとどまっている。総務省は人口３万人未満の団体に対しても公営企業会計の23年度までの適用を求めている。それに対して人口３万人以上の団体では、20年４月までの適用見込みの団体が簡易水道96.1％、公共下水道と流域下水道99.4％となっている。

広島県は、自治体別で実施している水道事業の経営組織を一元化する。参加する市町を募り、22年度後半に企業団を設立。23年度から一体的な経営を始める。現在は各市町が別々に水道事業を実施しており、県は島しょ部などに用水供給を行っている。企業団を設立して水源や浄水場の集約、業務の効率化を進めることで水道料金の上昇幅を抑える。当初10年は市町別料金を維持し、10年後に料金の統一を検討する。

図表Ⅱ-4-3　インフラの動き

年月日	見出し	内　容
2019/ 9 /27	浄化槽保守業者に優良認定制度＝愛知県	愛知県は、浄化槽の適正な管理を進めるため、保守点検を担う業者を対象にした優良認定制度を導入する。認定されると３年ごとの登録手続きが５年に延長されるほか、県のホームページで優良業者として公表される。
2019/10/ 3	国道の維持管理を効率化へ＝地方道への技術支援も－国交省	国土交通省は、国道の維持管理基準を見直し、ICTやAIを取り入れた効率的な方法の検討に乗り出した。先進事例を分析し、維持管理の新たな方針として取りまとめる予定。並行して、地方管理道への技術支援も進める。
2019/10/31	AIで道路崩落予測や除雪支援＝インフラ管理にデジタル技術－広島県	広島県は、AIやビッグデータなどを活用して道路ののり面崩落や路面陥没を予測したり、除雪車の操作を支援したりする技術の実用化に向け、実証実験に乗り出す。
2019/11/ 6	下水道、税金投入抑制を＝値上げや広域運営を提言－財務省	財政制度等審議会は、地方財政をめぐり議論した。効率化が課題となっている自治体の下水道事業について、財務省は税金による費用補助を減らすため、使用料の値上げや事業運営の広域化によるコスト削減を提言した。
2019/12/ 5	想定上回る収入＝偕楽園有料化から１カ月－茨城県	県外客の入場料を有料化した偕楽園に関し、茨城県は、当初１カ月間の入場料収入が約300万円となり、想定していた200万円を上回ったと発表した。
2019/12/24	コンテナ船寄港誘致へ税軽減＝入港コスト圧縮で競争力強化－政府・与党	政府・与党は、日本と欧米を結ぶコンテナ貨物船航路の維持・拡大に向けた港湾の国際競争力強化を目指し、外国貿易船入港の際に課税する「とん税」と「特別とん税」の税率を引き下げる。
2020/ 1 /10	水門管理にICT活用検討へ＝AIが水位予測、遠隔で開閉－東京都	東京都は、台風や豪雨などによる風水害対策を強化するため、ICTを活用した水門管理業務の検討に乗り出す。河川の水位変動予測にAIを活用したり、水門の開閉を遠隔で操作したりする技術の導入を目指す。

2020/ 1 /29	災害対策本部の浸水対策＝映像システムも更新－岡山県	岡山県は2020年度、県庁内の災害対策本部会議室の浸水対策工事を実施する。近隣の河川の氾濫による浸水が想定されていることから、床を底上げし、災害時の機能停止を防ぐ。併せて老朽化した防災映像システムも更新する。関連費用として20年度当初予算案に約1億2800万円を計上する。
2020/ 1 /31	23年度から企業団で一体経営＝水道事業、10年間は別料金維持－広島県	広島県は、給水人口の減少や施設更新費の増加といった経営環境の悪化に対応するため、自治体別になっている水道事業の経営組織を一元化する方針だ。市町に参加を呼び掛け、2022年11月に企業団を設立。23年度から一体的な経営を始める。水源や浄水場の集約と業務の効率化を進め、水道料金の上昇幅を抑える。当面は市町別料金を維持し、10年後に統一を検討する。
2020/ 2 /10	魅力ある都市公園をアプリで発信＝岐阜県各務原市	岐阜県各務原市は、全国各地の公園情報を発信する「パークフル」と連携協定を結び、同社が提供するスマートフォンアプリの活用を始めた。市内182カ所の公園の位置など施設情報が閲覧できるようになる。
2020/ 2 /27	業務効率化へ「上下水道課」新設＝新潟県加茂市	新潟県加茂市は、水道局と下水道課を統合し、「上下水道課」を新設する。組織を一体化することで職員の不足などに対応し、業務の効率化を目指す狙いだ。
2020/ 3 /17	観光キャラのデザインマンホール＝東京都東大和市	東京都東大和市は、代表的な建物や観光スポットの近くのマンホール24カ所にオリジナルデザインのふた12種類を設置した。観光客の誘致や、それに伴う地域活性化が狙いで、すべて回ると市内を一周できるようになっている。
2020/ 3 /27	マンション管理で届け出義務化＝情報開示制度も導入－神戸市	神戸市は、マンション管理組合が建物の管理や運営の状況を市に届け出る制度を2020年度に創設する。市が管理の状態を把握し、適切な支援を行えるようにするのが狙い。義務化を前提とし、希望する組合については、修繕工事の履歴や財務状況などの情報を開示する。分譲マンションの老朽化に伴う管理不全などの問題を抑制し、持続可能な運営につなげたい考えだ。
2020/ 3 /27	旧簡易水道への財政支援策検討＝統合後の経営状況分析－総務省	総務省は、旧簡易水道区域の経営確保策を検討するため、有識者らによる研究会を設置した。上水道との事業統合後も、旧簡易水道区域では苦しい経営状況が続いている事業があることから、財政支援の在り方を含め議論する。2021年度地方財政対策への反映を見据え、10月ごろをめどに報告書案をまとめる。
2020/ 3 /31	国が調査費を計上＝北九州空港の滑走路延伸－北九州市	北九州市は、国の2020年度予算で北九州空港の滑走路延伸に関する調査費が計上されると発表した。市は北九州空港の貨物拠点化を推進しており、大型貨物機の長距離運航が可能となる3000メートル滑走路の実現を長年要望してきた。
2020/ 4 / 9	「消防水利マップ」を作製＝愛知県豊橋市	愛知県豊橋市は、グーグルが提供する「グーグルマップ」上に市内の全消防水利情報を反映した「豊橋水利マップ」を作製した。迅速な消火活動に生かすほか、大規模災害時には他の自治体から来た応援部隊に参考にしてもらう。
2020/ 5 / 1	港湾、空港使用料の徴収猶予＝熊本県	熊本県は、県が管理する港湾や空港を使用する定期旅客船と航空便について、使用料の徴収を6カ月間猶予する。
2020/ 5 /20	大型ターミナル整備を推進＝改正道路法が成立	バスやタクシーの乗り場を集約し、鉄道駅と直結した「バスタ新宿」のような大型ターミナル施設の整備を推進する改正道路法が20日、参院本会議で与党などの賛成多数で可決、成立した。施設の運営権を民間に委託する「コンセッション方式」を活用し、テナント契約などに民間ノウハウを生かせるようにする。
2020/ 5 /25	橋の定期点検にAI導入＝石川県七尾市	石川県七尾市は今夏、橋の定期点検にAIの画像認識技術を導入する。AIの導入を通して、インフラの老朽度診断の精度向上と費用の削減を目指す。スマートフォンで橋の写真を1～2枚撮り、築年数やさびの状況、海からの距離などをシステムに入力すると、AIが画像と突き合わせて診断する仕組み。結果は塩害や凍害など7種類の劣化要因と5段階の健全度を色別に表示する。点検調書も自動で作成する。
2020/ 6 /16	地域航空支援で緊急要望＝税減免、無利子融資－全地航	全国地域航空システム推進協議会は、新型コロナウイルスの影響で地域航空網の維持が厳しいとして、国へ経営支援を求める緊急要望書を提出した。着陸料や航空機燃料税の減免、無利子の緊急融資、運航費補助の増額を求めた。
2020/ 7 /10	水道管劣化、AIが予測＝福島県会津若松市	福島県会津若松市は、水道管路の劣化診断でAIを活用する。劣化具合を正確に把握し、破損確率の高いものから更新することで、維持管理の効率化につなげる狙い。事業費は約1200万円。
2020/ 7 /16	川沿いにバーカウンター＝にぎわい創出、2度目の検証－宇都宮市	宇都宮市は、公共空間の新たな活用の可能性を検証するため、河川の欄干にバーカウンターを設ける社会実験を実施する。取り組みは昨年11月に続き、今回で2度目。市民が気軽に集える空間を演出することによるにぎわい創出効果を確認し、市街地に点在する低未利用地の有効活用につなげる。
2020/ 7 /17	手書き記録をデータ化し分析＝浄水場の管理で－静岡県企業局	静岡県企業局は、業務効率の向上のため、紙ベースで管理している浄水場の点検記録のデータ化に乗り出す。薬剤を投入する量やタイミングをAIで分析し、将来的には水の濁りを感知したら薬を自動投入できる仕組みの構築を目指す。

2020/ 7 /24	下水処理、広域管理で省力化=監視システムに互換性－国交省が本格検討	国土交通省は、市町村ごとに運用している下水処理場を広域的に管理するシステムの実用化に向け、本格的な検討に入った。処理場のシステムは市町村によって異なる場合が多いが、大規模な改修をしなくても互換性を持たせられるよう、メーカーを交えて技術開発中。2021年度にモデル自治体で実証実験をする方針。23年度以降の実用化を目指している。
2020/ 8 / 5	下水道で官民連携促進=検討会を開催－国交省	国土交通省は、下水道分野での官民連携を促進するため、検討会を開催した。国交省は官民連携に向けた取り組みとして、管路施設の包括的民間委託について3月に策定したガイドラインを紹介した。
2020/ 8 / 6	通信設備復旧でNTT東日本と協定=千葉市	千葉市は、NTT東日本千葉事業部と、災害時の通信設備復旧に関する連携協定を締結した。平時から連携を密にし、災害発生時に迅速な復旧活動を行えるようにする。実効性を高めるため覚書も交わした。
2020/ 8 /20	物流トラックにバッテリーEV=災害時、支援拠点へ電力供給－環境省	環境省は2021年度、コンビニ業界などの物流で使うトラックをバッテリー交換式の電気自動車とし、再生可能エネルギーの電気で充電するモデルの実証を始める。物流からの温室効果ガス排出を削減して地球温暖化対策を進めるほか、災害時には支援物資の管理拠点となる配送センターに電力を供給し、災害対応の強化にもつなげる。
2020/ 9 / 3	ドローンで公共施設の老朽度調査=奈良県大和高田市	奈良県大和高田市は、ドローンを活用した公共施設の老朽化の実態調査を行った。対象にした施設は市の総合公園・コミュニテイプール。整備後20年以上が経過し、補修工事を検討すべき時期に来ていた。連携協定を結んだドローン操縦会社3社が、延べ3日間の休館日に市職員の指示に基づいて1社ずつ飛ばした。
2020/10/ 8	上下水道のDX推進=広島県	広島県は、上下水道事業の効率化やサービスの維持・向上に向け、AIを活用した浄水場の自動運転など、デジタルトランスフォーメーション（DX）の推進について検討を始めた。人口減少で水需要が減り、収益が落ち込む一方、老朽化した施設の更新費用は増える。さらに31年度末までに県内の技術職員の半数以上が退職し、人材が不足すると見込まれるため、DXに力を入れることにした。
2020/10/ 8	道路損傷、市民がLINEで通報=神奈川県鎌倉市	神奈川県鎌倉市は、無料通話アプリLINEを使い、市民が道路の損傷を通報するシステムの実証実験を始めた。気軽に行政と接点を持てる利点を生かし、市民がインフラを見守るまちとなることを目指す。
2020/10/14	住民の困り事、アプリで写真投稿=高松市	高松市は、市民が道路の損傷などの写真を市に投稿できるスマートフォンアプリ「マイシティレポート」の運用を開始した。ごみの不法投棄や公園の遊具の損傷など、市内で問題になっていると思ったことを、住民が写真を撮影してリポートとして投稿してもらう。
2020/10/15	水門管理、地域で一元監視=被害軽減や老朽化対策も－国交省	国土交通省は、風水害で河川や水路の水位が急上昇して浸水被害が発生するのを防ぐため、地域の水門を一元的に監視する体制の構築を目指す。ICTやIoTを活用した遠隔管理により迅速な操作につなげるほか、設備の不具合を早期に把握して老朽化対策にも役立てる。

4. 公共サービス

　地方の自治体の支所や出張所は、経費を抑制しながら機能を維持する、市民の利便性を向上させる方法を模索している。

　石川県加賀市は、橋立出張所で行っていた窓口業務を橋立郵便局に委託した。同市はコンビニ交付サービスを実施していたが、橋立地区にはコンビニがないため、包括連携協定を結んでいる郵便局に委託した。対象とする業務は住民票の写しや印鑑登録証明書の発行など。市の職員を派遣しないため、戸籍の届け出や印鑑登録などはできない。

　熊本県宇城市は、小川支所を近隣のイオンモール宇城に移転した。以前は小川総合文化センター内に支所を置いていたが、スペースが手狭になっていたことから、400メートルほど離れたイオンモール宇城の空き店舗に入居することにした。市職員31人が従事する。

　コロナ禍で給付金等の手続きでオンラインによる手続きがスムーズに行かなかった

ことが批判の対象となった。一方で、感染症の感染拡大を防ぐために、役所窓口の混雑情報をホームページで公表する自治体や、証明書などを郵送で発行したりコンビニに申請用紙を設置したりする自治体も出てきた。

図表Ⅱ-4-4　公共サービスの動き

年月日	見出し	内　容
2019/10/10	支所機能縮小、1年延期＝市民や議会の反発を受け－滋賀県大津市	滋賀県大津市は市議会公共施設対策特別委員会で、2020年4月から予定していた36学区にある支所の機能縮小を1年延期することを明らかにした。市は人口減少を見据えた行政コスト縮減のため、支所職員を半減するほか、開庁時間を2時間程度短縮する方針を示していた。
2019/10/15	AI問い合わせサービスを実証実験－石川県能美市	石川県能美市は、AIを活用した問い合わせ回答サービスの実証実験を開始した。市民が24時間いつでも気軽に相談できる体制づくりを目指す。また、電話での相談対応を減らすことで職員の負担軽減にもつなげたい考えだ。
2019/10/15	一時保育、LINEで予約可能に＝11月にサービス開始－三重県伊勢市	三重県伊勢市の鈴木健一市長は、LINEで一時保育を予約できるサービスを11月1日から開始すると発表した。市が取得したLINEの公式アカウントにスマートフォンなどからアクセスし、簡単に予約できるようになる。
2019/10/28	お悔やみ手続き窓口を一本化＝石川県白山市	石川県白山市は、市民が死亡した際に行う複数の手続きを1カ所で行うことができる専用の窓口「おくやみ手続きコーナー」を開設した。複数の課を回ったり、待ち時間で感じたりするストレスを削減することで、遺族の負担を少しでも軽減する狙いだ。
2019/12/4	クオカードペイと全国初連携＝健康アプリ特典に－大阪府	大阪府の吉村洋文知事は、府が普及を進める健康アプリ「アスマイル」の新規登録者に電子マネーの「クオカードペイ」を配布するキャンペーンを実施すると発表した。府民の健康寿命延伸につながる取り組みを、公民連携で広めるのが狙い。
2019/12/6	高校存続で給食提供へ＝北海道標津町教委	北海道標津町教育委員会は2020年度から、道立標津高校で給食を提供する方向で調整に入った。町内唯一の高校である同校の存続に向けた「魅力ある高校づくり」の一環。入学生の確保や保護者の負担軽減につなげたい考えだ。
2019/12/9	教員事務支援にRPA活用＝宮城県東松島市	宮城県東松島市は、NTT東日本の教職員向け事務作業支援システムを導入し、市内の小中学校それぞれ1校で実証実験を始めた。支援システムの導入により、例えばアンケート用紙の手書き文字をAIを搭載したOCRで読み取って自動入力し、出席番号順に並べたエクセル表を作成することなどが可能になる。
2019/12/16	県有施設にペイペイ導入＝福井県	福井県は、観光文化施設など25の県有施設にスマートフォン決済サービス「ペイペイ」を導入する。年末年始や冬休みに来訪した旅行者や帰省者らの利便性向上を図り、満足度を高める狙い。中国の電子決済サービスとも提携しているため、日本円に両替する必要がなく、インバウンド誘客も期待できるという。
2019/12/18	転出入の窓口業務をICT化＝新潟県柏崎市	新潟県柏崎市は、転出入や転居に関する窓口業務にICTを導入する。住民は申請書類に手書きで記入する負担が軽減され、待ち時間が短くなる。業務は民間委託し、行政コストの削減にもつなげる。
2020/1/22	交付事務の補助対象拡大＝番号カード、受け取り方法も改善－総務省	総務省は、市区町村のマイナンバーカード交付事務を支援する補助金の対象項目を拡大する。カードを市区町村の窓口以外で受け取る場合の郵送方法なども改善。市区町村の体制強化や窓口の混雑解消といった交付事務の円滑化を目指す。
2020/2/14	消防団員確保へ支援策＝長野県富士見町	長野県富士見町は2020年度、消防団員向けに婚活イベントの参加費全額補助などの支援策を新たに始める。町主催の婚活イベントの参加費全額補助をはじめ、①消防団活動の表彰対象者にバッジの代わりに商品券贈呈②自宅の新築やリフォーム、空き家改修に対する町民向け補助金の増額③出初め式などの行事中に託児サービス提供④消防車両の運転に必要な準中型免許取得費の半額補助⑤活動参加団員に町内施設で使える入浴優待券贈呈―を実施する。
2020/2/18	駅西口に行政センター開設へ＝埼玉県蓮田市の20年度予算案	埼玉県蓮田市は、2020年度一般会計当初予算案を発表した。再開発関係では、駅西口再開発ビル内に市役所の出張所機能などを持たせる「行政センター」の来年4月開設を目指し、運営費や準備経費などを計上した。
2020/3/9	窓口サービスを覆面調査＝数値評価で質の向上図る－神戸市	神戸市は、区役所の来庁者に対するサービスの状況を外部の目線を入れて把握し、職員の接遇や応対能力の向上につなげる取り組みを始めた。現状の窓口対応のレベルを可視化するため、銀行や旅行会社などの民間の窓口サービス調査でノウハウを持つ事業者に委託する形で覆面調査を取り入れた。

日付	見出し	内容
2020/4/7	災害時のSC駐車場利用でニトリ、カゴメと協定＝東京都狛江市	東京都狛江市は、災害時に市内の大型ショッピングセンター（SC）の駐車場を避難場所として使用するための協定を施設管理者のニトリホールディングス、所有者のカゴメアクシスと結んだ。公共施設が少ない市にとって、大規模な平面、立体駐車場を備えている大型商業施設は災害時などに貴重な存在と位置付けている。
2020/4/30	住民票、郵送は手数料免除＝埼玉県和光市	埼玉県和光市は、新型コロナウイルスの感染拡大防止策として、住民票の写しなどの郵送交付を希望する場合は、手数料を免除し、郵送料も市が負担することを決めた。
2020/6/5	旅館、ホテルを避難施設に利用＝奈良市	奈良市は、市内のホテルや旅館の空室を災害時などの避難施設として利用すると発表した。指定避難所での「3密」と、感染を懸念した市民が避難をためらうのを防ぐのが狙い。利用する施設は公募で決定する。
2020/6/12	学校給食、1学期は無料に＝広島県大崎上島町	広島県大崎上島町は、新型コロナウイルス感染症による臨時休校の長期化を受け、町立小中学校の1学期の給食費を無料にする方針だ。小学校3校と中学校1校の児童生徒計313人が対象。
2020/6/25	電子図書館サービスを開始＝栃木県那須塩原市	栃木県那須塩原市は、スマートフォンやパソコン、タブレットなどを使い、24時間無料で電子書籍を借りて読むことができる「電子図書館サービス」を開始する。利用対象者は市内在住、在勤、在学者。利用できる電子書籍は、小説や児童書、雑誌など約4000冊を予定。
2020/7/14	窓口の混雑状況、3段階で公表＝「3密」回避でコロナ対策―三重県桑名市	三重県桑名市は、庁舎を利用する市民らに対し、市ホームページ上に市役所窓口の混雑状況を3段階で表示するサービス「混雑ランプ」を新たに導入した。新型コロナウイルスの感染拡大防止対策として、窓口での混雑回避につなげる。
2020/7/17	早朝・夜間に予約図書を受け取り＝駅前に自動機設置―神戸市	神戸市は、市立図書館の利便性を向上させるため、市中心部の三宮駅前に、予約した本をセルフ操作で借りられる「自動受け取り機」を設置した。早朝から深夜まで利用できる。図書館から離れた公共空間で本格運用するのは初めて。
2020/9/11	支所をショッピングモールに移転＝熊本県宇城市	熊本県宇城市は、小川支所を市内のイオンモール宇城に移転する。人口減少が進む中、行政機関と郊外型ショッピングモールを共存させ、市民のニーズに応えるのが狙い。新設にはコストが掛かるため、支所から約400メートルの距離にあるイオンモール宇城と提携し、空き店舗スペースに入ることにした。
2020/9/14	私立含め小中生の給食無償化＝埼玉県熊谷市教委	埼玉県熊谷市教育委員会は、新型コロナウイルスの影響による子育て世帯の経済的負担を軽減するため、市内全小中学生の給食費無償化事業を実施する。市立では給食費を徴収せず、私立や国公立に通う市内の児童生徒には給食費相当額の支援金を支給する形で対応する。
2020/10/13	防災訓練の助成条件見直し＝新潟市	新潟市は、新型コロナウイルス対策を踏まえた防災訓練を促すため、助成条件を見直した。訓練の際、マスクの着用や「3密」の防止などの対応が重要と判断し、これまで対象外だった20人未満も助成対象に加える。

5. 広域連携

　総務省は、人材が不足する市町村を都道府県が支援できるようにするため、都道府県が技術職員を増員する場合の地方財政措置を2020年度に創設した。平時は県内の市町村に配置し、大規模災害が発生した場合には被災地へ中長期派遣することが条件で、増員分の人件費を普通交付税で措置する。市町村のうち1189団体が技術職員のうちの土木・建築・農林水産のいずれかを配置できていない。一方、公共施設マネジメントやインフラ維持管理において技術系職員の必要性が高まっている。また、東日本大震災をはじめとした大規模な災害が発生した際には被災自治体からの技術職員派遣要望が多いが、特に中長期の派遣ニーズは半分程度しか需要を満たせていない。中長期派遣の調整を総括する「確保調整本部」を設置する。

　秋田と山形県は、2県全域の医療機関で患者の診療情報を共有する仕組みを構築した。両県と両県の医師会が協定を結び、20年度から運用を始めた。県境近くに住む住民は県境を越えて受診することも多い。こ

のため、県境を越えて入院していた患者が退院後に地元の病院を受診する場合などに診療情報を共有できるようになる。両県は医療情報ネットワークを構築して公立と民間の病院、介護施設、薬局などを結んで診療情報の共有を行っている。山形県では約500施設、秋田県では約70施設登録しているという。カルテや検査画像、処方薬の情報などを共有する。災害時のバックアップなどにも役立つと考えられている。

図表Ⅱ-4-5　広域連携の動き

年月日	見出し	内　　容
2019/10/3	水道事業の包括連携に期待＝大阪市と協定－永藤堺市長	堺市の永藤英機市長は、大阪市と水道事業に関する包括連携協定を結んだことについて、「水道施設の健全性を維持するため、今後広域連携の必要性も増す」と述べ、協定での取り組みに期待を示した。両市は1日に協定を締結。水道事業の業務や技術面で連携し、効率的で安定した運営を目指すことで合意した。
2019/10/30	利用促進へ市町村が広域連携＝成年後見の中核機関整備で－厚労省	厚生労働省は、「成年後見制度利用促進基本計画」の中間検証を開始した。同計画では重要業績評価指標（KPI）として、2021年度末までに制度の周知や利用相談などを担う「中核機関」を全市区町村に整備すると掲げているが、達成は困難な状況。このため、自治体同士の広域連携や都道府県による支援など環境整備の方向性を検証過程で整理していく。
2019/12/3	山梨と医療産業で連携協定＝「世界展望の機器開発を」－川勝静岡知事	静岡県の川勝平太知事は、山梨県と医療健康産業政策に関する連携協定を締結すると発表した。両県は今後①医看工の連携推進②企業同士のマッチング③高度医療人材や産業人材の育成④企業や大学への情報発信－などの分野で連携。両県に立地する企業の特徴を生かした新製品の開発を促進する。
2019/12/23	技術職増員に普通交付税措置＝都道府県から市町村へ派遣支援－総務省	総務省は、都道府県での技術職員の増員に対する地方財政措置を創設する。平時は人材不足が進む市町村に配置し、大規模災害時は被災地に中長期派遣することを条件に、増員分の人件費を普通交付税で措置する。新たな地方法人課税の偏在是正策により生じる財源の一部を活用する。
2020/1/9	2県で診療情報共有へ＝全国初の広域連携－秋田・山形	秋田・山形両県全域の医療機関で患者の診療情報を共有する仕組みを設けることが、山形県医師会などへの取材で分かった。両県と各県の医師会で協定を結び、運用を始める。日本医師会によると、2県全域で診療情報を提供し合い広域連携するのは全国初という。
2020/1/20	50年までに温室ガス「実質ゼロ」＝連携中枢都市圏で－熊本市	熊本市の大西一史市長は、「熊本連携中枢都市圏」を構成する全18市町村で、「2050年までに温室効果ガス排出実質ゼロを目指す」と発表した。地球温暖化対策の実行計画を自治体が共同策定するのは初めてで、20年度中に取りまとめる予定。
2020/1/28	ホテルでレンタサイクル＝広域連携で観光客誘致－長野市	長野市は、サイクルツーリズムを強化する一環で、市内のホテルで自転車を貸し出す事業を始めた。周辺9市町村と連携。自転車を使って長野市と各市町村を有効につなぐことで、外国人を中心とした誘客を図るのが狙い。
2020/2/12	施設再編など優先採択＝広域連携モデル事業、人口減見据え－総務省	総務省は、複数の市町村間、または都道府県と市町村間の広域連携に関するモデル事業について、将来の人口減少を見据えた具体的な取り組みを促す。公共施設や地域交通の再編、専門人材の共同活用といった今後必要性が増す分野を優先的に採択。一方、人口20万人以上の政令市や中核市が周辺市町村と「連携中枢都市圏」を形成する取り組み自体は支援対象外とする。
2020/5/27	運動ポイント事業で連携＝兵庫県加西市、多可町	兵庫県加西市は、市単独で実施してきた運動ポイント事業で、北播磨広域定住自立圏を共に推進する多可町と連携協定を結んだ。市が2019年度に導入したスマートフォン用のポイント管理アプリを多可町でも利用を始める。
2020/6/4	市町村広域連携に財政措置＝答申案を大筋了承－地方制度調査会の専門小委員会	政府の第32次地方制度調査会の専門小委員会は、人口減少が深刻化する2040年ごろを見据えた地方行政の在り方に関する答申案を大筋で了承した。医療や介護、地域交通といった生活機能の確保に広域で連携して取り組む市町村に対し、財政措置を講じる必要性を指摘した。小規模な市町村が連携し、休日・夜間診療や医師の確保などに取り組むことを想定している。
2020/7/8	コロナ対応で共同宣言＝医療、観光で連携－宮城、山形両知事	宮城県の村井嘉浩知事と山形県の吉村美栄子知事は、新型コロナウイルス対策で協力し合うための共同宣言を山形県庁で行った。感染拡大時のバックアップ体制構築や、両県を周遊する観光の促進に取り組む。連携事項は医療福祉と観光交流の2分野。

2020/ 7 /10	隣接２市で相互の地域産品販売＝三重県いなべ、滋賀県東近江両市	三重県いなべ市と滋賀県東近江市は、相互の地域産品を販売する取り組みを開始した。両市は、鈴鹿山脈を隔てて隣接しており、相互の魅力発信や販路の拡大につなげる狙いだ。相互の特産品３～４品を販売し、徐々に商品も増やしていく予定。
2020/ 7 /17	被災自治体支援で代理寄付＝静岡県富士宮市	静岡県富士宮市は、ふるさと納税サイト「ふるさとチョイス」の「代理寄付」を活用し、豪雨災害に見舞われた熊本県の被災自治体に寄付金を届けることを決めた。
2020/ 7 /28	河川復旧、権限代行＝被災の球磨川水系―国交省	国土交通省は、一連の豪雨で被災した球磨川水系にある熊本県管理河川の復旧工事を代行することを決定した。二次災害を防ぐため、土砂や流木を撤去。同日から着手する。工事を代行するのは川内川など９河川の計33.1キロで、熊本県が27日に国交省に権限代行を要請していた。
2020/ 7 /28	４市町連携で健康問題解決＝５年で医療費抑制へ―大阪府高石市	大阪府高石市は、奈良県田原本町や福岡県飯塚市など４市町と連携し、新型コロナウイルス感染症による健康二次被害の予防や地方創生の取り組みとして、民間の資金やノウハウを活用して課題解決を行う「飛び地型自治体連携プロジェクト」を実施することで合意した。
2020/ 8 /20	SDGsなどで連携強化＝初のトップ会談―埼玉知事とさいたま市長	埼玉県の大野元裕知事とさいたま市の清水勇人市長が、同市役所で初のトップ会談を行った。国連が提唱するSDGsの推進や災害対応、新型コロナウイルス対策などで連携を強化することで一致。大野知事は席上、清水市長にSDGsを全県的に推進する県の官民連携プラットフォームへの参加を促し、「SDGs推進の先進市としてリーダーシップを取ってほしい」と呼び掛けた。
2020/10/ 6	市町村業務、30項目で支援＝福島県	福島県は、県内市町村の行政運営をサポートするため、職員派遣や事務代行、研修会開催などの支援を始めた。県は３月に「市町村支援プログラム」を策定しており、今回は30項目に及ぶ事業を実施する。技術職員が不足する市町村に県職員を派遣するなどして、課題解決を図る。

6. 官民協定

　愛知県春日井市と中部電力は、ICT技術を生かして地域課題を解決するための連携協定を結んだ。中部電力は、スマートメーター通信網やICT技術を活用して地域の課題を解決するのを支援する。例えば、通信網を利用して、マンホール内に設置した水位計のデータを収集してゲリラ豪雨などの際に下水管から水があふれるのを検知したり、徘徊する高齢者の位置情報を収集して探したりする実証実験を行う。

　大阪府は、包括協定を結んでいる大阪社会課題解決ファンドの報告会を開催した。同ファンドはフューチャーベンチャーキャ

ピタルと大阪信用金庫が2017年に設立したもので、行政の課題解決につながるビジネスを支援することが目的。府は連携協定に基づいて実証実験の場を提供するなどしている。これまでにファンドは14件に対して約２億円を投資している。投資先の一つは空き家の活用や周辺の店舗と連携して町全体をホテルに見立てて運営している「SEKAI HOTEL」がある。

　北海道網走市と大空町は、網走刑務所と包括連携協定を結んだ。刑務所が所有している森林や農地などを活用して地域活性化事業を実施する。受刑者の職業訓練や犯罪歴のある人の雇用による再犯防止などの取り組みを推進する。

図表Ⅱ-4-6　官民協定の動き

年月日	見出し	内　　　　　容
2019/ 9 /25	ワタミと防犯の街づくりで連携＝埼玉県越谷市	埼玉県越谷市、同県警越谷署は、同市役所で、飲食大手ワタミと、防犯のまちづくりを推進する連携協定を締結した。宅配担当のスタッフが利用客の異変に気付いた場合、事前に取り決めた連絡先に通報することになる。

2019/ 9 /30	高齢者に無料の遺影撮影会＝福岡県古賀市	福岡県古賀市は、九州産業大学造形短期大学部と連携し、高齢者の遺影撮影プロジェクト「そろそろ遺影を撮りませんか」を実施する。撮影会をきっかけに健康維持を兼ねて外出を増やしたり、家族や友人たちと遺影を話題に楽しく語り合ったりしてもらうことを期待している。
2019/10/ 7	災害時の電力供給にEV貸し出し＝三菱自と協定－岡山県	岡山県は、三菱自動車と西日本三菱自動車販売との間で、地震など大規模災害が発生した場合に、店舗にあるプラグインハイブリッド車や電気自動車の試乗車などを電力供給のため貸与する支援協定を結んだ。
2019/10/ 8	旭川大と包括連携協定＝まちづくりなどで－北海道厚真町	北海道厚真町は、旭川大学・旭川大学短期大学部と包括連携協定を結んだ。まちづくりなどで協力する。町が大学と協定を結ぶのは札幌市立大学に続き2例目。
2019/11/12	セブンイレブンと包括連携協定＝埼玉県志木市	埼玉県志木市は、セブン－イレブン・ジャパン（東京都）と包括連携協定を締結した。市内には現在、同社の店舗が10カ所あり、①地産地消の推進②市民の健康増進③高齢者や障害者の生活支援④子育て支援－など8分野で連携する。
2019/11/19	中部電、ICT活用で地域課題解決＝愛知県春日井市と協定	中部電力は、ICTを活用して地域課題を解決するため、愛知県春日井市と連携協定を締結した。中部電はスマートメーターやICTに、春日井市は福祉などまちづくりにそれぞれ強みを持つ。電力会社と自治体が地域課題解決のためにスマートメーター通信網を活用する連携協定を締結するのは全国初という。
2019/11/22	ローソンと連携協定＝地域活性化で－北海道函館市	北海道函館市は、大手コンビニのローソンと協働のまちづくりに関する包括連携協定を締結した。地元産やゆかりのある食材を使った商品、メニューを開発する。市内の店舗で特定健康検査やがん検診の受診勧奨などの情報を発信するなど、市民が安心して暮らせるまちづくりに向けた取り組みも検討していく。
2019/11/25	データを政策立案に活用＝国や和歌山県、滋賀大などが協定	総務省統計局と独立行政法人統計センター、和歌山県、滋賀大学は、データサイエンス分野における連携協定を締結した。全国で初めてデータサイエンス学部・研究科を立ち上げた滋賀大学のノウハウや人材を活用し、EBPMの推進や人材育成を行う。
2019/12/ 2	「ウォーカブル推進都市」へ企業と協定＝福岡県古賀市	福岡県古賀市はこのほど、「JR古賀駅東口周辺地区におけるまちづくりの検討に関する協力協定」を、同市に本社と大規模な工場敷地のあるニビシ醬油と結んだ。居心地が良く歩きたくなる「ウォーカブル推進都市」の取り組みで連携する。
2019/12/ 5	社会課題解決ファンドの事例報告＝空き屋活用などで成果－大阪府	大阪府は、行政課題の解決につながるビジネスを支援する「おおさか社会課題解決ファンド」の報告会を開催した。投資先のベンチャー企業による空き家の活用などの事例が紹介された。ファンドは2017年にフューチャーベンチャーキャピタルと大阪信用金庫が設立。府は連携協定を結び、実証実験の場の提供などを行っている。これまでに14件の事例に計約2億円を投資した。
2019/12/13	妊活支援でエムティーアイと連携＝人気アプリに特設ページも－北九州市	北九州市は、妊娠を希望する夫婦への支援を充実させるため、女性の健康管理アプリなどを提供するエムティーアイと連携協定を結んだ。人気アプリ「ルナルナ」で市の助成制度などを案内する妊活支援特設ページを配信。
2019/12/17	京セラグループ会社と包括連携協定＝北海道釧路市	北海道釧路市は、京セラグループでモバイルワイヤレスネットワークの基盤構築などを手掛けるKCCSモバイルエンジニアリングと包括連携協定を結んだ。今後、ICTを活用しながら、地域課題の解決に共同で取り組んでいく方針。
2019/12/19	ソフトバンクなどと包括協定＝地域創生を加速－愛知県	愛知県は、ソフトバンク、同社とトヨタ自動車の共同出資会社モネ・テクノロジーズと包括協定を締結した。地域創生の取り組みを加速させるのが狙い。スタートアップ支援や新たなモビリティーサービスの推進、農業のICT化など。
2019/12/19	地方創生実現へ、人材育成で連携＝都道府県初、地域活性化センターと－兵庫県	兵庫県は、地方創生に向けた人材育成を強化するため、一般財団法人地域活性化センターと連携協定を締結した。都道府県との協定は初めて。県は同センターの支援を得て人材育成を目的とした研修やセミナーを開くなどし、地域づくりを担う人材の能力向上につなげる。
2019/12/20	三井住友海上と包括連携協定＝新興企業支援や働き方改革など－京都府	京都府は、地域活性化と府民サービス向上に向け、三井住友海上火災保険と包括連携協定を結んだ。企業支援や働き方改革など6分野で協力する。
2019/12/26	フレイル予防で産官学医連携＝大阪府富田林市	大阪府富田林市は、介護予防を進めるため、地元医師会や医療機器メーカーなどと包括連携協定を結んだ。協定には富田林医師会と大阪大谷大学、医療機器メーカー「アルケア」が参加。市によると、医師会との包括協定は全国でも珍しいという。
2020/ 1 / 7	ICT活用でLINEなどと協定＝滋賀県	滋賀県は、教育や防災などの分野でICTの活用を推進する連携協定を、無料対話アプリ大手LINEやLINEみらい財団と締結した。プログラミング教育の支援や英語教育、災害情報の収集などに協力して取り組む。
2020/ 1 /10	大阪・高槻市と包括協定締結へ＝歴史文化で交流促進－福岡県八女市	福岡県八女市と大阪府高槻市が、歴史文化を通じた交流促進などで包括連携協定を締結する。災害時の相互応援で連携する項目も含む。

日付	見出し	内容
2020/1/10	竹中工務店などと地域連携協定＝埼玉県小川町	埼玉県小川町は、竹中工務店とNPO法人あかりえの3者による地域活性化に向けた連携協定を結んだ。森林資源が豊富な同町を舞台に、国連が提唱するSDGsの達成も念頭に、森林資源の保護や木材の循環を活用したまちづくりなどに連携して取り組む。
2020/1/16	堺市とスポーツ連携協定＝プロ野球・オリックス	オリックスは、堺市とスポーツ連携協定を結び、同市役所で調印式が行われた。市民がスポーツに親しむ機会を増やし、活力のあるまちを実現することが目的で、野球教室やスポーツイベントなどで連携していく予定だ。
2020/1/28	日本郵便と包括連携協定＝地方創生など6項目—広島市	広島市は、市役所で日本郵便と包括連携協定を締結した。協定内容は①安心安全な暮らしの実現②地域経済活性化③子どもの育成④高齢者・障害者支援⑤防災・災害対策⑥地方創生—の6項目。
2020/1/29	医療・ヘルスケア分野でリコーと連携協定締結＝神奈川県	神奈川県は、リコーと医療とヘルスケアの分野で連携・協力する協定を締結した。県は個人の健康度合いを「未病」という概念で捉え、健康状態の改善を通じて健康長寿社会の実現を目指している。
2020/1/30	未病改善でRIZAPグループと包括協定＝シニアリーダー育成などで—神奈川県	神奈川県は、トレーニングジムなどを展開するRIZAPの経営戦略立案子会社RIZAPグループと、健康分野で連携・協力する包括協定を締結したと発表した。協定に基づく健康関連の取り組みを進め、健康と病気の中間を示す概念「未病」の改善を目指す。
2020/1/31	兵庫県姫路市と第一生命グループが地方創生に関する包括連携協定を締結しました＝兵庫県姫路市	兵庫県姫路市と第一生命グループは、地方創生に関する包括連携協定を締結した。健康増進、ワーク・ライフ・バランスの推進、子育て支援・青少年育成、ライフプランサポート、高齢者支援、スポーツ振興などの分野において連携する。
2020/2/3	ファミマと包括連携協定＝新庁舎に店舗もオープン—高知市	高知市は、コンビニ大手のファミリーマートと「地域活性化包括連携に関する協定書」を締結した。連携協定は、①地場産品の販路拡大と商品開発②地産地消の推進③住民福祉の向上④防災対策⑤観光振興—などの7分野で協力する内容。
2020/2/5	大阪府とFB、包括連携協定＝中小企業振興や青少年啓発など	大阪府は、「フェイスブックジャパン」と包括連携協定を締結した。中小企業振興に向けた情報発信支援や、青少年によるインターネット交流サイト利用の啓発など6分野が対象。都道府県レベルでの連携は初めて。
2020/2/19	ドローン活用、山間部で輸送実験＝兵庫県養父市	兵庫県養父市は、ドローンを活用した山間部への物資輸送実験を始める。日本航空と連携協定を締結し、緊急時に搬送が困難な地域への物流サービスとしての可能性を検証する。市内中心部の病院から、約25キロ離れた山間部の診療所まで、包帯や市販薬など災害時の応急支援物資を搬送する計画。飛行時間は15〜20分を見込む。
2020/2/25	遠隔操作ロボット「アバター」を活用し、窓口行政相談の実証実験を開始＝石川県加賀市	石川県加賀市は、ANAホールディングス株式会社とのイノベーション推進連携協定に基づき、遠隔操作ロボットを使った窓口行政相談の実証実験を開始した。高さ150センチのロボットで、上部の10.1インチのタブレットが付き、タイヤで自走ができるもの。遠隔地からパソコンなどの端末を操作して周囲の人とコミュニケーションができる。
2020/2/28	専門人材採用で連携協定＝神戸市	神戸市は、人材採用事業などを手掛けるアスタミューゼと首都圏の人材採用に関する連携協定を締結する。同社は技術者や研究者などの専門職の転職希望者と企業をマッチングする採用サイト「スコープ」のサービスを同市の企業に提供。市は将来性のある事業成長につなげたい考えだ。
2020/3/10	ローカルベンチャー促進へ＝NPOと協定締結—地域活性化センター	一般財団法人地域活性化センターとNPO法人「ETIC.」は、地域資源を活用した新ビジネスを立ち上げる「ローカルベンチャー」の促進で協定を締結した。協定に基づき、ローカルベンチャーについての①情報共有②共同研究③セミナー開催—などに取り組んでいく。
2020/3/16	県内初、ミズノとスポーツ振興などで協定締結＝秋田県大仙市	秋田県大仙市は、総合スポーツメーカー「ミズノ」とスポーツ振興と市民の健康推進を目的とする包括連携協定を締結した。協定内容は、①スポーツ振興・健康増進②魅力発信・PR、地域活性化の推進③子どもたちの体験機会の創出④双方の発展⑤その他—の5分野。
2020/3/17	在宅療養支援でトヨタと連携＝EVなど先端技術活用—愛知県豊田市	愛知県豊田市は、先進技術を活用した在宅療養やリハビリを推進するため、トヨタ自動車と藤田医科大学と連携協定を結んだ。小型の電気自動車やロボットを導入して高齢者と障害者の移動、自宅療養を支援し、人手不足の解消や家族の負担軽減も目指す。
2020/3/19	愛知県と地方創生で連携＝名鉄とNTTドコモ	名古屋鉄道とNTTドコモは、愛知県と地方創生に関する連携協定を締結した。MaaS（マース）など新しいモビリティーサービスの推進や観光への活用、自動運転の社会実装に向けた取り組みなどで協力態勢を強化する。

2020/ 3 /31	飯能信金と包括連携協定＝埼玉県入間市	埼玉県入間市は、飯能信用金庫と包括連携協定を締結した。これまでも文化事業への協力や中小企業支援などで連携を図っていたが、より一層の関係強化により、地域の活性化を図る。
2020/ 5 /13	刑務所と包括連携協定＝北海道網走市、大空町	北海道の網走市と大空町は、網走刑務所と包括連携協定をそれぞれ結んだ。刑務所が所有する森林や農耕地などを活用して、特産品生産といった地域活性化事業を実施。事業を通じて、受刑者の職業訓練や犯罪歴のある人の雇用などの再犯防止も進める。
2020/ 5 /22	需要減で県産豚取り扱い拡大＝包括協定のイトーヨーカドーで－埼玉県	埼玉県は、県産のブランド豚肉「彩の国黒豚」について、イトーヨーカドーでの取り扱いを拡大すると発表した。新型コロナウイルスの感染拡大でレストランなど飲食店需要が減少したため、県と包括連携協定を結んでいる県内のイトーヨーカドー6店舗で新たに取り扱いを始める。
2020/ 5 /25	高度IT人材育成で連携協定＝三重県四日市市	三重県四日市市の森智広市長は、市内に進出しているIT企業「FIXER」との間で「高度IT人材育成にかかる連携協定」を締結したと発表した。高度なIT技術を持つ人材を同社が育てた後、市内の別の企業に採用してもらい、AI、IoTなど新技術の導入促進や活用を促す。
2020/ 6 /22	日産や九州電と連携協定＝EV活用で災害対応力強化－北九州市	北九州市は、電気自動車の活用を通じて災害対応力を強化するため、日産自動車グループと九州電力グループとの間で連携協定を結んだ。災害で停電が発生した際、EVから給電することで、避難所の円滑な運営を図る。
2020/ 6 /25	ポイント使い医療従事者支援＝クレディセゾンと提携－神奈川県	神奈川県は、包括連携協定を締結しているクレジットカード大手クレディセゾンが付与するポイントを使い、新型コロナウイルス対応に奮闘する医療従事者らを支援できる取り組みを始めた。カードの利用でたまったポイントを、県が5月に創設した「かながわコロナ医療・福祉等応援基金」への寄付に充てられる。
2020/ 7 /17	大阪府豊中市と関西電力送配電株式会社が見守りシステムの導入に関する連携協定を締結＝大阪府豊中市	大阪府豊中市と関西電力送配電株式会社は、「ICTを活用した見守りシステムの導入に関する連携協定」を締結し、同社の見守りシステム「OTTADE！」を導入することとした。
2020/ 7 /20	災害時の物資供給で協定＝佐川急便と締結－長野県須坂市	長野県須坂市は、物流業者の佐川急便と、災害時における支援物資の保管や管理、配送を委託する協定を締結した。協定には、①災害時に市が指定した拠点で物資を保管や管理②避難所への物資配送③拠点運営に必要なフォークリフトなどの資機材の提供④物流業務におけるアドバイザー派遣－を佐川急便が行うと定めた。
2020/ 7 /21	ICT企業8社と連携協定＝第2波、コロナ後見据え－大阪府	大阪府は、ICT関連企業など8社との連携協定を締結した。新型コロナウイルスの第2波に備えるとともに、ポストコロナ時代に向けたICT分野での公民連携を推進する狙いがある。
2020/ 7 /21	クラウドファンディングで起業後押し＝鹿児島市	鹿児島市は、起業家や中小企業の資金調達を支援するため、クラウドファンディング（CF）の普及を図る施策を進めている。大手CF事業者のキャンプファイヤーと4月に連携協定を締結。
2020/ 7 /22	医療人材確保でMRTと連携協定＝大阪府	大阪府は22日、医療系人材紹介のMRTと事業連携協定を締結した。新型コロナウイルスに対応する医療従事者を安定的かつ迅速に確保する狙いがある。
2020/ 7 /31	北陸電力などと包括連携協定＝4分野で－福井市	福井市は、北陸電力や北陸電力送配電と包括連携協定を締結した。4分野の課題について協力を強化し、地域を活性化する。①地域の安全安心、災害対策②環境・エネルギー③観光振興・まちづくり④産業振興や担い手－の4分野で連携する。
2020/ 8 / 5	ワーケーション促進で包括協定＝鳥取県とJMAM	旅行先で休暇を楽しみながら仕事もする「ワーケーション」の促進について、鳥取県は、通信教育や社員研修などを手掛ける日本能率協会マネジメントセンターと、包括協定を結んだ。
2020/ 8 / 7	保護者の弁当作り負担減＝夏休みの学童、ワタミと連携－東京都豊島区	東京都豊島区は、夏休み期間の学童クラブを利用する家庭向けに、児童が昼に食べる弁当の注文を受け付ける。保護者の弁当作りの負担軽減が目的で、高齢者施設などへの弁当提供で実績のあるワタミと連携協定を結んだ。
2020/ 8 /26	買い物代行ベンチャーと連携協定＝大阪府東大阪市	大阪府東大阪市は、買い物代行サービスを展開する物流ベンチャー企業CBcloudと包括連携協定を結んだ。新型コロナウイルスの感染拡大が続く中、外出を控える市民の利便性向上と市内店舗の支援が狙い。
2020/ 9 / 8	市政課題解決へヤフーとタッグ＝兵庫県西宮市	兵庫県西宮市は、データを活用した市政課題の解決を進めるため、IT大手のヤフーと連携協定を締結した。市政情報の的確な発信、デジタル技術で既存制度を変革するデジタル・トランスフォーメーションの推進などで協力し、市民サービスの向上につなげる。

2020/9/10	ソフトバンクと連携協定＝未来のまちづくりで一福岡県中間市	福岡県中間市は、ソフトバンクと「『未来のまちづくり』に関する連携協定」を結び、市役所で締結式を行った。同社のICTなどを活用し、市民サービスを向上させる狙い。業務効率化、人型ロボット「Pepper」を活用した子どもたちへのプログラミング教育のほか、防災のための環境整備、子育て支援などでサポートを受ける見通しだ。
2020/9/24	官民連携事業「リモートワークタウン ムスブ宮若」を始めます＝福岡県宮若市	福岡県宮若市とトライアルホールディングスは、リテールAI技術開発拠点の開設等に関する連携協定を締結、構想名を「リモートワークタウン ムスブ宮若」として、日本初のリモートワークタウンづくりを始める。
2020/9/24	安心安全なまちづくりへ包括連携協定＝九州電力と福岡県八女市	福岡県八女市と九州電力は、災害に強いまちづくりなどを目的とした「魅力あふれる安全安心なまちづくりに関する包括連携協定」を締結した。土砂災害の危険を事前に把握するため、ドローンを活用した山林の測量調査などを連携して行うほか、災害時の早期復旧のため、九電グループが持つ非常用電源などの災害用設備や備蓄品を活用した避難所機能の強化などを図る。
2020/9/24	IIJ、ICT活用の地域ネットワーク構築＝高齢者支援で瀬戸市などと連携	インターネットイニシアティブ（IIJ）は、愛知県瀬戸市と瀬戸旭医師会の3者でICTを活用した地域ネットワークの構築に向け連携協定を締結した。高齢化が進む地域で医療・介護の連携促進に加え、災害時に備えて高齢者ら要支援者の情報を地域で共有し、住みやすいまちづくりを目指す。
2020/9/24	安心安全なまちづくりへ包括連携協定＝九州電力と福岡県八女市	福岡県八女市と九州電力は、災害に強いまちづくりなどを目的とした「魅力あふれる安全安心なまちづくりに関する包括連携協定」を締結した。
2020/9/29	公民連携による水道水源保全事業「未来へつむぐ岡崎の水プロジェクト」の協定締結式を行いました＝愛知県岡崎市	愛知県岡崎市は、安全安心な水道水を未来にわたり安定して、市民に供給し続けるため、水道水源を保全する事業「未来へつむぐ岡崎の水プロジェクト」を展開する。市と思いを共有する協定参加者が寄付金等により活動資金を負担し、水源林となっている乙川上流域で保水機能を維持するための間伐等の活動や、その大切さを伝える啓発事業を本市と協力しながら実施する。

7. 民間提案

多くの自治体で民間提案制度が導入されるようになってきている。特に、公共施設マネジメントや遊休資産の活用についての提案を受け付けるものが多い。民間提案を受けて随意契約を保証する方式を採用する自治体も増えている。随意契約を認める場合は、自治体の費用負担が増加しないことを条件としていることが多い。

例えば、鳥取市は提案の種類を「施設再生型」「自由提案型」に分類し、施設再生型では未利用になっており維持管理費用の負担増加が見込まれる施設の借り上げなど、自由提案型では、全ての公共施設に対してサービス向上や維持管理コストの削減などが見込まれる提案などを受け付けている。後者では、ネーミングライツや広告なども受け付けている。民間事業者との対話を行った後、提案を受け付け、審査、協議を経て契約を行う。

民間提案制度や受付窓口については整備されてきたものの、民間事業者が公共資産の利活用について自ら提案を行おうとした場合、その資産の状態などについての情報が必要となる。提案者とのミスマッチを防ぐために、提案受付の前に対話の期間を設けてその間に情報を提供するとしている自治体が多いが、いくつかの自治体では「トライアルサウンディング」という試用期間を設けるようになってきている。

図表Ⅱ-4-7　民間提案の動き

年月日	見出し	内　容
2019/9/18	公共施設運営に民間提案制度＝岡山県津山市	岡山県津山市は、公共施設の管理や運営方法に関する民間提案制度を創設した。市が進めているPPP推進の一環。民間の知見を活用することで市民ニーズを的確に把握し、収益性のある公共サービスにつなげたい考えで、10月に提案書類を受け付け、審査を行う。
2019/10/4	保育士求人フェアに出展＝埼玉県戸田市	埼玉県戸田市は、保育士専用の求人フェアやサイトを運営するネクストビートと、保育士支援に関する連携協定を締結する。同社が全国各地で開催する保育士求人フェアに市のブースを出展、求人サイトに市の特集ページを設置する予定だ。企業などから市政に関する提案を募る「公民連携ファーム」の窓口に同社から相談が持ち掛けられ、協定締結が実現。
2019/10/21	無人島の利活用でアイデア募集＝サウンディング調査実施－三重県志摩市	三重県志摩市は、市が所有する英虞湾内の無人島「多徳島」の利活用を進めるため、民間事業者と対話を通じて市場性やアイデアなどを把握する「サウンディング型市場調査」を実施する。10月から参加事業者の募集を開始し、事業者からの提案書などの提出を受け付ける。
2019/11/28	企業からの提案窓口設置＝一元化で相談しやすく－仙台市	仙台市は、地域課題解決に向けた企業などからの提案を受け付ける窓口「クロス・センダイ・ラボ」を開設した。これまで企業などがばらばらに各部署に持ち込んでいた相談や提案を一元的に受け付け、実現に向けて適切な部署につないだり実証実験をサポートしたりする。
2020/2/6	サウンディング調査を実施＝交流センター整備で－高松市	高松市は、地域振興のイベントなどを開く「高松市地域交流センター」（仮称）の2021年度オープンに向け、民間事業者の意見を取り入れる「サウンディング調査」を通じてアイデアを募集している。調査に参加することで事業者選定の際に加点される「インセンティブ付与型」は市内で初めて。
2020/2/14	命名権導入へ事業者と個別対話＝神奈川県茅ヶ崎市	神奈川県茅ヶ崎市は、施設へのネーミングライツ導入に向け、事業者と個別に対話する「サウンディング型市場調査」を実施している。導入可能性の把握と、最適な募集条件を探るのが狙いだ。
2020/2/27	「公民共創デスク」新設＝宮城県塩釜市	宮城県塩釜市は2020年度、行政課題の解決に向け官民連携を強化するため、「公民共創デスク」を財政課内に新設する。コーディネーター役として、企業や大学、庁内から集めたアイデアやニーズをマッチングさせ、事業化につなげる。
2020/6/5	運転寿命延伸にシミュレーター導入＝宮城県七ヶ浜町	宮城県七ヶ浜町は、高齢者向けにドライビングシミュレーター2台を導入した。運転訓練と脳年齢の測定ができる。持ち運びが可能で、各地区の集会所を回って活用する方針だ。安全に運転ができる「運転寿命」の延伸と、介護予防や地域交流のきっかけづくりが狙い。東日本大震災を機に連携協定を結んでいた企業からの提案で、導入に至った。
2020/6/25	PPP(公民連携)で道路附属物台帳の作成事務が、従来の1/10の時間で実現＝栃木県日光市	栃木県日光市は、古河電気工業とゼンリンデータコムの提案をうけ、実証実験を行った。実証実験は、市道全域（1450km）について、道路パトロール巡回車にドライブレコーダーを搭載し、ドライブレコーダーの映像から道路附属物の位置や属性情報を検出、定期点検の記録様式である点検表を自動作成するシステムの検証を行うもので、従来と比較した結果、作業時間が10分の1に大幅短縮された。
2020/7/8	随意契約を前提とした日光市公共施設等に関する民間提案制度による公募開始について＝栃木県日光市	栃木県日光市では、民間事業者からの視点で公共サービス等を見直し、市民サービスの向上や行政の生産性の向上につながる提案について募集する「日光市公共施設等に関する民間提案制度」を導入した。市有財産として所有する全ての公共施設を対象とし、民間事業者からの提案内容について協議が整った場合には、事業者と随意契約を前提として事業化を進める。
2020/8/31	DMMと包括連携協定＝創業支援や農業振興－大阪府富田林市	大阪府富田林市はこのほど、インターネット関連大手の「DMM.com」と包括連携協定を締結した。創業支援や農業振興、シティセールスなど8分野で連携する。市が昨年10月に「富田林市公民連携デスク」を立ち上げた直後に連絡があり、幅広い分野での連携を決めた。
2020/10/5	上都賀農業協同組合と包括連携協定を締結＝栃木県日光市	栃木県日光市と上都賀農業協同組合は、地方創生を目指した包括連携協定を締結した。日光市では、諸課題を民間企業と協働することで解決を目指す「日光市と民間企業等との協働に関する提案募集制度」の運用をしている。この提案募集制度により、JAかみつがから提案を受け協定を締結した。
2020/10/12	駅舎活用でサウンディング調査＝奈良県橿原市	奈良県橿原市は、無償譲渡を打診されているJR畝傍駅舎の活用方法を探るため、意見やアイデアを募るサウンディング調査を行った。市街地整備課は「駅舎の耐震工事や維持管理の費用など、市の財政負担が不可欠であることも判明した。今後さらに検討した上で、今年度内に無償譲渡を受けるかどうかを判断する」としている。

8. 医療・福祉

新型コロナウイルスの感染拡大防止策として、初診患者から電話やオンラインで診察することが可能になるなどオンライン診療の規制が緩和された。2020年5月には、緊急事態宣言が解除された後も規制緩和を継続することが決定された。

長野県伊那市は、ドローンを利用した買い物支援サービスを始めた。事業にはKDDIと伊那ケーブルテレビジョンが参加している。市街地から離れた4地区の約430世帯が対象。鉄道が無い地域で、バスへの依存度が高いが、冬季には買い物困難

者が生じる。ケーブルテレビの画面からリモコンで商品を注文し、ドローンで配送を行う。ドローンはGPSに加えKDDIが提供する通信ネットワークを利用する。当面の商品数は約100品で、300品目を目標とする。利用者は月1000円、商品の販売店は売り上げの10%を市に支払う。

三重県桑名市は、公立保育園に子供が通う保護者の負担を軽減する支援策として、保護者が希望すれば保育所で調理したおかずをレシピ付きで提供する。延長保育の利用者が多い保育園で実施する。事前に予約した保護者から「参加費」を徴収し、おかずを提供する。3園で月に160食ほどの提供を見込んでいる。

図表Ⅱ-4-8　医療・福祉の動き

年月日	見出し	内　容
2019/10/4	再編協議、前途多難＝地方の反発強く―地域医療	厚生労働省が再編統合が必要な公立・公的病院のリストを公表したことをめぐり、国と地方の代表が話し合う会合が開かれた。リストの公表は、停滞する医療提供体制見直しの議論に一石を投じる意味があるが、地方側は反発。合意形成が難しい課題であることを浮き彫りにした。
2019/10/10	解体市営住宅の火災警報器再利用＝愛知県豊橋市	愛知県豊橋市は、解体予定の市営住宅に設置されている火災警報器を再利用し、高齢者世帯などに設置する。市所有の機材を有効活用するとともに、火災を予防するのが狙い。再利用は、解体予定の市営住宅で訓練を行っていた若手消防職員による発案だという。
2019/10/15	高齢、障害者施設を都営住宅と合築＝東京都多摩市	東京都多摩市は、市が目指す地域共生社会の実現に向けた一環として、市中学校跡地に建て替えられた都営住宅に、高齢者・障害者を対象とした福祉サービス施設を合築した。小規模多機能型居宅介護、就労継続支援B型、障害児が利用できる放課後等デイサービスを提供する。
2019/10/16	録音機能付き電話機購入に補助＝好評で予算増額＝神奈川県愛川町	神奈川県愛川町は、近年増加する電話による特殊詐欺などの防止対策として、会話を自動録音できる機能を備えた電話機の購入費補助制度を開始した。町民の関心が予想以上に高く、9月補正予算で新たに60万円を追加計上した。
2019/11/14	自転車タクシーの活用検討＝堺市	堺市は、自転車タクシーを観光や福祉の分野で活用できないか検討している。市内の主要駅と名所を結び、観光客に風を感じながら市内を巡ってもらうことで、観光の促進につなげる狙い。また、平日は高齢者の外出支援など福祉目的でも活用することを想定している。
2019/11/27	除雪サポーターを募集＝北海道枝幸町	北海道枝幸町は、本格的に雪が降り始める12月を前に「登録除雪サポーター」を募集している。自力で雪を片付けるのが困難な町内の高齢者らの自宅で作業する。担当する住宅1軒につき約3万3000円の謝礼を支払う。
2019/11/29	高齢者ごみ出し支援に特別交付税＝今年度3月分から導入へ―総務省	総務省は、独り暮らしで介護が必要な高齢者や障害者を対象に市区町村が行うごみ出し支援への特別交付税措置を創設する。自力でのごみ出しが困難な高齢者らの自宅への戸別回収などに掛かる経費の5割を特別交付税で手当てする。
2019/12/2	高齢者の誤発進防止で補助制度＝岡山県西粟倉村	岡山県西粟倉村は、高齢者が自動車のアクセルとブレーキを踏み間違えて誤発進しないよう、後付けで設置できる防止装置の購入補助制度を始めた。急発進を抑制する装置を、自身が運転するAT車の普通自動車や軽自動車に取り付けた場合、15万円を上限として購入・設置に掛かった経費の3分の2を助成する。

2019/12/4	町内バス、自由に乗降可能に＝北海道上ノ国町	北海道上ノ国町は、民間バス会社と連携し、町内を走行するバスに利用者が停留所以外でも乗り降りできる「フリー乗降制度」を新たに導入した。運転免許返納などで交通手段を持たない高齢者を対象に、バスの利便性を高めたい考えだ。
2019/12/6	認知症の総合相談窓口開設へ＝神奈川県大和市	神奈川県大和市は、認知症の総合相談窓口「認知症灯台」を開設する。全国的に認知症患者の増加が見込まれる中、市の支援の入り口を明示し、相談しやすい環境を整えるのが狙い。窓口では高齢福祉課の職員7人が応対し、必要に応じて担当課や関係機関に取り次いだり、医療機関を案内したりする。
2019/12/10	モスバーガーで認知症カフェ＝包括ケアモデル事業－東京都足立区	東京都足立区は、認知症の人やその家族、地域住民が交流できる場として認知症カフェをハンバーガーチェーン「モスバーガー」の店舗で開催する。区内のモスバーガーでの開催は2回目。店舗利用者に認知症患者がいることに気付いたオーナーと、包括ケアシステム事業を推進している区の考えがマッチし、モスバーガーでの認知症カフェが実現した。
2019/12/11	返礼品に高齢者見守り＝岐阜県富加町	岐阜県富加町は、ふるさと納税の返礼品に、日本郵便の「郵便局のみまもりサービス」を加える協定を同社と締結した。町に暮らす高齢者宅を郵便局員が訪問するなどし、離れて暮らす家族に生活状況を知らせるサービス。
2019/12/26	在宅医療と介護の連携支援＝山科区にセンター設置－京都市	京都市は、在宅医療と介護の関係者の連携を深めるため、新たに山科区に「在宅医療・介護連携支援センター」を開設すると発表した。8カ所目のセンターで、運営は地区医師会に委託する。在宅医療や介護に精通した専門員を配置し、主に専門職の相談に対応する。
2020/1/6	高齢者の自転車事故対策で実験＝静岡県焼津市	静岡県焼津市は、高齢者の自転車事故削減に向けた取り組みを進めている。市内の私有地で、自転車用ハンプとバンプを使用した実験を昨年12月に実施。減速効果などのデータ解析を進めており、今後は公道での実験実施も視野に入れている。
2020/1/7	安全装置購入の補助開始＝兵庫県赤穂市	兵庫県赤穂市は、高齢ドライバーのブレーキとアクセルの踏み間違いによる重大事故を防ぐため、車両急発進を抑止する安全装置の購入補助を始めた。75歳以上が対象で、最大1万1000円を支給。補助を先行実施する県の2万2000円と合わせ、4分の1の費用で装着できる。
2020/1/8	離島にドローンで生活物資配送＝三重県	三重県は、未来の物流や交通手段として期待される「空飛ぶクルマ」の実現を目指し、同県志摩市の離島でドローンを活用した生活物資を配送する実証実験を実施する。実験を受託した楽天と協力し、住民から楽天アプリなどで注文を受けて、片道約5.4キロの距離を目視なしの自動制御により商品を運ぶ。英虞湾内に浮かぶ人口約70人の間崎島で実施する。
2020/1/15	高齢者見守りロボの実証実験＝兵庫県市川町	兵庫県市川町は、ICTを活用したロボットで高齢者の暮らしを見守るサービスの実証実験を始める。NECが提供する「パペロ　アイ」を2月から2カ月間、65歳以上の世帯に無償で貸し出す。活用状況や効果などを検証した上で、2020年度からの本格導入を目指す。
2020/1/16	LINEで要支援者の安否確認＝兵庫県伊丹市	兵庫県伊丹市は、高齢者や障害者ら災害時に避難支援が必要な市民の安否確認を、無料通信アプリ「LINE」や防災チャットボット「SOCDA」を活用して行う、官民連携のモデル事業を始めた。「AI防災協議会」との共同事業で、各地での普及も視野に入れる。
2020/1/20	高齢者の運転免許返納費を補助＝北海道新冠町	北海道新冠町は、自動車の運転免許証を自主返納した高齢者に1人1回に限り5000円を補助する制度を設けた。対象は65歳以上で運転免許証を返納し、警察から運転経歴証明書を交付された町民。過去5年以内に同証明書の交付を受けた町民もさかのぼって助成する。
2020/1/21	都営住宅に「おとな食堂」＝東京都	東京都は、高齢者が一緒に食事して交流を図る「おとな食堂」の創設に乗り出す。都営住宅の集会所などの活用を想定。入居者の高齢、単身化が進む中、新たな交流の場にしたい考えだ。2020年度予算案に約3200万円を計上し、2カ所の開設を目指す。
2020/1/27	買い物支援、利用向上検討へ＝愛知県豊根村	愛知県豊根村は2015年、村内商店の商品を郵便局員が届ける買い物支援サービス「おつかいポンタ便」を始めた。日々の買い物に支障を来す高齢者の支援のため、日本郵便と連携した全国初の買い物支援サービスだったが、開始から4年以上がたった今も、利用状況は上向かないため、村は原因を分析するなどして対策を検討する。
2020/2/7	車いす移動で実証実験＝空港と駅で介助サービス－全日空、京急など	全日本空輸と京浜急行電鉄、横須賀市、横浜国立大は、障害者や高齢者らが車いすなどを利用してもスムーズに移動できるサービスの導入に向けた実証実験を開始したと発表した。羽田空港第2ターミナルと京急沿線の駅の移動を支援する。
2020/2/14	ギャンブル依存症で対策拠点＝独自の実態調査も－大阪府	大阪府は、ギャンブル依存症の予防や治療、回復支援などを包括的に行う「大阪依存症包括支援拠点」を新たに整備する。カジノを含む統合型リゾートの誘致を目指す中、依存症対策を強化するのが狙い。

2020/3/9	園自粛に伴い保育料軽減＝東京都立川市	東京都立川市は、新型コロナウイルス感染防止対策の一環として、児童の保育園などへの登園を自粛した世帯に対し、日数に応じて保育料を軽減する。3月分の保育料が対象。
2020/3/16	介護や貧困など対処で3部統合＝大阪府枚方市	大阪府枚方市は、2020年度の組織改編で、高齢者介護や障害者サービス、貧困対策など複合的な課題に対処するため、現行の3部を統合し「健康福祉部」を設置する。ワンストップの相談窓口を新設して、支援体制を強化するのが狙い。
2020/3/19	保育所調理のおかず、保護者に提供＝三重県桑名市	三重県桑名市は、公立保育所に子どもが通う保護者に、希望すれば保育所で調理したおかずをレシピ付きで有料で提供する。食育の一環で不規則な食習慣や栄養の偏りを解消し、保護者の夕食作りの負担を少しでも減らすことなどが狙い。
2020/3/24	免許返納高齢者に1万円助成＝広島県庄原市	広島県庄原市は、運転免許を返納した65歳以上の市民に1万円分のタクシー利用券などを配る事業を始める。助成は4月1日以降に免許を返納した高齢者が対象。市内のタクシー会社で使用できる500円券20枚か、バスのIC乗車券1万円分のチャージのいずれかを選べる。
2020/3/26	市単独で発達相談事業＝茨城県鉾田市	茨城県鉾田市は、子どもの発達相談を市内の保健センターで受けられるようにする「母子保健事業」を開始する。昨年11月に県が実施した保健所再編により、市内での相談ができなくなったことを受け、市単独で行うことにした。
2020/3/26	解雇で住居失った人に県営住宅提供＝新型コロナ対策－福岡県	福岡県は、新型コロナウイルスの影響で業績不振となったことを理由に会社から解雇され、現在の住居から退去を余儀なくされた人を対象に、県営住宅や住宅供給公社の賃貸住宅を半額の家賃で一時的に提供する。
2020/4/6	有料ごみ袋を現物支給＝栃木県日光市	栃木県日光市は、低所得の高齢者世帯を対象に、有料ごみ袋の現物支給を始める。対象となるのは、住民税が非課税で65歳以上だけの高齢者世帯。週2回ごみ出しを行う場合、およそ半年分が現物支給される形で、1000円の負担軽減になるという。
2020/4/8	ドラレコで高齢者の運転技能診断＝北海道浦河町	北海道浦河町は、高齢ドライバーの運転中の様子をドライブレコーダーで記録し、運転技能を診断する事業を始めた。診断結果を基に適切な指導・助言を行い、安全運転意識の向上を図る。対象者は65歳以上で自家用車を所有していることが条件。
2020/4/10	医療と介護の連携支援センター設置＝東京都町田市	東京都町田市は、高齢者の総合的な相談窓口の役割を担う高齢者支援センターを医療面でサポートする「在宅医療・介護連携機能強化型地域包括支援センター」を4月1日に設置した。医療と介護の連携体制を整えるのが狙いで、近い将来予想される後期高齢者の在宅療養の増加に対応する。運営は市内の医療法人に委託する。
2020/4/17	水道基本料を1年間6割減免＝大阪府泉佐野市	大阪府泉佐野市は、新型コロナウイルスの感染拡大を受けた経済対策として、契約者の水道基本料金を6月の請求分から1年間、6割減免する。減免額は全体で2億円に上る見込みで、減収分は水道事業の収益から穴埋めする。
2020/4/22	徘徊高齢者を一時保護＝特別養護老人ホームで－高松市	高松市は、警察などに保護された徘徊する高齢者の安全を確保するため、特別養護老人ホームで一時的に保護する「高齢者等緊急一時保護事業」を始めた。受け入れ施設は市内の特別養護老人ホーム10施設。一時保護中に急病になった場合は、市内2カ所の病院が対応する。
2020/4/30	10万円、高齢者に手渡し＝青森・西目屋村	青森県西目屋村は、全国に先駆けて10万円の一律給付金の手渡し支給を始めた。国の2020年度補正予算成立を確認後、75歳以上の単身者のうち希望した人の自宅を、役場職員が直接訪問。詐欺被害への注意を促した上で、給付金の入った封筒を手渡した。
2020/5/15	買い物代行タクシーに定額補助＝松江市	松江市は、買い物代行や飲食物の配送サービスを行うタクシー業者に対して定額の補助金を支給する。市内のタクシー業者に対し、買い物代行や飲食物の配送サービス1回につき1250円を補助する。利用者の支払いを250円と想定している。
2020/5/22	25日から買い物代行サービス＝高齢者対象、月2回無料－東京都文京区	東京都文京区は、高齢者らを対象とした買い物代行サービスを始める。一世帯につき月2回までで、費用は無料。対象は、外出に不安を抱える区内在住の70歳以上の高齢者もしくは障害者。区シルバー人材センターの会員が結成する「シルバー緊急隊」がサービスを担う。
2020/5/25	生活支援で高齢者らに1万円券＝兵庫県明石市	兵庫県明石市は、新型コロナウイルス感染症の緊急事態宣言を受け、外出自粛が続く高齢者らの日常生活を支援するため、出前を頼んだ飲食物の支払いなどができるチケット1万円分を配布する。同時にアンケートはがきも用意し、生活の困り事を聞き取る。
2020/5/28	デイサービス不使用者に介護用品券＝広島県福山市	広島県福山市は、新型コロナウイルス感染拡大による施設の休業などで通所介護を利用できない高齢者らに介護用品券を配布する。介護用品券は1人当たり1万2500円で、市内の登録店で使える。
2020/6/16	若手職員がタクシーで安否確認＝高知県須崎市	高知県須崎市は、新型コロナウイルスで利用者が減少したタクシーを使って、若手職員らによる独居高齢者の安否確認を始めた。高齢者宅の訪問時には市内の飲食業者が作る弁当を配達し、定額給付金申請の説明も行った。

2020/ 6 /17	移動手段確保の先進事業に補助金＝県内4市町の取り組み選定－三重県	三重県は、高齢者の移動手段の確保を進めるため、市町が実施する先進的な取り組みをモデル事業として選定し、補助金を支給する事業を新たに実施すると発表した。応募のあった県内4市町の事業を選定した。
2020/ 6 /26	ダイエット成功で商品券提供＝鹿児島県宇検村	鹿児島県宇検村は、2キロ以上のダイエットに成功すると商品券を提供するなどし、村民に適切な体重の管理を促す「ヘルシーチャレンジ」を実施する。新型コロナウイルス対策の外出自粛による運動不足を解消するのが目的。
2020/ 6 /29	移動スーパーを開始＝茨城県つくばみらい市	茨城県つくばみらい市は、県内を地盤とする食品スーパー「カスミ」と提携し、市内で移動スーパーの運営に乗り出した。自動車の運転免許証返納などに伴い移動手段が限られ、買い物が不便な高齢者が多い地域を中心に巡回する。
2020/ 6 /29	お笑い芸人が買い物代行＝福井県坂井市	福井県坂井市は、市の魅力などを発信する吉本興業のお笑いコンビ「モグモグパクパク」に食事のデリバリーや日用品の購入など5000円以内の買い物を代行してもらう取り組みを始めた。代行サービスは、市民なら誰でも無料。「1000円分のお総菜」「カツ丼二つ」など買い出し内容や配達希望枠を電話で予約する。個別商品、銘柄は指定できず、芸人が一押し商品をセレクトして届ける。
2020/ 7 / 2	コロナ対策で児童1人に1万円＝東京都狛江市	東京都狛江市は、新型コロナウイルス感染症対策の一環として、児童手当などを受給する世帯に児童1人につき1万円を独自給付した。自宅待機などで就労機会が減りがちな世帯を支援するのが狙い。
2020/ 7 / 6	高齢者・障害者の安否確認などの災害時協定を締結＝大阪府豊中市	大阪府豊中市と豊中市介護保険事業者連絡会（247法人）、豊中市障害者居宅介護・移動支援事業者連絡会（89法人）、豊中市障害児者日中活動事業者連絡会（59法人）は、災害時におけるサービス利用者の安否確認等の支援に関する協定を締結した。
2020/ 7 / 7	自販機で高齢者の位置情報把握＝沖縄県宜野湾市	沖縄県宜野湾市は、認知症で道に迷った高齢者の居場所を特定し、家族の携帯端末に自動で知らせるシステムを3カ年計画で導入する。市の支援ネットワークに登録した人に500円玉ほどの小型の発信器を提供し、自動販売機に設置した受信機で現在地を把握。LINEに地図上の位置情報を届ける。捜索の大幅な効率化、迅速化を期待している。
2020/ 7 /22	高齢者に弁当配食＝石川県野々市市	石川県野々市市は、市内で1人暮らしをしている高齢者や高齢者だけで暮らす世帯に「野々市市みまもり弁当」の配食を始める。市内で宅配サービスを行う飲食店の協力を募っており、8月から注文を受け付ける。
2020/ 7 /22	電話のプッシュ操作で安否確認＝栃木県市貝町	栃木県市貝町は、災害時に電話で町民に防災情報の伝達と安否確認が行えるシステムを導入した。町が一斉送信した質問形式のメッセージに対して、町民がプッシュ操作で回答し、自身の状況を伝えることができる。
2020/ 8 / 3	災害時に妊婦らの宿泊費助成＝長野県須坂市	長野県須坂市は、警戒レベル3（避難準備・高齢者等避難開始）以上が発令された風水害発生時に、妊婦らが市内の旅館などに避難する際の宿泊費の一部を助成する。新型コロナウイルス対策として、できるだけ多くの避難先への分散を促すほか、避難生活の不安を軽減することが目的。
2020/ 8 / 6	ドローン活用し買い物支援＝山間地の高齢者ら支える－長野県伊那市	長野県伊那市の山間部地区で、ドローンを利用した買い物サービスが始まった。自治体が運営する取り組みとしては全国初。「ゆうあいマーケット」と名付けられたサービスには、KDDIと地元の伊那ケーブルテレビジョンが参画。利用者はケーブルテレビの画面からリモコンで商品を注文し、ドローンが所定の場所間を配送する。
2020/ 8 /17	移動販売車、需要に応え搭載量倍増＝茨城県利根町	茨城県利根町は、住民向け移動販売車の車両を従来の軽トラックから冷蔵・冷凍庫付きの1.5トントラックに切り替え、商品の搭載量を2倍以上に引き上げた。新車両は町が約800万円で購入。商品は2.5倍の約150種類に増やした。
2020/ 8 /19	買い物代行、1回500円で＝奈良県五條市	奈良県五條市は、市内タクシー会社による買い物などの代行サービスを市民が1回500円で利用できる事業を始めた。新型コロナウイルスで売り上げに影響を受けた市内店舗や外出自粛中の市民への支援が目的。今年度限定。対象となるのは市内二つのタクシー会社の代行サービス。通常は30分まで2000円、以降15分ごとに500円だが、1回の代行につき500円で利用可能。
2020/ 8 /31	福祉の総合相談窓口開所＝埼玉県志木市	埼玉県志木市は、障害者や高齢者、子ども、生活困窮者らに関するさまざまな悩み事を受け付ける基幹福祉相談センターを開所する。相談先が分からない場合や複合的な問題に対応する窓口となる。

9. 交通

新型コロナウイルスの感染拡大や観光客の減少によって交通機関が大きく影響を受けていることから、客席に貨物を積んで輸送する貨客混載が広がっている。タクシーを利用して飲食店のデリバリーをする取り組みも始まった。自治体も、これらの事業者に対する支援を行っている。航空会社も、貨物室に加えて客席や手荷物収納スペースを利用して貨物輸送を行っている。また、利用者の利便性向上のためにMaaS（Mobility as a Service）の取組みが加速している。MaaSは、既存の交通サービスの利便性を向上させるための情報連携、スマホ支払いなどを活用した異なる交通機関を利用した場合の料金支払いの簡便化、医療や福祉等の付加価値の追加など、さまざまな形態がとられている。

地方の公共交通を維持するため、乗り合いバスへの独禁法の適用が除外された。熊本市を中心に路線バスを運行している5社は、共同経営を行うことで合意し、2020年4月に準備室を設立した。九州産交バス、産交バス、熊本電気鉄道、熊本バス、熊本都市バスが重複する路線の見直しや運賃の調整などを行うことが可能になり、経営効率が上がり路線の維持がしやすくなると考えられる。20年度中に共同経営計画を策定し国の認可取得を目指している。

地域の交通維持のために、自治体が多額の補助をしていることも多いが、それで利用者が増加しても財政負担が過重になることもある。兵庫県宍粟市は、15年に公共交通を再編しそれまで市内移動で最大1360円かかっていたバス運賃を200円の定額制に改定した。これにより、11年度に26万人だったバス利用者は15年度に15.5万人に落ち込んでいたものが28.6万人に増加した。その一方で、市の支出は15年度に3000万円だったものが18年度には1.4億円へ増加している。

図表Ⅱ-4-9　交通の動き

年月日	見出し	内　　容
2019/10/ 2	十勝地方でMaaS実験＝実用化へ効果検証－北海道	北海道は、十勝地方で次世代交通サービス「MaaS」の実証実験を開始した。MaaSはスマートフォンを介して、目的地までの最短ルートや所要時間、交通機関の利用料、観光情報などを一体的に把握できるサービス。道はJR北海道やバスなど既存の交通機関を生かし、便利でストレスのない移動の実現を目指す。
2019/10/ 2	乗り合いバスを試行導入＝岡山県奈義町	岡山県奈義町は、自家用車による移動が困難な高齢者が増加していることを受け、有料の予約制乗り合いバスを試行導入した。決まった運行路線、時刻はなく、利用者の予約に応じて路線が変わるのが特徴。
2019/10/ 4	宅配業者と住民らで貨客混載＝鳥取県	鳥取県は、宅配業者とタクシー事業者、地域住民の3者で、人と荷物を同じ車両で運ぶ「貨客混載」をし、地域住民が荷物の配送や集荷の一部を担う事業の実証実験を始める。県は実験を基にマニュアルを作り、2020年度から本格運用を目指す。
2019/10/ 4	AI活用の乗り合いタクシー運行＝鹿児島県肝付町	鹿児島県肝付町は、AIを用いて効率的に配車する乗り合いタクシー「肝付町おでかけタクシー」の運行を始めた。NTTドコモとの連携事業で、町は過疎化や高齢化が進む中、新たな交通手段として期待している。町内の3エリアで、週3日運行。
2019/10/15	ダイハツと香川県三豊市、福祉業務効率化へ連携協定	ダイハツ工業は、福祉介護分野の業務効率化や高齢者の移動支援に向けた連携協定を香川県三豊市と結んだと発表した。同社は通所介護施設の利用者の送迎経路を最適化するシステムを販売しており、ノウハウを生かしたサービスを検討する。

2019/10/24	AIで相乗りタクシー実験＝MaaS導入に向け－静岡市	静岡市は、静岡鉄道や静岡商工会議所などと次世代交通サービス「MaaS」の導入に向け、AIが最適な経路を判断する相乗りタクシーの実証実験を始める。静岡鉄道が発行する「ルルカカード」の会員で、クレジットカードで決済するなら市民以外も使える。
2019/10/29	BRT総括「利用者目線の取り組み不十分」＝中原新潟市長	新潟市の中原八一市長は、2015年に導入したバス高速輸送システム（BRT）の総括を発表した。利用者数の増加など効果が出ている一方、市民の満足度が低い。BRTは、バス路線の廃止や減便による利用者数減少という悪循環に歯止めをかけるため、公設民営方式でスタート。
2019/10/29	地域公共交通で住民参加検討会＝大阪市生野区	大阪市生野区は、地域公共交通の活性化を目指し、住民や事業者が参加する検討会を発足させる。高齢化が進み、運転免許の自主返納が増える中、新たな交通手段の導入に向けた課題を探る狙いがある。検討会には、公募した住民50人や行政のほか、タクシー会社などの事業者も参加。
2019/11/ 7	MaaS実証実験で基本協定＝共通アプリで連携－前橋市など	前橋市とジョルダン、NTTドコモ、未来シェア、NTTデータ、群馬大学の6者は、次世代交通サービス「MaaS」の実証実験に向けた基本協定を結んだ。スマートフォンのアプリを介して鉄道や路線バス、デマンドバス、自動運転バスといった複数の公共交通を一括して予約・利用できるようにする。
2019/11/20	免許返納、全交番での対応検討＝城田川越町長との対談で＝鈴木三重知事	三重県の鈴木英敬知事は、同県川越町役場で、城田政幸町長との公開対談に臨んだ。鈴木知事は、高齢者の運転免許証の返納窓口の拡充に関連し、県内全ての交番と駐在所で免許返納ができないか県警が検討を進めていることを明らかにした。
2019/11/20	合意形成や手続き簡素化＝自家用車運送で特例検討－国交省	国土交通省は、交通空白地域で自治体やNPOなどが自家用車で地域住民らを運ぶ制度を利用しやすくするため、関係者間の合意形成や申請手続きの簡素化などを進める方針を決めた。バスやタクシー事業者と協力体制を築いて導入する場合、特例措置を設ける方向で検討している。
2019/11/21	公共施設にシェアサイクル拠点＝沖縄県宜野湾市	沖縄県宜野湾市は、シェアサイクル事業の推進で、地元企業などと連携協定を締結した。市内の公共施設の余剰スペースにサイクルポートを設置し、市内の拠点を増やすことで、シェアサイクルの認知度や利便性を高めるのが狙い。2020年10月までに公共施設15カ所での展開を目指す。
2019/12/ 5	「車通勤自粛月間」試行へ＝北海道小樽市	北海道小樽市は、市内の官公庁や企業、団体に協力を求め、「冬期間マイカー通勤自粛キャンペーン」を試行する。公共交通機関の利用を促し、地域の足を支えるバスや鉄道事業などを活性化させるのが狙い。
2019/12/17	商業施設を乗り換え拠点に＝バス路線を再編－北海道釧路市	北海道釧路市は、JR釧路駅を中心として放射状に展開している民間のバス路線網を見直す。ショッピングセンターなど住民が集まる拠点を幹線路線で結び、住宅街などに向かう支線とつなぐ形に再編するのが柱。商業施設や総合病院に乗り換え拠点を設置して利便性を高め、バス利用を促す。
2019/12/18	地域版ライドシェアで実証実験＝北海道厚真町	北海道厚真町は、地域おこし協力隊と連携し、ドライバーと利用者の需要をマッチングさせる「ライドシェア」の実証実験を3日間行った。実験にはドライバーを務める男女約10人が道内外から参加。町のホームページなどを通じて、利用者を募集した。利用者はあらかじめ発着点や出発時間を電話で担当者に連絡。付近のドライバーが向かう。
2019/12/19	キャッシュレス決済導入に補助＝地方のバス事業者ら対象－国交省	国土交通省は、地方部のバスやタクシーといった公共交通事業者がキャッシュレス決済やAIデマンド交通のシステムなどを導入する場合、費用に対する補助を行う方針だ。「MaaS」の普及に向けた基盤整備を促すのが狙いで、システム導入で円滑な決済や運行が実現されれば、事業者の生産性の向上にもつながると期待する。
2020/ 1 / 6	通勤は「パーク＆ライド」で＝駐車料、公費で半額負担－地域交通の利用促す・茨城	職員の9割が車通勤する茨城県は2020年度、高速道路料金の支給手当を制限し、マイカー通勤の在り方を見直す。郊外の駐車場に車を止めてバスや鉄道に乗り換える「パークアンドライド」を促進し、公共交通機関を活性化させるのが狙い。
2020/ 1 / 7	トヨタ、静岡に実証都市＝自動運転、AIの開発加速	トヨタ自動車は、2020年末に閉鎖予定の東富士工場跡地に実証都市を建設する計画を発表した。21年初頭に着工し、当初はトヨタの従業員や関係者ら2000人程度が入居。自動運転やAI、ロボットのほか、家電や住宅設備をインターネットでつなぐスマートホームなどの先端技術を導入し、開発を加速させる。
2020/ 1 /10	高齢者に安全運転支援装置補助＝愛知県設楽町	愛知県設楽町は、高齢者を対象に、安全運転支援装置を搭載した新車購入と、同装置の購入・設置費への補助を始めた。70歳以上が対象。自動ブレーキと急加速抑制装置を搭載した新車購入には5万円、急加速抑制装置の購入・設置にも5万円を上限に経費の5分の4以内を補助する。

日付	見出し	内容
2020/ 1 /21	200円定額でバス利用者増加＝兵庫県宍粟市	兵庫県宍粟市が2015年に実施した公共交通の再編が高い成果を上げている。市内の移動で最大1360円掛かったバス運賃を、目的地まで路線を乗り継いでも追加料金が発生しない定額200円に改定。29ある自治会のすべてにバス停を設け、交通空白地域を解消したこともあり、利用者が大きく回復した。ただ、公費による補助にも限りがあるため、利便性維持と財政負担のバランスの在り方を探っている。
2020/ 1 /27	乗り放題タクシー検討＝東京都武蔵野市	東京都武蔵野市は、2014年施行の地域公共交通活性化再生法に基づき、地域公共交通網形成計画を新たに策定した。期間は20年度から25年度までの6年間。自宅と指定目的地の間を定額で一定期間利用できる「乗り放題タクシー」や、コミュニティーバスと貸し出しベビーカーを組み合わせた「バス＆ベビ吉」サービスの充実を掲げた。
2020/ 1 /27	熊本のバス5社、共同経営で合意＝独禁法特例法で課題に対処	熊本市を中心に路線バスを運行している民間事業者5社は、重複する路線の見直しや運賃調整などを行う共同経営への移行で合意したと発表した。バス利用者の減少や運転士不足といった課題に共同で対処し、利便性の高いサービスを追求するのが狙い。
2020/ 1 /29	MaaS推進で担当部長＝静岡市	静岡市は2020年度、次世代交通サービス「MaaS」を推進するため、都市計画部の「交通政策担当部長」を「交通政策・MaaS担当部長」に改める。担当部長の配置とともに、交通政策課には「次世代交通推進係」を新設する。
2020/ 2 / 4	地域交通へのMaaS導入支援＝兵庫県	兵庫県は、地域交通の利便性を高めるため、県内市町が次世代交通サービス「MaaS」を導入する際の支援に乗り出す。ICTを活用した経路検索や予約などを想定しており、2020年度当初予算案に関連経費を盛り込む方針。
2020/ 2 / 7	バス・鉄道乗り放題で利用率増＝MaaS社会実験－宇都宮市など	宇都宮市は、交通事業者らと実施した「MaaS」社会実験の結果を発表した。実験では路線バスや鉄道の一部区間を乗り放題にして交通手段の変化を調査。期間中の利用率はバスで約1.4倍、鉄道で約3.8倍増えたほか、外出頻度の増加も確認された。
2020/ 2 /12	「ユニバーサルMaaS」の実証実験に参加＝神奈川県横須賀市	神奈川県横須賀市は、全日本空輸と京浜急行電鉄、横浜国立大学とともに、障害者や高齢者といった介護が必要な人でも車いすなどを利用してスムーズに移動できる「ユニバーサルMaaS」の実証実験に参加している。2020年度中の実用化を目指すとともに、参加者を増やしていく考えだ。
2020/ 2 /12	次世代交通サービスの実用化に向けて「加賀MaaSコンソーシアム」発足＝石川県加賀市	石川県加賀市は、MaaS Tech Japanや日本総合研究所など8社と連携し、「加賀MaaSコンソーシアム」を立ち上げた。MaaSを用いた効果的な交通政策について考察、検討することで、市民や観光客の移動の自由を保障するとともに、過度なマイカー依存型社会からの脱却と域内の経済活動の活性化を推進していく。
2020/ 2 /17	住民の足に公用車活用で実験＝三重県紀北町	三重県紀北町は、高齢化が進む住民の移動手段を確保するため、公用車を活用して有償で運ぶ実証実験を新たに始める。町内には、国道沿いに路線バスが運行しているものの、タクシー会社はなく、買い物や病院への通院など地域住民の足の確保が課題となっていた。町によると、県内自治体で同様の取り組みは聞いたことがないという。
2020/ 2 /27	企業の通勤バスを市民の足に＝モネと「BaaS」実験―静岡県湖西市	静岡県湖西市は、企業が運行している従業員の通勤用バスを市民の足として使うため、今夏にも実証実験を始める。ソフトバンクやトヨタ自動車などが出資する次世代の移動サービス会社「モネ・テクノロジーズ」と業務連携協定を結び、配車アプリなど同社の先端技術を活用して市民のニーズに合った運行方法を探る。「MaaS」をもじった「BaaS」事業と名付けた。
2020/ 3 / 6	医療分野でMaaS活用＝広島県福山市	広島県福山市は、次世代交通サービス「MaaS」の医療分野での活用を推進する。医療機関に行く高齢者らの移動手段確保といった課題に対応したい考え。MaaSで通院時の交通手段や診察の予約などを連動して行うことで、自宅と医療機関のスムーズな移動や病院での待ち時間短縮などが期待できる。
2020/ 3 /19	私鉄市営化で運賃大幅引き下げ＝神戸市	神戸市は、市北部への玄関口の谷上駅と中心部にある新神戸駅を結ぶ私鉄の北神急行電鉄について、市営化し、既存の市営地下鉄と一体運行を始める。運賃は現行のほぼ半額と大幅に引き下げる。利便性向上と沿線活性化を図り、人口減少対策にもつなげるとともに、有馬温泉など観光名所がある北部から市の都心・三宮へのアクセスを向上させる。
2020/ 4 /14	5人以上乗車に運賃補助＝JR芸備線利用促進へ－広島県庄原市	広島県庄原市は、5人以上のグループで乗車した市民への運賃補助など、JR芸備線の利用促進策を始める。5人以上の市民が市内の駅で乗車し、隣の市の主要駅まで利用した場合、その区間の普通運賃の3分の2を補助する。
2020/ 4 /17	新型コロナで廃線前倒し＝札沼線の一部区間が終了―JR北海道	JR北海道の札沼線は、北海道医療大学～新十津川間の運行を終え、85年の歴史に幕を下ろした。感染拡大防止のため、最終運行を連休最終日の5月6日から4月24日に変更。政府が緊急事態宣言の対象を全国に拡大し、日程をさらに繰り上げた。

2020/ 4 /22	人や車の流れ、データ分析し公表＝新型コロナ対策―神戸市	神戸市は、新型コロナウイルス対策の一環で、地下鉄で移動する人や車の流れ、繁華街での歩行者数などのデータを分析して市ホームページで公表する取り組みを始めた。
2020/ 5 / 7	空きスペースで貨物輸送＝コロナで旅客激減―航空・タクシー	新型コロナウイルスの感染拡大による旅客需要の激減で苦境に立たされている航空会社やタクシー会社が、空きスペースを活用した貨物輸送に力を入れている。全日本空輸は旅客機の客席にマスクを積んで海外から日本へ輸送。雇用維持を狙うタクシー業界では、店内営業を自粛する飲食店から料理の宅配受託が始まった。
2020/ 5 /11	飲食店の料理、タクシーで宅配＝鹿児島県指宿市	鹿児島県指宿市は、飲食店が販売する持ち帰り用の料理をタクシーで市民に届ける事業を始める。新型コロナウイルス対策の一環で、客が減った飲食店だけでなく、観光不振で苦境のタクシー事業者も支援する。
2020/ 5 /27	バス・鉄道路線維持へ自治体積極関与＝改正地域交通活性化法が成立	地方のバスや鉄道の路線維持に向けて自治体が積極関与する仕組みを盛り込んだ改正地域公共交通活性化再生法が成立した。既存事業者が路線の廃止を届け出る前の段階から自治体が関係者と協議し、他の事業者やコミュニティーバスによる運行といった維持方針を策定。公募で新たな事業者を決定できるようにする。
2020/ 5 /28	高齢者タクシー初乗り無料に＝北海道北斗市	北海道北斗市は、新型コロナウイルス対策で、高齢者が感染リスクを抑えながら通院や買い物ができるよう、タクシーの初乗り料金が無料になるチケットを配布する取り組みを始める。対象となるのは、来年3月末までに75歳以上になる人がいる約5600世帯。
2020/ 6 / 1	高齢者にタクシーパス＝福島県桑折町	福島県桑折町は、70歳以上の高齢者らを対象に、500円で町内どこでも乗り放題のタクシー券「おでかけパス」を配布する事業を始めた。70歳以上の高齢者のほか、運転免許証を自主返納した町民らが対象。町外へ移動する場合は差額分を支払う。
2020/ 6 / 9	タクシー事業者に1台5万円＝秋田県	秋田県は、新型コロナウイルスによる利用自粛で打撃を受けたタクシー事業者に、車両維持補助として1台当たり5万円を交付する。公共交通機関の経営を下支えすることで、高齢者らの移動手段を確保する狙いだ。
2020/ 6 /22	県全域でDXを推進＝新型コロナ後見据え、戦略―長野県	長野県は、デジタル技術を活用して業務プロセスを改変する「デジタルトランスフォーメーション（DX）」を県全域で推進するため、実施方針を具体的に示した「長野県DX戦略案」をまとめた。
2020/ 7 / 9	高齢者らにタクシー利用券＝コロナ対策第3弾―大津市	大津市は、新型コロナウイルス感染症対策パッケージ第3弾を発表した。パッケージには、高齢者らに外出を支援するタクシー利用券を交付する事業や若手職員の提案による市内での結婚披露宴の開催を支援する事業などを盛り込んだ。
2020/ 8 /17	バス、タクシーに支援金＝埼玉県川越市	埼玉県川越市は、新型コロナウイルスの感染防止対策を講じるバス・タクシー事業者を支援する。市内を走る路線バスやタクシーを市民が安心して利用できるよう、運行事業者に対策を促すのが目的。
2020/ 8 /19	MaaS実用化へ住民送迎実験＝富山県朝日町	富山県朝日町は、スズキや博報堂とともに、次世代交通サービス「MaaS」の実用化に向け、自家用車を活用した住民の送迎サービス「ノッカルあさひまち」の実証実験を始めた。国の「自家用有償旅客運送」制度を活用する。
2020/ 8 /21	JRバス関東と包括協定＝地域課題解決と災害対応強化―長野県伊那市	長野県伊那市は、交通網の維持を通じた医療や観光、産業振興とともに、災害時の対応力強化を目指し、ジェイアールバス関東と包括連携協定を結んだ。国内外の来訪者が利用する交通、宿泊、買い物などについて、サービス提供から決済までの流れを円滑に行うとともに、一括管理する仕組みを整える。
2020/ 9 / 1	GS維持、自治体含め議論を＝「民間では困難」―ENEOS SHD社長	石油元売り最大手ENEOSホールディングスの大田勝幸社長は、過疎地などでガソリンスタンド（GS）が減少し、地域の生活に支障が生じている問題について、「（解決は）民間だけでは困難」との認識を示した。その上で、GS網の維持には自治体を含めた議論が必要との考えを強調した。
2020/ 9 /16	運行続ける路線バスを支援＝京都府	京都府は、新型コロナウイルスの影響で乗客が激減しながら運行を続けている地域の路線バス事業者を支援する。地域の路線バスや鉄道は、緊急事態宣言の発令中も混雑回避や社会的必要のため運行を継続した。京都府は府内の複数の自治体を結ぶ路線バスを運行し、国の運行経費の補助を受ける事業者に対し、残りの2分の1も補助することにした。
2020/ 9 /17	謎解きで電車・バス利用促進＝愛知県豊橋市など	愛知県豊橋市など8市町村で組織する東三河地域公共交通活性化協議会は、電車やバスを利用して楽しむ「東三河リアル謎解きゲーム」を開催する。新型コロナウイルス感染拡大で利用者が減っている公共交通の利用促進が狙い。
2020/ 9 /23	地域交通の運行維持支援＝福井市	福井市は、新型コロナウイルスの影響で利用者が大幅に減少した地域公共交通事業者を財政支援する。安定した運行の維持と利用回復に向けた環境を整え、地域生活に不可欠なインフラを支えるのが狙い。

年月日	見出し	内容
2020/ 9 /25	医療型デマンドタクシーが復活＝新潟県関川村	新潟県関川村は、医療機関を巡る予約制デマンドタクシー「えぶり号」の実証運行を5年ぶりに復活させた。もともと2015年9月に実証運行を開始したが、利用者が少なく6カ月ほどで打ち切られた。ただ、聞き取り調査の結果、高齢者の移動手段として復活を求める声があったことから、8月初旬、運行を再開させた。21年度の本格運行を目指す。
2020/ 9 /28	市民バスの路線再編＝デマンド型交通を試験導入―宮城県富谷市	宮城県富谷市は、市民バスの路線を6路線31便から5路線40便に統廃合する。利用者が多い2路線は1日当たり14便から27便に重点的に増便。一方、路線を休止したり便数を減らしたりした地域では、デマンド型交通を試験的に導入する。
2020/ 9 /28	新幹線予約サイトで沿線MaaSと連携＝JR東海・西日本	JR東海とJR西日本は、新幹線のインターネット予約・チケットレス乗車サービス「EXサービス」と、沿線各地の複数の交通手段を組み合わせて移動できるサービス「MaaS」を連携する取り組みを試験的に始めたと発表した。
2020/ 9 /29	公共交通、高齢者は3カ月無料＝堺市	堺市は、65歳以上の市民が公共交通機関を無料で利用できる「おでかけ応援利用促進事業」を開始する。市が発行している専用カードがあれば、市内を走る路線バス、阪堺電車と堺市乗合タクシーに3カ月間無料で乗車できる。

10. 環境・農業

　農林水産省は2019年度を「スマート農業元年」と位置付けて自動運転の農機やドローン、ロボットなどを利用したスマート化の実証実験を開始し、20年度はさらに中山間地などでの実証を拡大し、事例集を公表した。石川県輪島市は、スマート農業機械の導入費を助成する事業を開始した。

　岡山県西粟倉村と三井住友信託銀行は「森林信託」事業を開始した。山主が山の所有権を銀行に預けて運用を任せ、村内の森林管理を専門に行う会社が森林整備や木材の販売を行う。山主は生じた利益の一部を信託受益配当として受け取ることができる。契約は5年ごとに更新する。20年8月には第一号となる信託契約を村外に住む地主との間で結んだ。同村は面積の9割以上を森林が占めているが、所有者の約4割は村外在住。これまでも、役場が所有者から森林を預かり間伐等を行う事業を実施していた。

　千葉県富里市は、財政がひっ迫する要因ともなっている公共施設の電気料金削減に向けて、民間事業者と共同で特別目的会社を設立する。対象とするのは市役所や小中学校、体育館などの公共施設の他、道路照明灯、ポンプ場、家庭用雑排水処理場等の公共施設全般。選定されたグループは、アジア航測を代表企業とし、出光興産と綜合警備保障で構成している。市とアジア航測、綜合警備保障が50万円ずつ出資してSPCを組成し、SPCは出光興産の取次業者として契約管理や料金徴収などを行って取次手数料を得る。費用圧縮効果が年間550万円、取次手数料としての利益で年1250万円を見込む。契約期間は5年間。市が負担している電気料金は19年度で約1億3000万円。

図表Ⅱ-4-10　環境・農業の動き

年月日	見出し	内容
2019/10/ 8	伐採・再造林で森林組合と協定＝松江市	松江市は、市有林の整備や伐採、再び木を植える「再造林」を計画的に進めようと、松江森林組合と連携協定を締結した。組合は業務量などが見通しやすくなり、雇用の安定につながると考えている。

2019/10/21	エコ企業に認定制度＝沖縄県宮古島市	沖縄県宮古島市は、環境とSDGsに配慮した企業を増やすため、「エコアクション・カンパニー認定制度」を創設した。地下水やサンゴ礁の海を守り、ごみのない島を目指す動きを広げるのが狙い。認定企業には3段階の階級を設定。
2019/10/24	全養豚場への防護柵設置で補助＝岩手県	岩手県は、家畜伝染病「豚コレラ」の感染拡大を予防するため、イノシシなどの野生動物侵入防止を目的に防護柵を設置する養豚農場向けに費用を補助する。県内全養豚場への設置完了を目指し、9月補正予算案に事業費3億500万円を追加提出した。
2019/10/25	生産緑地制度を導入へ＝法施行受け再検討－広島市	広島市は、農地にかかる固定資産税を軽減する生産緑地制度の導入に向け、検討を始めた。制度導入は、農地の生産高に比べ固定資産税が年々上昇していることなどを踏まえたもの。特に若手農家からの要望が多いという。
2019/10/31	県産材活用促進へ協議会＝山梨県	山梨県は、県産木材の活用促進を目指す官民協議会「Yamanashiウッド・チェンジ・ネットワーク」を設立した。林業や木材関係団体のほか、商工団体が加わり、民間建築物への木材利用に向けて情報共有や技術支援を行う。
2019/11/5	水田の高収益化作物転換に助成＝都道府県の推進計画を支援－農水省	農林水産省は2020年度、水田を野菜や果樹といった「高収益作物」を育てる農地に転換する農家への助成を拡充する。都道府県が作成する推進計画に基づく転換に対し、最長5年間のインセンティブを付与する。
2019/11/7	有機農業で新ブランド＝山形県鶴岡市	山形県鶴岡市に拠点を置くまちづくり会社のヤマガタデザインは、市や地元JAと連携し、有機農業の新ブランド「SHONAI ROOTS」を立ち上げた。有機農産物の付加価値をさらに高め、地元農家の所得向上を目指す。
2019/11/14	森林組合強化で法改正へ＝事業譲渡、分割可能に－林野庁	林野庁は、森林組合の経営基盤を強化するため、森林組合法改正に向けたたたき台を自民党林政対策委員会に示した。組合間で事業譲渡をしたり、特定事業を分割したりできるようにするのが柱。2020年の次期通常国会への改正案提出を目指す。
2019/11/18	ジビエ処理加工施設を開設＝広島県東広島市	広島県東広島市は、イノシシやシカの食肉を有効活用し、農作物などへの被害を減らすため、処理加工施設を開設する。衛生管理基準や流通規格を満たし、安全で良質な肉に処理する施設にお墨付きを与える農林水産省の「国産ジビエ認証」を今年度末までに取得。地元産ジビエのブランド化を進め、地域活性化を図る。
2019/12/12	水産業振興条例で最終案＝「競争力ある養殖業」明記－三重県	三重県は、水産業の健全な発展や豊かな漁村の構築を目指す「県水産業及び漁村の振興に関する条例」の最終案を県議会常任委員会に示した。最終案は、競争力のある養殖業の構築や災害に強い水産基盤の整備などの内容を盛り込み、水産業の振興につなげる。
2019/12/13	農業ドローン普及に本腰＝兵庫県姫路市	兵庫県姫路市は、農業分野でのドローンの普及啓発に本腰を入れる。このほど、東京都内の企業が開発した、自動で飛行し薬剤を散布する国内初の農業用ドローンのデモンストレーションを市内で開催。今後活用に向け、農家による国の補助金活用を支援していくほか、小規模農家でも利用できるサービスの構築に協力していく。
2019/12/13	農業分野で民間業者と連携＝兵庫県姫路市	兵庫県姫路市は、市に進出する農業分野の6次産業化企業「ワールドファーム」と協定を結んだ。市は、30～50ヘクタールの農地をはじめ、加工工場建設地の確保などで支援していく。
2019/12/16	閑散期の副業に酪農業紹介＝北海道羅臼町	北海道羅臼町は、町内在住の漁業関係者らを対象に、閑散期の副業として酪農の仕事をマッチングする事業を開始した。説明会を開き、興味を持った人に働き先の酪農家を紹介する。年間を通じて働ける環境の整備で所得向上を手助けし、酪農家の人手不足解消にもつなげる。
2019/12/19	大学生開発のジビエ料理公開へ＝山口県	山口県は、県立大学の学生に開発を依頼した野生鳥獣の肉（ジビエ）を使った料理のメニューを今年度中に公開する。栄養士などの専門家の卵でもある若者の発想を生かしながら、ジビエ料理の普及拡大につなげたい考えだ。
2019/12/25	太陽光発電の新設規制＝景観維持へ条例制定－福島県大玉村	福島県大玉村は、村内の緑豊かな自然環境を守るため、太陽光発電設備の新設を規制する条例を制定した。条例の対象となるのは、太陽電池の合計出力が10キロワット以上の設備。建物の屋根や屋上に設置するタイプは除く。
2019/12/26	IoT活用でイチゴ栽培＝青森県八戸市	青森県八戸市は、NTT東日本とIoTを活用したイチゴ栽培の共同実証試験を始めた。市農業経営振興センターのイチゴハウス（約130平方メートル）に、NTT東日本から提供を受けたIoTセンサーとカメラを設置。センサーでハウス内の温度や湿度、土壌水分量を測定し、カメラを使って暖房機の稼働状況を遠隔監視する。
2020/1/5	広がる地方公務員の副業＝人手不足で年4万件超	人手不足を背景に地方公務員の副業が広がっている。副業には自治体の許可が必要だが、総務省によると、2018年度の許可件数は全国で4万1669件に上る。社会貢献につながる副業をしやすいよう環境整備を進める自治体もある。
2020/1/7	マグロの未利用部位を有効活用＝給食や再生可能エネに－那覇市	那覇市は、市内で水揚げされるマグロのうち、利用されず捨てられている部位を有効活用できないか探るため、調査を始める。胃袋の給食への活用や、骨や頭などの再生可能エネルギー燃料としての利用を検討する。

2020/ 1 / 9	地域新電力会社設立へ＝温室ガス削減へ再生エネ普及―広島県東広島市	広島県東広島市は、中国電力の子会社や広島銀行、広島ガスなどと協力し、地域新電力会社「東広島スマートエネルギー」を設立する。新会社は市内の住宅で太陽光で発電された電力を買い取るほか、自ら再生可能エネルギー発電施設を設け、市の公共施設に電力を販売する。
2020/ 1 / 9	調整区域に観光農園許可＝農村振興へ新開発基準―栃木県	栃木県は、市街化調整区域に観光農園や農村レストランなどの建築を認める開発許可基準を創設し、4月から運用を始める。年々利用者数が伸びるこうした施設の建築を促し、農村地域の活性化につなげたい考え。宇都宮市を除く県内全市町が対象。
2020/ 1 /21	温室ガス削減に30兆円投資＝政府、環境新戦略を策定	政府は、統合イノベーション戦略推進会議を開催し、温室効果ガス排出量の抜本的な削減に向けた新戦略「革新的環境イノベーション戦略」を決定した。今後10年間に官民合わせて30兆円の研究開発投資を行い、2050年までに世界全体の二酸化炭素排出量を上回る削減を可能とする技術確立を目指す。
2020/ 1 /24	分散型エネルギーの推進計画策定済みおよび策定中は64団体＝うち56団体がバイオマスを計画に盛り込む―自治総合センター依頼調査・地方行財政調査会	地方行財政調査会は、全国の都市および東京都特別区を対象に、市区が核となって需要家、地域エネルギー会社及び金融機関等と連携して立ち上げる、バイオマス、風力、廃棄物等の地域資源を活用した地域エネルギー事業の計画を策定しているかどうかについて調査した。「策定済み」と回答したのは、札幌など4政令指定都市、岡崎など2中核市を含む計56団体。
2020/ 1 /30	空き家バンク制度、一部改定＝農地付きも登録可能に―鈴木新潟県燕市長	新潟県燕市の鈴木力市長は、農業委員会の農地取得要件を緩和し、市の「空き家・空き地活用バンク」に空き家付属の農地を登録できるようにすると発表した。農地の条件は、①バンクに登録された空き家に付属しており、所有者が空き家の所有者と同一であること②遊休農地、または遊休農地化する恐れがあること―など。
2020/ 1 /31	町内全域に省電力広域通信網＝愛媛県久万高原町	愛媛県久万高原町は、町内全域に低消費電力で長距離の通信ができる新たな技術である「LPWA」を導入する。携帯電話の圏外エリアでも、消防への救助要請を円滑に行えるようにするのが目的。
2020/ 2 / 6	ふるさと納税でドローンレーサー育成＝広島県府中市	広島県府中市は、高いドローン操縦技術を持ち、各地のレースに出られるレーサーを育成するため、クラウドファンディング型ふるさと納税を活用した環境整備を行う。市内にはドローン関連の複数の企業があり、高校ではドローンチームも結成されている。市は現在、防災や農業などの分野でのドローン活用や企業との連携も検討中だ。
2020/ 2 / 6	グリーンボンド発行へ＝気候非常事態宣言受け―長野県	長野県は、環境問題の解決につながる事業に使途を限定した県債「グリーンボンド」を2020年度に発行する方針を明らかにした。県の気候非常事態宣言発表を受けた取り組みの一つ。小水力発電の整備や第三セクターの鉄道の車両の更新、県施設のゼロエネルギー化の取り組みが考えられるという。
2020/ 2 /13	氷河期世代の就農支援拡充＝シニア対象に研修費減免も―農水省	農林水産省は、地域農業を支える幅広い世代の人材育成を目的に、研修生に対する支援制度を拡充する。就職氷河期世代を中心とした30〜40代が就農を目指し、都道府県が定めた機関で研修する場合に年間150万円を支給する事業を拡充。
2020/ 2 /14	企業の農地所有、全面容認を＝農業基本計画見直しへ提言―経団連	経団連は、政府が3月をめどに進めている「食料・農業・農村基本計画」の見直しに向けた提言を発表した。国家戦略特区の一部に限定されている企業の農地所有を、全面的に容認するよう求めることなどが柱。経団連は「農業はデジタル技術活用による成長の余地が大きい」と指摘。ノウハウを持つ企業の参入規制緩和を求めた。
2020/ 2 /14	再エネ地産地消で新電力会社＝地元企業と共同で設立―長崎市	長崎市は、公共施設での太陽光発電やごみ処理工場などで発電した電力を買い取って公共施設に供給したり、電力市場に売電したりする新電力会社を地元企業と共同で設立したと発表した。再生可能エネルギーの地産地消を推進し、二酸化炭素削減などを図る。
2020/ 2 /18	投資失敗の原因、夏に総括＝赤字ファンドで専門家初会合―農水省	農林水産省は、多額の累積赤字を理由に解散する官民ファンド「農林漁業成長産業化支援機構」について、専門家が検証するための初会合を開いた。投資失敗の原因や統治体制の是非などについて夏までに総括する予定。ファンドは6次産業化を支援するため、2013年に発足。19年3月末時点の累積赤字は92億円に上り、20年度末での新規投資停止が決まった。
2020/ 2 /19	農業効率化へ協働プロジェクト＝ブドウの栽培、データで管理―NTT東、農研機構など	NTT東日本、NTTアグリテクノロジー、農業・食品産業技術総合研究機構は、IoTなどを活用し、農家の所得向上や生産効率化のための取り組みを進める「データ駆動型農業」の協働プロジェクトを開始すると発表した。4県の果樹試験場など計12カ所で「シャインマスカット」の栽培をデジタルデータで管理する実現可能性調査を実施。
2020/ 2 /28	農地貸借要件緩和などで就農促進＝愛知県田原市	愛知県田原市は、新規就農者の確保や企業退職者らの健康増進のため、農地の貸借要件を緩和する。また、新たな農地を確保するため、耕作放棄地の再生費用の補助を始める。

日付	見出し	内容
2020/ 2 /28	自治体初の遠隔ドローン森林調査＝レベル3飛行を実証実験―兵庫県	兵庫県は、自治体で全国初となる、ドローンのレベル3飛行で森林資源量を調査する実証実験を行った。神戸市内の本庁舎から、約70キロ離れた同県宍粟市の機体を操り、安定した飛行で空撮を成功させた。県は、2021年度までに行政分野でのドローン導入を目指すほか、民間での活用促進にも取り組む。
2020/ 3 / 9	新規就農の経費を助成＝横浜市	横浜市は、新規就農者に対して、就農5年目までに掛かる農業機械や倉庫など農業経営の費用を助成する。高齢化で農業の担い手不足が深刻化する中、費用の掛かるスタート時を資金面で支えることにより、新規就農者の拡大と定着を促す。
2020/ 3 /11	ごみ施設でバイオマス発電＝地元企業と新会社設立―山口県宇部市	山口県宇部市は、国連が定めるSDGsの達成に向けて、市のごみ処理施設で実施するバイオマス発電による余剰電力を市内に供給する事業を始める。地元企業や地銀と共同出資する新会社を設立し、これを通じて電力を供給する。
2020/ 3 /13	農福連携でコンソーシアム設立＝経済3団体が参画、裾野拡大目指す―農水省など	障害者らが農林水産業の分野で活躍する「農福連携」を後押しするため、農林水産、厚生労働、文部科学、法務4省と経団連など経済3団体を含む約30団体が、「農福連携等応援コンソーシアム」を設立する。
2020/ 3 /26	特別支援学校の農業就労促進＝石川県	石川県は2020年度、特別支援学校に通う生徒の農業分野での就労を促進するため、3年単位のより実践的な学習活動を展開するモデル事業を実施する。2校をモデル校に指定し、カリキュラムの開発や現場での実習などを通して、農業法人への就労につながる体制の確立を目指す。
2020/ 4 / 1	西武HD、農業に参入＝24年度の黒字化目指す	西武ホールディングスは、農産物の生産や加工、販売を手がける新会社を設立し、農業分野に参入すると発表した。これまで造園事業で培ってきたノウハウと、グループが保有する遊休地を有効活用する。ブルーベリーの栽培、販売から開始し、2024年度の黒字化を目指す。
2020/ 4 / 4	電力を再エネ100％に＝7施設達成、自治体へ手引も―環境省	環境省は、関連施設で使用する電力の全てを再生可能エネルギーで賄う取り組みを進めている。まずは地方出先機関など7施設で100％を達成。今後、本省の庁舎などにも拡大し、2030年度までに省全体で全ての電力を切り替える。また、こうした動きを広めるため、他省庁や自治体向けの手引を近くまとめる。
2020/ 4 /14	コロナ失業者、農業が受け皿＝研修、宿泊費支援―農水省	農林水産省は、ホテル・旅館や飲食店などで、新型コロナウイルス感染拡大の影響で雇い止めとなった人たちが、地域の農業現場で働くことができるよう研修や宿泊の費用を支援する。国が橋渡し役となり、再就職を後押しすると同時に農業の人手不足を解消する狙いだ。
2020/ 4 /17	森林大学校の人材育成で協定＝兵庫県宍粟市	兵庫県宍粟市は、県森林大学校と兵庫森林管理署の3者で、同大学校の人材育成を目的に連携協定を結んだ。市と管理署は、これまでの講義支援に加え、実習や研究用の植林地なども提供していく。協定期間は2025年3月末まで。
2020/ 4 /30	防災、エコの両立支援＝東京都三鷹市	東京都三鷹市は、防災力が強く、二酸化炭素排出量が少ない低炭素なまちづくりを推進しようと、「三鷹市防災エコタウン開発奨励事業」をスタートさせた。民間事業者が双方を両立させた住宅や事業所などを建てた場合、市が「防災エコタウン」と認定し、ホームページに載せてPRする。
2020/ 5 /11	「エネファーム」設置に補助＝東京都小平市	東京都小平市は、2020年度から環境対策の一環として、市民が自宅などに燃料電池「エネファーム」を設置した際の費用を補助する。額は定格出力0.4キロワットの機器に対し、1万9000円。機器を戸建て住宅に設置した個人や事業所に整備した法人などが対象。
2020/ 5 /12	「バイオ液肥」を無料配布＝生ごみ資源化で施設整備も―岡山県真庭市	岡山県真庭市は、生ごみやし尿をメタン発酵させて作る液体肥料「バイオ液肥」のセルフスタンドを市役所本庁舎などに設置している。排出量の多い生ごみを資源として再利用し、野菜の栽培などに利用してもらうことで、ごみ減量や農業の活性化を目指す。再資源化の大規模化に向けて、施設整備も計画している。
2020/ 5 /18	日本初、森林信託を導入＝銀行と共同開発―岡山県西粟倉村	岡山県西粟倉村は、三井住友信託銀行と共同で、山主が銀行に山の所有権を預け、運用を任せる森林信託を開発し、日本で初めて導入した。山主が銀行に所有権を預けることで、固定資産税や森林保険料などの金銭負担がなくなる。森林整備や木材販売は村のローカルベンチャー事業から誕生した企業の百森が担う。山主は生じた利益の一部を信託受益権配当として受け取れる。
2020/ 5 /18	町有林を一般に有料貸し出し＝北海道池田町	北海道池田町は、町有林の一部を一般の希望者に有料で貸し出す事業を始める。料金は1ヘクタール月額1万円以内とする見込みで、収入は町有林野振興基金に積み立て、管理費などに充てる。
2020/ 5 /25	大学生に農園バイト紹介＝新型コロナで生活苦―人手不足の農家も歓迎・福島	新型コロナウイルス感染拡大に伴う休業要請でアルバイト収入を失った大学生を支えようと、JAふくしま未来が農園でのバイトを紹介する取り組みを始めた。生活が苦しくなった学生と繁忙期の人手不足に悩む農家を結び付けた。

2020/6/9	コロナ対策で都市計画税引き下げ＝愛知県豊川市	愛知県豊川市は、現行0.3％の都市計画税率を0.2％に引き下げる。新型コロナウイルス感染拡大の影響を受けた納税者の支援と、地域経済の早期再生が目的。農漁業者には、償却資産に掛かる固定資産税の同額を補助する。
2020/6/9	高校生全員に米10キロ＝大阪府高槻市	大阪府高槻市は、新型コロナウイルス関連の支援策として、高校生に相当する年齢のすべての子どもに1人当たり10キロの地元産米を支給する。現物を渡して迅速に支援するとともに、地域の農業振興につなげる狙いがある。
2020/6/15	シカにGPS首輪を自動装着＝全国初の開発ー静岡県	静岡県は、野生のシカにGPSを搭載した首輪を自動装着する装置を、全国で初めて開発した。自動装置は、餌が入った籠と、磁石式の留め具が着いた首輪を組み合わせたもので、同センターが民間企業と共同開発した。シカが籠に頭を突っ込むと、磁石がくっついて首輪が締まる仕組み。
2020/6/16	森林保全で雇用維持＝原木出荷抑え価格安定もー宮崎県	宮崎県は、新型コロナウイルスの影響による消費意欲の冷え込みを受け、林業事業者に対し、木材出荷を目的とした伐採の代わりに森林の保全作業を促す取り組みを始める。住宅需要が見通せない中、丸太素材の生産者の雇用を維持するのが狙い。
2020/6/17	電力調達・支払い、官民で会社設立＝東京都東村山市	東京都東村山市は、エネルギー関連の民間企業2社と非営利の株式会社「東村山タウンマネジメント」を設立し、担当課や施設、設備ごとに行っていた電力の調達と支払い事務の大部分を委託した。
2020/6/18	ホタテ稚貝放流で人手確保支援＝北海道網走市	北海道網走市は、新型コロナウイルス感染拡大の影響で、主要漁獲物の一つであるホタテの稚貝の放流作業に携わる人手の確保が困難になったことを受け、人材募集の面で支援した。
2020/6/22	製材力強化で連携支援＝流通調整、助成金もー島根県	島根県は、製材力を強化するため、地域ごとに原木の生産・流通・加工の各事業者が強力に結び付く「ウッドコンビナート」の構築を進める。原木の計画的、安定的な流通体制の整備と製材工場の処理能力向上を支援。地域ごとに伐採から製材加工までの事業規模拡大を目指す。
2020/6/23	地産地消へ有機農業支援＝行政が「土づくり」ー大分県臼杵市	大分県臼杵市は、畑の土壌改良に有効な堆肥を生産している。化学肥料や農薬を使わない有機農業を技術面で支援。有機で栽培した農作物には市独自の「ほんまもん農産物」に認定する仕組みも整えており、地産地消による持続可能な農業を推進している。
2020/7/3	地場木材使用の住宅建築を支援＝高知県香美市	高知県香美市は、地場の木材を使った住宅の新築や増改築を補助金で支援する「香美Ing Wood House Support Project」を行っている。主要産業である林業の振興に加え、市外からの移住を促進し、過疎化に歯止めをかけるのが目的。
2020/7/6	林業法人リフォレながとを設立＝山口県長門市	長門市では林業振興及び木育を推進しており、林業及び木材産業の成長産業化を図ることを目的に「一般社団法人リフォレながと」を設立した。長門市、山口県西部森林組合、長門建設業協同組合及び長門林産物需要拡大協議会の出資により設立された。
2020/7/7	コロナ影響の人材を森林保全で雇用＝大阪府柏原市	大阪府柏原市は、新型コロナウイルスの影響で収入が減った人らを森林環境保全員として3カ月間、緊急雇用する。2020年度から増額された森林環境譲与税の配分額から300万円を活用する。
2020/7/9	農家向けアルバイト募集サイト開設＝新潟県長岡市	新潟県長岡市は、市内の農家がアルバイトを募集するための専用サイトを開設する。農家の人手不足を解消するほか、市内や近郊でバイト先を探す学生や社会人ら若年層をターゲットに、気軽に農業を体験する機会を提供することが目的。将来的には新規就農者の獲得につなげることへの期待もある。
2020/7/13	利益をまちづくりへ還元＝地域新電力開始から2年ー宮城県加美町	宮城県加美町と民間会社が立ち上げた地域新電力会社「かみでん里山公社」は、設立から2年が過ぎた。かみでん里山公社が電力を供給している公共施設では、他の電力会社との契約時よりも年間で約10％の電気料金の削減を達成。電気事業の利益はまちづくりに活用し、地域内での経済循環を図っている。
2020/8/6	森林でワーケーション＝研修旅行誘致へニーズ調査ー宮崎県	宮崎県は、職場外で仕事をしながら休暇を兼ねる「ワーケーション」を、森林空間を活用して推進する。基幹産業の林業を生かして山村地域に研修旅行などを誘致し、関係人口を創出するのが狙い。
2020/8/7	赤ちゃんに木のおもちゃ贈呈＝高知県香美市	高知県香美市は、生まれて1年以内の赤ちゃんに木のおもちゃをプレゼントする「かみんぐBABY木のギフト」事業を始めた。同市は林業を基幹産業としており、赤ちゃんと家族に木のぬくもりや香りなど、木製玩具の良さを体感してもらう狙いがある。
2020/8/11	違法伐採見回りで四駆公用車＝沖縄県石垣市	沖縄県石垣市は、違法伐採の通報が相次いでいる事態を受け、山道などの走行に強い四輪駆動の公用車2台を導入し、毎日の見回りを強化している。早期発見のほか、車体に施した「パトロール車」の外装で市民に問題を周知し、通報を求める広告効果も狙う。

2020/ 8 /12	地元産ユリのPRプロジェクト＝新潟県津南町	新潟県津南町は、新型コロナウイルスの感染拡大で売り上げが減少している特産のユリの農家を支援するため、地元の農業関係団体などと連携し、PRプロジェクトに乗り出している。
2020/ 8 /19	森林管理、民間委託でモデル事業＝山形県最上町	山形県最上町は、森林経営管理法に基づき、所有者による管理が難しい森林を町で引き受け、民間企業に再委託するモデル事業を始めた。荒廃による土砂災害発生のリスクを低減する狙いがあり、所有者にとっても木材販売による収益が期待できる。
2020/ 8 /24	SPC活用で電気料金削減＝市役所など年1800万円－千葉県富里市	千葉県富里市は、特別目的会社を活用した市庁舎など公共施設の電気料金削減策を発表した。市は一括入札などに取り組み、電気料金を16年度の1億3900万円から1200万円減らした。一段と削減するため、経済産業省の「電力の小売営業に関する指針」にある電力小売ライセンスを必要としない契約モデルに着目した。
2020/ 8 /25	バイオガスから新たな資源＝牛のふん尿活用、収入源模索－北海道興部町	北海道興部町は、牛のふん尿由来のバイオガスからメタノールとギ酸を取り出す技術を活用した産業政策に取り組んでいる。メタノールは燃料電池の材料、ギ酸は家畜用飼料の添加物として生かせる。酪農が盛んな同町はバイオガスを生産してきたが、送電網に限りがある道内では発電による売電に限界がある。
2020/ 9 /1	「みやぎ環境税」5年延長へ＝税率維持、温暖化対策に充当－宮城県	宮城県は、2020年度末で課税期間を終える独自課税「みやぎ環境税」について、税率は変えずに25年度まで延長する方針だ。延長は11年の導入以降2回目で、脱炭素社会の構築や地球温暖化対策に必要な財源と判断した。
2020/ 9 /1	地域電力会社が電力供給開始＝CO_2、26％削減へ－愛知県岡崎市	愛知県岡崎市が東邦ガスや中部電力などと共同で設立した地域電力小売会社「岡崎さくら電力」が事業を開始した。既に市関連施設150カ所へ電力供給を始めており、2021年度までに18年度比で二酸化炭素排出量の26％削減を目指す。
2020/ 9 /15	氷河期世代に就業体験＝奨励金4000円支給－宮城県	宮城県は、30代半ば～40代後半とされる就職氷河期世代を支援するため、長期間にわたり無業もしくは引きこもり状態の人を対象とした企業での就業体験事業を始める。参加者には1日当たり4000円の奨励金を支給する。受け入れ先は製造業や農業などを想定。
2020/ 9 /23	魅力ある商品開発後押し＝埼玉県羽生市	埼玉県羽生市は、市の特産品開発や付加価値を高める取り組みを後押しする「魅力商品開発支援事業補助金」を創設する。商品開発や地方発送に向けて冷凍や真空パックに必要な機械などの導入に補助し、新型コロナウイルスの影響を受けている地域経済の活性化につなげる。
2020/ 9 /25	四国電、高知県に農業法人設立	四国電力は、農林中央金庫などと提携し、高知県南国市に農業法人「Aitosa」を設立すると発表した。地元の主要産品であるシシトウの生産を通じ、スマート農業技術の開発などに取り組むのが狙いで、同市に栽培用ハウスを建設する。
2020/ 9 /29	東京・日本橋に最高層木造ビル＝17階建て、25年完成－三井不動産	三井不動産と竹中工務店は、東京・日本橋に地上17階建ての木造オフィスビルを建築する計画を発表した。高さは約70メートル、延べ床面積は約2万6000平方メートルに上り、現存する木造建築では国内最大・最高層となる見込み。2023年に着工し、25年の完成を目指す。

11. 観光

インバウンド需要の増大から、観光まちづくりのための原資とするために宿泊税の導入を進める自治体が増えている。都道府県と市町村が別々に検討を行ってそれぞれに制度を導入する事例も出てきている。福岡県は、2020年4月に宿泊税を導入するにあたり、宿泊税を原資とする県内市町村への交付金見込み額を公表した。市町村ごとの宿泊者数や旅行者数に応じて算出する。同時期に宿泊税を導入した福岡市と北九州市は交付金の対象外。県が徴収する宿泊税は1人1泊につき200円で、福岡市、北九州市内の宿泊者に対しては県税率は50円。北九州市は独自税率で150円、福岡市は宿泊料金が2万円以上の場合市税率450円、2万円未満の場合150円を徴収する。新型コロナウイルスの感染拡大を受けて導入の延期を求める声もあったが、予定通り導入した。

一方、奈良市は、当初検討していた導入予定を先送りする方針を打ち出したほか、宮城県も2020年3月の議会に提案していた条例案を取り下げた。

コロナ禍を受けて、観光業に従事していた従業員の雇用の受け皿として農林業に着目する自治体は多い。農林水産省も研修費や宿泊費の補助でこれを後押ししている。

図表Ⅱ-4-11　観光の動き

年月日	見出し	内　　容
2020/ 8 /11	富裕層誘客へ専門家派遣＝官民連携の推進体制－観光庁	観光庁は、海外富裕層の誘客を目指し、ホテルや旅館に専門家を派遣する事業を始める。富裕層は旅先での消費額が多いが、日本にはあまり訪れていない。宿泊施設に受け入れ態勢を整えてもらう考えで、希望する事業者を近く公募する。
2019/10/ 4	星野リゾート、山口老舗温泉の再生へ＝ホテル開業、河原に桟敷も	星野リゾートは、山口県長門市に2020年3月に開業するホテルの概要を発表した。納涼などのために河原に設ける桟敷「川床」も整備するなど、「散策」をテーマに市と進める老舗温泉街再生の起爆剤にしたい考えだ。
2019/11/ 5	宮島新税、来年9月にも条例案＝松本市長が就任会見－広島県廿日市市	広島県廿日市市長に当選した松本太郎氏が就任会見を開いた。世界遺産・厳島神社がある宮島を保全する財源に充てる新税について、前市長の方針を継承して2021年春の導入を目指す考えを示した。
2019/12/26	宿泊税導入を提言＝民泊も課税－札幌市有識者会議	宿泊税について検討する札幌市の有識者会議は、観光振興を目的とした新たな財源として「宿泊税が妥当である」との答申書を秋元克広市長に提出した。ホテルや旅館などのほか、民泊も課税対象とし、税率は当分の間、定額制にし、技術の発展などに応じて見直していくべきだと指摘した。北海道も宿泊税の検討を進めている。
2019/12/26	AIが英語で観光案内＝三重県と志摩市	三重県と志摩市などは、志摩地域の観光に関する外国人旅行者の質問に対応するため、志摩市観光協会の英語版ホームページで、AIを活用しながら英語で回答するチャットボットを始めた。
2020/ 2 /17	新設ホテルのバリアフリー義務化＝大阪府	大阪府は、府内で新設・改築される一定規模以上のホテルや旅館について、全客室のバリアフリー対応を義務付ける。2025年の大阪・関西万博を見据え、対応を強化するのが狙い。9月の施行を目指す。
2020/ 3 /27	宿泊税導入へ、来年度から本格議論＝松江市	松江市の松浦正敬市長は、観光協会の在り方や宿泊税導入の是非などを議論した「松江観光の明日を創る検討会議」の報告書を委員長から受け取った。報告書では、観光業発展に向けた財源確保策として宿泊税が適当と結論づけられた。来年度は宿泊事業者に理解を求めながら具体的な制度を設計していく方針。
2020/ 4 /13	歴史地区に観光施設整備＝兵庫県佐用町	兵庫県佐用町は、県歴史的景観形成地区の平福で、交流人口増加や雇用拡大を目指し、民間事業者と共同で観光施設を整備する。町所有の空き家2軒を再生した一棟貸しの宿と飲食店を計画。
2020/ 4 /27	ホテル消毒・除菌を支援＝コロナ対応、1施設最大50万円－福岡市	福岡市は、新型コロナウイルスの感染拡大を受け、市内の宿泊業界全体の衛生管理を強化するため、ホテル・旅館、民泊施設などの消毒、除菌といった安全対策に掛かった経費を支援する方針を決めた。客室数に応じ1施設当たり最大50万円を支給。
2020/ 5 / 7	観光関連事業者に最大1000万円＝7日から提案受け付け－長崎県	長崎県は、新型コロナウイルス収束後を見据えた観光地づくりに取り組む観光関連事業者に対し、人件費や活動経費として最大1000万円を支給する「観光地受入態勢ステップアップ事業」を始めた。事業者の雇用維持が主な狙い。
2020/ 5 /19	宿泊事業者に最大100万円＝大阪府泉佐野市	大阪府泉佐野市は、新型コロナウイルスの感染拡大で売り上げが減少した宿泊事業者を対象に、1施設当たり最大100万円を支給する緊急支援制度を創設した。客室数が100室以上の場合は100万円を支給。10〜99室の場合は1室当たり1万円で、10室未満の場合は10万円。
2020/ 5 /26	宿泊費補助の独自事業＝「コロナ疲れ」癒やして－栃木県那須塩原市	栃木県那須塩原市は、市民が地元の温泉旅館などで泊まる際の宿泊料について、大人は半額、子どもは全額を市が独自に補助する事業に乗り出す。新型コロナウイルス感染拡大で疲弊している宿泊事業者への誘客促進と、市民にたまっている「コロナ疲れ」を癒やしてもらう狙いがある。
2020/ 6 /16	宿泊客に2000円グルメクーポン＝北海道函館市	北海道函館市は、国が新型コロナウイルス対策として実施する観光キャンペーン「Go Toキャンペーン」の一環として、市内の宿泊客を対象に、飲食店で利用できる1人2000円分の「函館市グルメクーポン」を配布する。
2020/ 6 /22	民泊のコロナ対策ガイドライン発表＝大阪観光局	大阪観光局は、民泊での新型コロナウイルス感染症対策のガイドラインを発表した。民泊は経営形態が多岐にわたるため、感染症対策のガイドラインが全くない状況だった。今回、日本民泊協会と協力して作成し、体調不良者の宿泊を断る際の基準などを明記。施設管理者には誓約書の記載を求め、ガイドラインを順守させる。

2020/ 6 /23	市内宿泊の県民に商品券＝静岡市	静岡市は、新型コロナウイルス感染拡大で影響を受けた経済を活性化するため、静岡県民が市内の宿泊施設に宿泊すれば2000円分の「Go Toしずおか商品券」を配布する事業を始めた。商品券を配布するのは、1人6000円以上のプランで市内の宿泊施設を利用した観光客。
2020/ 7 / 2	返礼品に忍者修行体験＝三重県名張市	三重県名張市は、ふるさと納税の返礼品として新たに忍者修行体験を追加した。伊賀牛など市の特産品が多くを占める返礼品で体験型のメニューを充実させ、観光での誘客につなげる。
2020/ 7 / 9	VR旅行商品を支援＝障害者や高齢者向けに―東京都	東京都は、仮想現実（VR）を用いた旅行商品を造成する事業者へ補助を実施する。8月半ばまで都内の旅行業者から応募を受け付け、9月に決定する。外出が難しい障害者や高齢者でも観光を楽しめる「アクセシブル・ツーリズム」推進事業の一環。
2020/ 7 /10	町職員、観光体験教室で公認バイト＝愛知県東栄町	愛知県東栄町は、町内の観光体験施設に職員が町公認でアルバイト勤務できる体制を整えた。4月に町が兼業許可規則を施行したことを受けたもので、職員としての知識や経験をまちづくりに生かすとともに、所得を向上させるのが狙い。
2020/ 7 /14	市民対象に観光ツアー＝金沢市	金沢市は、市民を対象に、観光客向けの体験プログラムを盛り込んだモニターツアーを実施する。市民に市の魅力を再発見してもらうと同時に、参加者がインターネット交流サイト（SNS）を通じて発信することで、市外から観光客を呼び込むのが狙い。
2020/ 7 /17	観光振興へ最大5000円補助＝北海道北斗市	北海道北斗市は、新型コロナウイルス感染拡大の影響で宿泊客が減少している市内の宿泊業を支援するため、1人1泊当たり5000円を上限に宿泊費の半額を補助する「ほくと割」観光キャンペーンを実施する。
2020/ 7 /20	九州電力、自治体などとコンソーシアム設立＝九州観光促進で連携	九州電力は、福岡県太宰府市など5自治体、九州の企業5社と「九州観光促進コンソーシアム」を設立したと発表した。コロナ禍においても楽しめる旅程の提案や、観光スポットなどの情報提供を行っていく予定。
2020/ 7 /29	ユーチューバーが観光地PR＝長野市	長野市は、若者に向けて市内の観光地をPRするため、ユーチューバーを招いて動画を制作・配信してもらう。新型コロナウイルスの影響で従来通りの旅行が難しい中、動画の視聴者に旅行気分を味わってもらい、地元の魅力をアピールする。
2020/ 8 /17	朝ドラ活用で官民協議会＝宮城県登米市	2021年放送予定のNHK連続テレビ小説「おかえりモネ」のロケ地に決まった宮城県登米市は、ドラマを市の魅力発信と観光振興に活用するため、官民協働の協議会を立ち上げた。撮影場所の提供や朝ドラとコラボレーションした土産品の開発などを手掛ける。
2020/ 8 /26	市内ホテルのテレワーク割引＝岐阜市	岐阜市は、市内のホテルや旅館をテレワーク場所として市民が利用した場合、料金を1日最大3000円割り引く事業を始めた。新型コロナウイルス感染拡大を受けた「新しい生活様式」としてテレワークを普及させるほか、需要が落ち込む宿泊施設の利用を促したい考え。
2020/ 8 /27	宿泊施設のコロナ対策に補助＝新潟市	新潟市は、市内の宿泊施設が行う新型コロナウイルス対策の費用を補助する制度を始めた。対象施設は、市内のホテルや旅館のほか、民泊や特区民泊など幅広く設定。Go Toトラベルキャンペーンに登録している宿泊事業者に対しては、20万円を上限に全額補助。登録していない事業者には上限10万円とする。

12. コロナ対応

新型コロナウイルスの感染拡大によって提唱される「新しい生活様式」は、社会のあり方、働き方、公共サービスの提供形態などを大きく変革させるきっかけとなった。特に、行政のデジタル化の遅れが表面化したこともあり、対応は急務となっている。総務省は「自治体デジタルトランスフォーメーション（DX）推進計画」を策定する方針で、テレワークの普及、AIの活用などについて国の施策や自治体が取り組むべき施策をまとめる。

教育現場にも大きな変革のきっかけがもたらされた。大学では広くオンライン授業が導入されたものの、小中高等学校ではオンライン化に自治体や学校によって大きな差が出た。文部科学省が20年4月にまとめた臨時休校中の公立学校における学習指導等の取り組み状況では、同時双方向型のオンライン指導を行っている学校の割合は

5%にとどまった。オンライン授業は対面教育を全て代替できるものではないにしても、コロナ以外の感染症、不登校児への対応、過疎地等での教育内容の充実等にも役立つだろう。

コロナ禍では、金融とITを融合させたフィンテックも活用が進んだとされる。会計ソフト等に入力されたデータをAIなどで分析することによって数日で融資が行えるため、融資までに時間がかかる政府の資金繰り対策のつなぎとして利用が広がった。

また、都市の使い方にも変化が現れた。国土交通省が道路占用の許可規制を緩和し

たことから、路上にテラス席を設けたりテークアウト用のテーブルを設置したりするのが容易になった。国交省の調査によると、20年6月時点で占用特例を導入したのは、都道府県・政令市の約9割に上った。

国、自治体の財政への影響は深刻だ。地方行財政調査会が実施した、都道府県、政令市、中核市、県庁所在市への調査によると、21年度の予算編成で税収の減少を見込む自治体が85%を超え、予算編成にあたってシーリングを設定・厳格化すると回答した自治体も多かった。

図表Ⅱ-4-12　コロナ対応の動き

年月日	見出し	内　　容
2020/3/11	軽症ならオンライン診療へ＝新型コロナ感染拡大時―厚労省検討会	厚生労働省の検討会は、新型コロナウイルスの感染がさらに拡大し、軽症の感染者らが自宅療養することになった場合、オンラインによる医師の診療を認める方針をおおむね了承した。患者に安心感を与え、経過観察を通じて重症化するリスクを減らすのが狙い。同省は今後、詳細を検討する。
2020/3/17	農業実習生、1000人来日できず＝野菜の収穫・出荷に影響も―JA職員派遣へ	新型コロナウイルスの感染拡大を背景に、中国人を中心とする農業分野の技能実習生約1000人の来日が遅れていることが、農林水産省の調べで分かった。収穫作業などに当たり、生産現場の戦力として定着している実習生の不在が続けば、出荷に影響が出かねない。JAグループは人手不足の現場に職員を派遣する方針だ。
2020/3/28	つなぎ融資にフィンテック＝中小企業で活用広がる―新型コロナ対応	新型コロナウイルスの感染拡大の影響で不振に陥った中小企業が、資金繰り対策に金融とITを融合させたフィンテックを活用する動きが広がっている。会計ソフトなどに入力された入出金データを基に審査され、数日で融資を受けられるためだ。
2020/4/8	地方負担に臨時交付金活用検討＝新型コロナ対策の医療体制整備―政府	政府は、新型コロナウイルスの感染拡大を受け、病床確保など医療提供体制の整備に向けた都道府県の取り組みへの支援を強化する。費用を補助する「緊急包括支援交付金」を創設するとともに、これとは別に新設する「地方創生臨時交付金」を地方負担分に充てられる仕組みとする方向で検討。
2020/4/21	休業要請、支援金一律30万円に＝道の支給に上乗せ、対象拡大も―札幌市	札幌市の秋元克広市長は、北海道が休業要請し、協力した事業者に最大30万円の支援金を支給することを受け、市は1事業者当たり一律30万円になるよう上乗せすると発表した。支給対象も酒類を提供しない飲食店に拡大する。
2020/4/24	20億円規模の緊急対策＝ひとり親家庭への応援金や介護用品券の配布―広島県福山市	広島県福山市の枝広直幹市長は、新型コロナウイルスの感染拡大を受けた緊急経済対策を発表した。ひとり親家庭への応援金支給や在宅で介護を受ける高齢者への介護用品券の配布など市民への支援のほか、医療体制の拡充や中小事業者への支援も行う。市の独自施策の補正額は20億円規模。
2020/4/30	両親感染で一時保護も＝濃厚接触の子ども養育―厚労省	厚生労働省は、新型コロナウイルスに保護者が感染した際の子どもの養育について、具体的な対応方針をまとめた。親族が代わりに養育できない場合、児童養護施設や保護者の入院先に一時保護を委託するよう要請した。
2020/4/30	コロナ遠隔医療システムを輸出へ＝「5G」海外展開強化―総務省	総務省は、日本の次世代通信規格「5G」技術などの海外展開支援に向けた行動計画を固めた。超高速・大容量のネットワークを企業や自治体が特定地域に限定して導入する「ローカル5G」を売り込む。将来的に感染リスクの高い医療現場などで貢献できると判断。遠隔医療システムと合わせ、輸出に重点的に取り組む。
2020/5/1	民間寄贈車両で軽症者ら搬送＝コロナ対応仕様、2日運行開始―福岡市	福岡市は、自動車販売会社から寄贈された新型コロナウイルス対応仕様の車両を使い、軽症者らの搬送を開始すると発表した。市が民間の移送事業者に運行を委託するもので、搬送にかかる患者負担はない。当面の間、運用する。

2020/ 5 / 1	子ども、特別障害者に給付＝福井県越前市	福井県越前市は、新型コロナウイルスの感染拡大に伴う経済支援として、4月1日時点で0歳から高校3年生までの子どもがいる世帯に、子ども1人当たり3万円、重度の特別障害者世帯には1人当たり2万円を支給する。
2020/ 5 / 1	医療従事者支援で緊急保育＝北九州市	北九州市は、新型コロナウイルス対策の一環として、医療従事者が業務に専念しやすくなるよう、子どもが通う保育所が臨時休園した場合などの緊急保育体制を整備する。緊急保育は市立の子育て支援施設で必要に応じて実施し、利用料金は徴収しない。
2020/ 5 / 7	J1鹿島、本拠地がPCR検査場に＝11日から1日20件	サッカーJ1鹿島は、本拠地の茨城県立カシマスタジアムにドライブスルー形式による新型コロナウイルスPCR検査場の設置が決まったことを発表した。鹿島医師会により11日から運営され、1日20件の検査を実施する。
2020/ 5 / 7	医師会主体で地域PCR検査センター設置＝茨城県鹿行地域5市	茨城県の鹿島医師会は、鹿行地域の5市（鹿嶋市、神栖市、潮来市、行方市、鉾田市）と協力して、「鹿行地域PCR検査センター」を設置、運用を開始する。茨城県立鹿島サッカースタジアムの敷地内にドライブスルー方式で設けるもので、同スタジアムの指定管理者であるJ1の鹿島アントラーズも実施場所提供で協力する。
2020/ 5 /13	新型コロナ相談窓口を民間委託＝岩手県	岩手県は、県医療政策室と各保健所が担当していた新型コロナウイルス関連の相談窓口を民間に委託して運用すると発表した。従来の相談窓口は、帰国者・接触者相談センターと一般相談の2種類があった。今後は、どちらも民間コールセンターへつながるようになり、保健所での対応は終了する。
2020/ 5 /14	市民の宿泊料金を半額補助＝長崎県雲仙市	長崎県雲仙市は、市民が市内の宿泊施設を利用した際、宿泊料金を半額補助する「緊急宿泊促進支援事業」を始める。新型コロナウイルスの感染拡大の影響で深刻な打撃を受けた観光産業を支援する狙い。
2020/ 5 /18	官民プラットフォームを提言＝コロナで経済団体が大野知事に－埼玉県	埼玉県商工会議所連合会など県内経済3団体は、県庁に大野元裕知事を訪ね、新型コロナウイルスの感染防止と経済社会活動の両立に向け、官民協働の取り組みについての提言を提出した。緊急事態宣言解除後の両立に向け、事業の復活と活性化を支援する官民連携プラットフォームの設置など5項目を要望し、大野知事も前向きな姿勢を示した。
2020/ 5 /20	出向マッチング、人件費補助も＝鳥取県江府町	鳥取県江府町は、新型コロナウイルスの感染拡大を受け、業務や収入の減少などに陥っている事業者の従業員の働く場を確保するため、出向先を紹介する事業に取り組む。マッチングが成立した場合、出向者の人件費の50％を補助する。事業者間のマッチングは町の商工会が担う。10人が2カ月間出向することを想定。
2020/ 5 /21	宿泊業に最大60万円＝首都圏からの来訪激減で－福島県いわき市	福島県いわき市の清水敏男市長は、新型コロナウイルスの影響を受けた市内の宿泊事業者に最大で60万円の支援金を給付すると発表した。100社程度を想定。
2020/ 5 /22	抗体検査の実施を検討＝コロナ第2波に備え病床など確保－神戸市	神戸市は、新型コロナウイルス感染拡大に伴う緊急事態宣言の解除を受け、再度の感染拡大に十分対応できるよう、病床など医療提供体制を確保するとともに、新たな拡大の兆しの早期把握に向け、PCR検査体制を拡充する方針などを決定した。PCR検査体制は、官民連携による検査機関の運用を開始するほか、市医師会との協議で検査センターを設置し、最大1日450検体以上を可能にする。
2020/ 5 /25	新型コロナ相談外来設置＝新潟県	新潟県は、新型コロナウイルスに感染した疑いのある人を対象に診療とPCR検査をワンストップで行う「新型コロナ相談外来」を設置すると発表した。相談外来は新潟市内の医療機関に設置し、運営は新潟市医師会に委託する。
2020/ 5 /26	避難所マニュアルを策定＝新型コロナ受け感染予防徹底－高知市	高知市は、新型コロナウイルスの感染拡大が続く中、これからの梅雨や台風の時期に備え、避難所の運用に関するマニュアルを新たに策定した。避難所利用者1人当たりの居住面積を2倍に広げたり、体調不良者用のスペースを確保したりすることで、避難所内の感染予防対策を徹底したい考えだ。
2020/ 5 /27	コンビニに住民票申請書類＝埼玉県志木市	埼玉県志木市は、新型コロナウイルスのまん延防止策として、市民の利用頻度が高い戸籍や住民基本台帳関連の届け出や交付に必要な書類セットを市内のファミリーマート全店舗に配備している。期間は当面の間で、住民票の写しの交付申請などのため、セットを活用して申請した場合、申請や返信に掛かる封筒代と送料は市が負担する。
2020/ 5 /27	集団購入と直売機会提供で農家支援＝愛知県豊川市	愛知県豊川市は、市職員による農産物の集団購入を始めた。新型コロナウイルスの影響で苦境に立つ農家を支援するのが狙い。今後は、市役所や市営公園での直売機会の提供も検討する。
2020/ 6 / 1	感染者搬送を民間委託＝三重県	三重県は、新型コロナウイルスの軽症患者や無症状感染者の搬送を民間の交通事業者に委託する取り組みを開始した。PCR検査に用いる検体の搬送も委託する。委託先は、県内全域で路線バスなどを運行する三重交通。

第4章

公民連携を取り巻く環境

2020/6/2	雇用調整助成金、申請費用を補助＝北海道函館市	北海道函館市は、新型コロナウイルス感染拡大の影響で雇用調整助成金を受ける事業者に対して、申請事務を社会保険労務士に依頼する場合の費用として1事業者当たり40万円を上限に補助する制度を開始した。
2020/6/5	教室やホテル活用で「3密」回避＝避難所コロナ対策でガイドラインー静岡県	静岡県は、新型コロナウイルスに対応した災害避難所のガイドライン案を策定した。密閉、密集、密接の「3密」を避けるため、学校の教室やホテルを活用して避難所の数を増やすことなどが柱。県から市町に配る減災交付金も、補助率を「3分の1」から「2分の1」に引き上げた。
2020/6/12	市民の温泉利用促進に補助金＝北海道登別市	北海道登別市は、市観光協会実施の市民が地元温泉の宿泊施設などで使用できるクーポン券事業を支援する。新型コロナウイルスの感染拡大で落ち込んだ観光業の需要喚起が狙い。
2020/6/15	宿泊費最大5000円補助＝市民対象、飲食店も支援ー広島県廿日市市	広島県廿日市市は、新型コロナウイルスの影響で宿泊客が減った市内のホテルや旅館、民泊事業者を支援するため市民らを対象に宿泊費を1泊最大5000円補助する。また、飲食店の支援策として、特典付きチケットを10万枚発行する。
2020/6/23	感染リスク減へ高齢者らに優先窓口＝沖縄県浦添市	沖縄県浦添市は、新型コロナウイルスに感染した場合、重症化が懸念される高齢者や障害者、妊婦らを対象とした優先窓口を時間限定で設けている。住民票やマイナンバーの手続きなどを受け付ける。
2020/6/25	持続化給付金、分割発注へ＝民間委託の透明性確保でー経産省検討会	経済産業省は、事業の再委託や入札の在り方を議論する有識者検討会の初会合を開いた。中小事業者を支援する「持続化給付金」の今後の事業者選定では、事業を分割して発注する方針を確認した。手続きの不透明さが指摘される民間への委託事業で、契約関係の明確化を図る。
2020/6/26	経産省、委託先を予備調査＝持続化給付金の2次補正分	経済産業省は、新型コロナウイルス感染拡大で打撃を受けた中小事業者らを支援する「持続化給付金」のうち、2020年度第2次補正予算で計上した最大850億円の事務委託先について、公募前の予備調査を始めたと発表した。予備調査は、希望する事業者に入札に応じる意向を聞き取り、適正な組織体制・人員を確保しているかなどをチェックする。
2020/7/7	妊婦に1万円分の電子マネー＝埼玉県越谷市	埼玉県越谷市は、新型コロナウイルスの感染リスク低減と経済的な支援策として、妊婦に1万円の電子マネーを入金したご当地WAON「越谷まるこWAON」を支給する。妊婦健診などに向かうタクシーの料金支払いにも使用可能。
2020/7/8	職員テレワークに宿泊施設借り上げ＝大阪府泉佐野市	大阪府泉佐野市は、7〜8月に借り上げた市内の宿泊施設で職員のテレワークを試行する。新型コロナウイルス第2波や災害に備えた環境を整えるとともに、売り上げが減少した宿泊事業者を支えるのが狙い。
2020/7/10	コロナで失業者雇用の農家に補助＝熊本県南阿蘇村	熊本県南阿蘇村は、新型コロナウイルス感染拡大の影響で失業するなどした村民を雇った村内の農業経営者に、雇用賃金の一部を補助する制度を始めた。職やアルバイトを失った村民を農業経営者が時給900円以上で雇った場合、600円分を補助する。上限は作業員1人当たり月9万6000円。
2020/7/23	経産省事業の新規入札見送りー「持続化給付金」批判でー電通	電通は、経済産業省が実施する新規事業への入札を当面見送ると発表した。新型コロナウイルス感染拡大で打撃を受けた中小事業者を支援する経産省「持続化給付金」事業を請け負った経緯が不透明だとの批判を踏まえた。
2020/7/27	商店街テラス化で実証実験＝山形市	山形市や商工会議所で構成する山形エリアマネジメント協議会は、地元商店街と連携し、歩道を飲食店のテラスとして活用する実証実験を開始した。国土交通省がコロナを受けた緊急措置として道路占用の許可基準を緩和したことで実現。
2020/7/30	交付金「足りなければ政府がやる」＝鳥取県を視察ー北村地方創生相	北村誠吾地方創生担当相は、視察のため鳥取県を訪問し、平井伸治知事らから新型コロナウイルス対策の地方創生臨時交付金の増額などの要望を受けた。これに関して北村氏は、記者団の取材に「足りない分が生じてきたときには、政府がやらなければいけないことは政府がやるということになる」と述べた。
2020/8/27	感染症予防へ公共施設トイレ改修＝埼玉県鶴ヶ島市	埼玉県鶴ヶ島市は、不特定多数の市民が利用する公共施設のトイレを感染症予防の観点から改修する方針を決めた。市民が安心して快適に施設を利用できるようにすることが目的。
2020/9/23	農家の事業継続を支援＝沖縄県本部町	沖縄県本部町は、新型コロナウイルス感染拡大と出荷時期が重なり打撃を受けた町内農家の支援強化に乗り出す。全農家に肥料50袋、苗の購入費として100平方メートル当たり3000円を支給し、事業継続を後押しすることを目指す。また、今年収穫された果物の延命措置として、冷凍保管にも補助金を出す。
2020/9/25	県立学校にオンライン授業スタジオ＝大分県教委	大分県教育委員会は、すべての県立学校にオンライン授業用の配信スタジオを設置する。新型コロナウイルスの流行が続き、オンライン授業が今後必要になった場合に備える。平時から学校間などでの遠隔授業や研修などにも利用する。スタジオは県立高校など59校に設ける。

2020/ 9 /28	医療用ガウン試作で委託事業＝静岡県	静岡県は、新型コロナウイルス対策として、医療機関で感染防止のために着る使い捨てガウンを安定的に供給できる仕組みづくりを始める。県内企業にガウンの材料となる特殊な不織布を試作、縫製してもらい、医療機関で試用して強度などを確かめる。
2020/ 9 /30	県営施設、収入補填に４億円＝ホールなど約50カ所－神奈川県	神奈川県は、県民ホールや地下駐車場など県営の指定管理施設約50カ所について、新型コロナウイルスの影響で減った収入を補填するほか、営業再開に向けた消毒液の購入費を負担する。約３億5600万円を収入補填に、約5400万円を消毒液や体温計の購入費に充てる。
2020/10/ 8	公立病院改革、指針改定を延期＝財政支援策要件も見直し－総務省通知	総務省は、今夏をめどとしていた地方自治体向けの「新公立病院改革ガイドライン」の改定を延期する方針を伝える通知を都道府県に出した。新型コロナウイルスの感染拡大で、国が都道府県に求めていた公立・公的病院の再編・統合に関する結論の取りまとめが先送りされ、感染症対策を含めた今後の地域医療体制の在り方をめぐる議論を注視する必要があるため。
2020/10/14	合板からバイオマス、差額を補助＝県産木材の流通促進へ－長野県	長野県は、新型コロナウイルスの感染拡大で滞留する合板用の県産木材を木質バイオマス発電の燃料用材として販売する際に差額を一部補助する。県産木材の流通を促進し、素材生産業者らが事業を継続できるようにすることが目的。

第III部

公民連携キーワード解説

【欧文キーワード】

BID（Business Improvement District）

　地権者等の合意に基づいて特定地区を指定し、その地区内の地権者・事業者から強制的に負担金を徴収しまちづくり活動を行う仕組みとその主体となる非営利組織のこと。北米、イギリス、オーストラリア等で採用されている。その財源に基づき、清掃活動・街区メンテナンスといったまちづくり活動を行うほか、駐車場や交通機関の運営・景観維持・公共空間の管理運営・新規テナントの誘致、将来計画の策定といった自治体では担いきれないエリアマネジメント活動を行う例も多い。

　2018年6月の地域再生法の改正で「地域再生エリアマネジメント負担金制度」（日本版BID）が創設された。特定の地域で受益者（事業者）の3分の2以上の同意を得てエリアマネジメント団体が「地域来訪者等利便増進活動計画」を自治体に対して申請、認定されれば、自治体が条例を制定して負担金を徴収する。自治体は、徴収した負担金を交付金として当該地域のエリアマネジメント団体に交付する。なお、日本版BID制度創設の前に、大阪市では梅田駅周辺（うめきた地域）の地権者から地方自治法に基づく分担金を徴収してエリアマネジメントに充てる仕組みを導入していた。
関連用語：エリアマネジメント

BOT/BTO/BOO/RO/BLT/DBO

　PFI等公共サービス型PPP事業の事業方式の類型である。

　BOT（Build Operate Transfer）とは、民間事業者が自ら資金を調達し、施設を建設し、契約期間中の維持管理・運営を行い資金回収後、公共主体に施設所有権を移転する方式。

　BTO（Build Transfer Operate）とは、民間事業者が自ら資金を調達し、施設を建設、その所有権を公共主体に移転し、その代わり契約期間中の維持管理運営を行う権利を得る方式。

　BOO（Build Own Operate）とは、民間事業者が自ら資金を調達し、施設を建設し、契約期間中の維持管理・運営を行うが、所有権は公共主体に移転しない方式。

　RO（Rehabilitate Operate）とは、民間事業者が自ら資金を調達し、既存の施設を改修・補修し、契約期間中の維持管理運営を行う方式。

　また、類似した手法として、BLT、DBO等の事業方式がある。

　BLT（Build Lease Transfer）とは、民間事業者が自ら資金を調達し、施設を建設し、公共主体にその施設をリースし、契約期間中の公共主体からのリース料と施設の維持管理・運営で資金を回収する方式。契約期間終了後は、有償または無償により、施設の所有権を公共主体へ移転する。

　DBO（Design Build Operate）とは、公共が資金調達を負担し、設計・建設、運営を民間に委託する方式。公共主体が資金調達を行うことから、民間が資金調達を行うのに比べて資金調達コストが低く、VFM評価で有利になりやすいとされている。一方、公共が資金調達を行うため、設計施工、運営段階における金融機関によるモニタリング機能が働かない（働きづらい）とされている。

関連用語：PFI、PPP、VFM

CSR（Corporate Social Responsibility）

　CSRすなわち企業の社会的責任とは、企業が社会や環境と共存し持続可能な成長を図るため、その活動の影響について責任をとる企業行動であり、企業を取り巻くさまざまなステークホルダーからの信頼を得るための企業のあり方を指す。具体的な行動には、適切な企業統治とコンプライアンスの実施、リスクマネジメント、内部統制の徹底ばかりでなく、時代や社会の要請に応じた自主的な取り組みも含まれる。その範囲は環境や労働安全衛生・人権、雇用創出、品質、取引先への配慮など、幅広い分野に拡大している。また、近年では、慈善活動にとどまらず、社会と企業の両方に価値をもたらすCSV（Creating Shared Value）活動も注目されている。

KPI（Key Performance Indicator）

　重要成果指標。成果の達成に必要な項目のうち、重要なものを抽出し、客観的に評価する。PPPにおける市場化テストの実施の際に注目され、現在では地方創生事業等でも設定が求められる。結果や成果に関する客観的指標を設定することにより、依頼人は、代理人が望ましい行動をとっているかどうかを監視する（モニタリング）費用を削減できる。加えて、要求水準を示す適切な指標の設定が可能であれば、細かな仕様を指定する発注方式（仕様発注）から、サービスの質を指定する発注方式（性能発注）への転換も可能となる。

　例えば、職業訓練校の運営委託を行う場合に、KPIとして就職率を設定するなどの試みもみられた。サービスの質に応じた適切な指標の設定には課題もあるが、KPIの導入は、PPP分野のみならず、さまざまな契約に共通して応用できる概念である。

関連用語：モニタリング、モラルハザード、性能発注、市場化テスト、地方創生

NPM（New Public Management）

　民間企業における経営理念、手法、成功事例などを公共部門に適用し、そのマネジメント能力を高め、効率的で質の高い行政サービスの提供を目指すという考え方。新公共経営といわれる。1980年代の財政赤字の拡大や、当時の政府／行政部門の運営の非効率性への認識から、90年代に入り大きな政府から小さな政府への動きの中で英国、ニュージーランドをはじめとする欧米で導入された。基本的方針として、成果主義の導入、市場メカニズムの活用、市民中心主義による多様なニーズへの対応、組織の簡素化と組織外への分権などが挙げられる。

　日本では、小泉内閣の「今後の経済財政運営及び経済社会の構造改革に関する基本方針（骨太の方針）」（2001年6月閣議決定）の中で、新しい行政手法として取り上げられ、多くの自治体で取り入れられている。

関連用語：PPP

NPO（Non-Profit Organization）

　営利を目的としない団体の総称。ボランティア団体や市民団体、財団法人、社団法

人、医療法人、学校法人、生活協同組合、自治会なども含まれる。このうち、特定非営利活動促進法（NPO法）に基づき認証を受け、法人格を取得したものをNPO法人（特定非営利活動法人）といい、NPO法人のうち、一定の基準を満たし所轄庁の認定を受けたものを認定法人という（2020年8月末時点の認証法人数は5万1047法人、認定・特例認定法人数は1173法人）。認定NPOへの寄付は、寄付者に対する税制上の優遇措置および、認定NPO法人に対する税制上の優遇措置が適用される。

2017年4月1日に「特定非営利活動促進法の一部を改正する法律」が施行された。NPO法人の設立の迅速化や情報公開の推進などが主眼の改正となった。主な改正点は①認証申請縦覧期間の短縮（従来の2カ月から1カ月に）とインターネット公表を可能とする、②貸借対照表の公告を義務付ける（公告の方法は官報、日刊新聞、電子公告、公衆の見やすい場所への掲示）、③内閣府NPO法人情報ポータルサイトでの情報提供の拡大、④事業報告書等を備え置く期間の延長（従来3年から5年に）。また、認定NPO法人、仮認定NPO法人については、①海外送金に関する書類の所管庁への事前提出を不要とする、②役員報酬規程等を備え置く期間を従来の3年から5年に延長、③「仮認定」の名称を「特例認定」に変更することが定められた。

なお、NPOと同様に用いられる言葉として、NGO（Non Governmental Organization）があるが、一般的に国際的な活動をしている非営利団体を指すことが多い。また、EUにおいては社会的経済（Social Economy）という言葉が使われている。
関連用語：新たな公／新しい公共／共助社会づくり

PFI（Private Finance Initiative）

わが国におけるPPPの代表的な事業手法であり、公共施設の建設、維持管理等全般に、民間の資金・経営能力・技術力を活用するための手法である。1992年に英国で道路建設等に導入されたのが発祥で、わが国では1999年に「民間資金等の活用による公共施設等の整備等の促進に関する法律（PFI法）」が制定された。

2018年6月の法改正では、政府へのPPPワンストップ窓口の設置と助言等機能の強化、コンセッション事業では利用料金の設定に関して指定管理者制度上の承認を得ずに届出で済むようにするなどの特例、運営権対価を使って水道事業等の財投資金への繰上償還をする場合の補償金免除などが盛り込まれた。

2011年の改正では、公共施設等運営権（コンセッション）の創設等、13年の改正では、官民連携インフラファンドの機能を担う「民間資金等活用事業推進機構」の設立が盛り込まれた。15年の改正では、コンセッション事業者等に対しての公務員の派遣制度を導入した。

なお、PFI発祥の地である英国では、2018年秋に、中央政府とイングランドで新規のPFI事業を実施しない方針を打ち出した。一方で、スコットランド、北アイルランド、ウェールズではPFIをベースとしたPPP手法が導入されている。財務省・内閣府下でPFI事業や長期インフラ計画などを所管しているIPA（Infrastructure Projects Authority）は、PFIに限らず、インフラ整備の効率性向上、パフォーマンス向上

のための活動を進めている。

　PFI事業の基本的なスタンスは、民間資金を活用することにあるが、クリーンセンター等におけるDBO方式や公営住宅整備におけるBT方式＋余剰地活用など補助金・交付金、起債による公共側の資金調達であっても、複数の業務を束ねて一括して民間に事業を委ねるための手法としても用いられている。

関連用語：コンセッション（公共施設等運営権）、サービス購入型／独立採算型／混合型

PPEA（Public Private Educational Facilities and Infrastructure Act）

　2002年に米国バージニア州で制定された法律である。民間からの自由な提案により公共施設整備と民間プロジェクトを同時に実行できるのが特徴。名称に、Education（教育）が含まれているが、学校などの教育施設だけでなく、庁舎、病院、駐車場、下水処理場、図書館などすべてのインフラ整備が対象とされ、多くの実績をあげている。米国内では、本法をモデルとしたPPP法を制定する州が増加している。

　この法律では、民間が自由に実施する事業、規模、手法のアイデアを提案することができ、提案時に民間が自治体に審査料を支払うこととなっている。自治体は、この審査料を活用して提案された事業の妥当性審査を行い、事業可能と判断した場合、対抗提案を募集する。世界的に、PPP法に民間提案制度を盛り込んでいる例は多いが、審査料を徴収する例は珍しい。

関連用語：民間提案制度

PPP（Public Private Partnership）

　狭義には、公共サービスの提供や地域経済の再生など何らかの政策目的を持つ事業を実施するにあたって、官（地方自治体、国、公的機関等）と民（民間企業、NPO、市民等）が目的決定、施設建設・所有、事業運営、資金調達など何らかの役割を分担して行うこと。その際、①リスクとリターンの設計、②契約によるガバナンスの2つの原則が用いられていること。広義には、何らかの政策目的を持つ事業の社会的な費用対効果の計測、および官、民、市民の役割分担を検討すること。世界の代表的なPPP研究機関のNCPPP（National Council for PPP、米国PPP協会）では、以下の通り定義されている。

"A Public-Private Partnership is a contractual agreement between a public agency（federal, state or local）and a private sector entity. Through this agreement, the skills and assets of each sector（public and private）are shared in delivering a service or facility for the use of the general public. In addition to the sharing of resources, each party shares in the risks and the rewards potential in the delivery of the service and/or facility."

CRE/PRE（戦略）

　CRE（Corporate Real Estate）とは、企業価値を最大化するため、企業が所有・賃貸・リース等により、事業を継続するために使用するすべての不動産を、担当部署の垣根を越えて経営的観点から効果的に運用しようとする戦略。

同様にPRE（Public Real Estate）とは自治体や国において低・未利用資産を含めて公有資産を最大限有効に活用する戦略。売却可能資産の算出などの自治体の公会計改革、資産債務改革はPREを導入・推進する好機となる。政府調査によると、公的不動産はわが国の不動産規模約2500兆円のうち、金額規模で約580兆円（全体の約23%相当）、面積規模で国土の約36%を占めている（国土交通省「PRE戦略を実践するための手引書（2012年3月改訂版）」p. 2）。

関連用語：公共施設マネジメント（白書）、公会計改革

PSC（Public Sector Comparator）

PSC（Public Sector Comparator）とは、公共が施設の設計、施工、維持管理の各業務を個別に発注・契約する従来型の公共事業を実施した場合のライフサイクルコスト。PFI事業での事業実施が従来型の公共事業方式に比べてメリットがあるかを評価するVFMの算定の際に試算する。

関連用語：VFM

TIF（Tax Increment Financing）

米国で広く利用されている課税制度であり、特に衰退した中心市街地の再生に使われるシステムの一つ。各州の州法で規定された一定の要件を満たす地域・プロジェクトを対象とするもので、But-For Test（TIF以外の手法では再生が実現されないと認められること）等の要件を課す例も多い。TIF地区を指定し、区域内での財産税等の課税評価額を一定期間固定した上で、

新たな開発などによる課税評価額の上昇分にかかる税収を、基盤整備や民間事業者への補助等の財源に充てる仕組み。将来の税の増収分を償還財源としてTIF債として証券化することや、基金に税の増加額が積み立てられた時点で事業を行うことなども可能。開発利益が生まれないと成立しないため、ポテンシャルの低い開発を淘汰する効果や、地域内での再投資により第三者の信頼を得やすいという効果もある。

VFM（Value For Money）

VFM（Value For Money）とは、支払い（Money）に対して最も価値の高いサービス（Value）を供給するという考え方である。同じ質のサービスであれば、より価格の安い方がVFMがあるとし、同じ価格であれば、より質の高いサービスの方がVFMがあるということになる。

VFMの定量的な算定方法としては、PSCの現在価値とPFI事業として行うライフサイクルコスト（PFI LCC）の現在価値を試算し、（PSC−PFI LCC）÷PSC×100で算定される。PFI LCC<PSCとなればVFMがありPFI事業で実施するメリットがあるということを示す。

関連用語：PFI、PSC

WTO政府調達協定

WTO政府調達協定（Agreement on Government Procurement、略称GPA）は、ウルグアイラウンドの多角的貿易交渉と並行して交渉が行われ、1996年1月1日に発効した国際協定。1995年1月に発効した「世界貿易機関を設立するマラケ

シュ協定（WTO協定）」の附属書四に含まれる四つの複数国間貿易協定の一つ。

それまで政府調達において適用されていた、自国と他の締約国の産品や供給者の待遇を差別しないことを定めた「内国民待遇の原則」や「無差別待遇の原則」の適用範囲を新たにサービス分野の調達や地方政府機関（都道府県と政令指定都市）による調達等にまで拡大した。適用基準額は産品、サービスによって異なるが、建設工事の調達契約においての適用基準額は、国6億9000万円、都道府県、政令市23億円（適用期間は2020年4月1日～2022年3月31日）と定められている。

この要件に該当するPFI事業は一般競争入札となる。

わが国は協定の適用を受ける機関及びサービスの拡大、開発途上国の協定加入に対する特別な待遇、電子的手段の活用による調達手続の簡素化、民営化した調達機関の除外の円滑化等を定めた改正議定書を2014年に受諾した。

【日本語キーワード】

新たな公／新しい公共／共助社会づくり

「新たな公（こう）」は、行政だけでなく多様な民間主体を地域づくりの担い手と位置付け、これらの主体が従来の公の領域に加え、公共的価値を含む私の領域や、公と私との中間的な領域で協働するという考え方。2000年7月に閣議決定された「国土形成計画（全国計画）」において四つの戦略的目標を推進するための横断的視点と位置付けられた。民主党政権における「新しい公共」、第2次安倍政権における「共助社会づくり」においても基本的な路線は引き継がれている。

また、地域において、市民や民間主体（企業、NPO等）の活動が多様化、高度化していることから、「公共的価値を含む領域」の範囲が広がっている。これらの多様な主体による地域経営、地域課題解決をめざす「多様な主体による協働」の推進も進められている。

アフェルマージュ（affermage）

アフェルマージュとは、フランスで導入されているPPPの一形態で、行政が施設等の整備を行い、所有権を保有し続けるなど一定の官の関与を残したうえで、民間事業者に施設をリースし、民間事業者が利用料収受・事業収益・自己投資等によって社会資本の運営を行う事業形態である。コンセッション方式との違いは、公共施設の整備を公共が行うこと、期間が8～20年程度と比較的短いことが挙げられる。

関連用語：コンセッション（公共施設等運営権）

イコールフッティング（equal footing）

　競争条件の同一化。商品・サービスの販売で、双方が対等の立場で競争が行えるように、基盤・条件を同一にすることなどを指す。例えば、PFIと従来型の公共事業との比較におけるイコールフッティングの実現のためには、従来型の公共事業における、自治体等が国から供与を受けている補助金、地方交付税のほか、自治体の起債による低利の資金調達、法人税や固定資産税などの非課税措置等によるコスト面での優位性に鑑み、PFI事業者にも同様の優位性を付与すること（あるいは差を除却して比較すること）が求められる。

一括発注

　事業実施にあたり、業務の一部、またはすべてを同じ事業者に発注すること。わが国の従来型公共事業では、設計、建設、運営などを別々に発注（分割発注）していたが、これらを同一業者に発注する。例えば、インフラなどの事業を実施する際に、設計（Design）と施工（Build）を一括して同一事業者へ発注するDB方式や、PFIで、設立された特定目的会社（SPC）に、設計・建設・維持管理・運営まで含めたすべての業務を一括して発注する事業契約を締結することなどがこれに当たる。

　また、都道府県が県下の複数自治体からの要請に基づいて小規模業務をまとめて発注することを指すこともある。

関連用語：性能発注／仕様発注

インセンティブ（incentive）

　取引後に、代理人が依頼人の望んだ行動をしない状態（モラルハザード）を防止するために、代理人の意欲や動機を高める誘因を与えること。代理人の行動がもたらす結果や成果についてあらかじめ指標を設定し、これに報酬を連動させることで、依頼人と代理人の間にある利害の不一致（エージェンシー問題）を軽減しようとするもの。企業経営においては、通常の給与・賞与以外に、社員の業績に応じて支払われる奨励金、報奨金、昇進などの評価等さまざまなものがある。契約にインセンティブ条項を入れることで、通常期待される以上の成果を得られるほか、モニタリング費用が節約されるなどの利点もある。

　PPPの事例としては、体育施設や駐車場の指定管理者制度で利用料金制度を採用している場合に、利用料収入が想定を上回ると、収入の一定割合を民間事業者が受け取れるようにしているケース等がこれに当たる。

関連用語：モラルハザード、モニタリング、ペナルティ

インフラ長寿命化基本計画

　2013年11月29日「インフラ老朽化対策の推進に関する関係省庁連絡会議」で策定された政府としての計画。国、自治体、その他民間企業等が管理する全てのインフラを対象に、中長期的な維持管理・更新等に係る費用縮減、予算の平準化、メンテナンス産業の強化のために策定された。

同計画では、さらに、「各インフラの管理者及びその者に対して指導・助言するなど当該インフラを所管する立場にある国や地方公共団体の各機関は、インフラの維持管理・更新等を着実に推進するための中期的な取り組みの方向性を明らかにする計画として、インフラ長寿命化基本計画（行動計画）」を策定することとされている。これに基づき、国の機関は、各省所管のインフラに関する行動計画を策定した。また、地方公共団体については、公共施設等総合管理計画として策定が求められている。

国が実施した2020年3月末時点のフォローアップ結果では、20年度末までの策定を求められている「個別施設計画」については、自治体でも策定が順調に進んでいるが、港湾の市区町村が管理する水域施設や荷さばき施設を含む「その他」施設、自動車道の地方道路公社が管理する橋や民間企業が管理する大型構造物等で遅れがみられる。

関連用語：公共施設等総合管理計画、立地適正化計画

インフラファンド

投資家から資金を集め、キャッシュフローを生む各種インフラ（例：空港、港湾、有料道路、発電所）に事業資金を投下するファンドを指す。欧州をはじめ海外では、安定したキャッシュフローを生む投資対象として年金基金などがインフラファンドへの投資を行っている。

国・地方自治体の厳しい財政状況に加え、高度経済成長期に集中整備されたインフラの整備・更新の必要性の高まりを踏まえ、民間資金を活用しながら社会資本の整備を推進する「株式会社民間資金等活用事業推進機構」が2013年10月に設立され、独立採算型（コンセッション方式を含む）および混合型のPFI事業に対する金融支援を開始した。具体的にはメザニンへの投融資を行うほか、事業安定稼働後におけるPFI事業の株式・債権取得を行うこと等によりPFI事業の推進を図ることを検討している。

関連用語：PFI、コンセッション（公共施設等運営権）

インフラ・マネジメント／省インフラ

道路・港湾・河川・鉄道・通信情報施設・上下水道・公園などの都市基盤施設（インフラ）について、管理運営に要するコスト、利用状況といった動的な情報も含め、データの把握や施設の存続・運営体制の見直し等の議論を共有化して、施設の更新優先順位やコストの削減・平準化の検討および実施を行うこと。

省インフラとは、「公共施設、インフラ双方につき、できるだけ公共サービスとしての水準を維持しつつ、最大限負担を引き下げること」を総称する概念。本センターが、「省エネ」との比較を意識して新たに提唱した。具体的な取り組みとしては、ネットワークインフラの物理的縮減、ライフサイクルコストの抑制を目的とし、物理的インフラや大規模なネットワークインフラに頼らずとも生活の質を維持できるようにする技術、サービス、制度を推進していく取り組みの総称。コンパクトシティや施設の多機能化・ダウンサイジング、長寿命化、サービスのデリバリー、自立供給など様々な手法、技術等があげられる。

関連用語：公共施設マネジメント（白書）

ヴァリアントビッド（Variant bid）

　代替提案。VFMをより高めるため、発注者ニーズの本質やコンセプトを変えずに、要求水準書を見直した（逸脱した）応募者独自の提案による入札。

　英国のPFI事業で実施されているヴァリアントビッドは、発注者の提示した要求水準に基づいて提出するリファレンスビッド（Reference Bid、提出必須）に加えて、VFMがより高まるように要求水準書を見直した応募者独自の提案（収支構造やリスク分担の変更を伴うことも可能）として提出する。ヴァリアントビッドの提出は、応募者の任意であるが、「提出が奨励」されている。

　リファレンスビッドとヴァリアントビッドでの提案は収支やリスク分担を調整した後のVFMを算定して比較を行う。

　日本で実施されている入札VE（Value Engineering）は、発注者の要求水準（設計図書）の範囲内で設計変更や工期短縮、コスト削減のための工法変更等を提案するにとどまるのに対し、民間事業者が要求水準の見直しまで踏み込んで提案することで、VFMをより高めることができると期待される。

　英国のヴァリアントビッドの事例である内務省本庁舎建替事業では、ヴァリアントビッドを採用した理由として、「行政サービスの効率性の向上」「長期で評価した場合により高い価値を生み出すと期待できる」「土地の売却益の増大（VFM向上要素）」をあげている。
関連用語：PFI、VFM、民間提案制度

エリアマネジメント

　一定の広がりを持った特定のエリアについて、良好な環境や地域の価値を維持・向上させるため、単発の開発行為など、ただ「つくること」だけでなく、地域の管理・運営という「育てること」までを継続的な視点で一貫して行う活動のこと。地域の担い手による合意形成、財産管理、事業者イベントの実施などの主体的な取り組みまでを含む。その結果として、土地・建物の資産価値の維持・向上や、住宅地における住民主体による取り組みにおいては、住民満足度の高まりも期待される。

　エリアマネジメントを法的に支援するものには、都市再生特措法に基づく都市再生推進法人、都市利便増進協定、まちづくり支援強化法に基づく歩行者ネットワーク協定などがある。歩行者ネットワーク協定は、歩行者空間の整備、管理について地権者全員が合意し、市町村の認可を得た協定が承継効力を持つのが特徴。

　国交省は2008年に「エリアマネジメント推進マニュアル」を公開しているほか、2018年6月施行の改正地域再生法では、地域再生エリアマネジメント負担金制度（日本版BID）が導入され、エリアマネジメント活動の財源確保の幅が広がった。
関連用語：BID（Business Improvement District）

大きな政府（big government）

　かつての英国の政策を評した「ゆりかごから墓場まで」という表現に代表される完全雇用政策や社会保障政策を積極的に行うことを志向する福祉国家型の国家概念。大

きな政府は、第二次世界大戦後、先進国の政策の主流になったが、財政の肥大化や公企業の非効率化を生み出したとされる。1970年代末以降、英国のサッチャリズムや米国のレーガノミクスによる改革につながった。

関連用語：NPM、小さな政府、第三の道、ナショナル・ミニマム、シビル・ミニマム

ガバナンス

複数の関係者の間で役割を分担して目的を達成する場合に、代理人が望ましい行動をとるように依頼人が規律付けすること。民間企業では、コーポレートガバナンス（企業経営に対する規律付け）という言葉が有名である。この場合、所有者である株主の利益を経営者にどのように追求させるかが問われる。PPPでは、官が決定した目的の全部または一部の実行を民に依頼する際に、契約に基づいて民の実行をガバナンスする必要があり、これが、PPPの定義に含まれる「契約によるガバナンス」の意味である。

関連用語：PPP、インセンティブ、ペナルティ、モニタリング

行政財産

地方公共団体が所有する土地や建物などの不動産、工作物、船舶や浮桟橋、航空機などの動産、地上権などの物権、特許権などの無体財産、国債や株式などの有価証券を公有財産といい（地方自治法第238条）、行政財産と普通財産に分類される。国の場合は国有財産といい、国有財産法に規定されている。

行政財産は、地方自治体や国が業務で使用する財産のことをいい、公用財産と公共用財産に分類される。公用財産は利用目的が庁舎や警察署・消防署など行政業務上での利用に供するもので、これに対し、公共用財産は道路、公園、学校など住民が公共サービスとして利用するものを指す。利用目的がなくなった行政財産は、用途廃止を行い、普通財産として管理を行う。

行政財産は原則として、貸付、交換、売払等を行うことができないが、近年規制が緩和され、公共施設内に民間企業を誘致する例なども出てきている。

関連用語：普通財産

行政評価

地方自治体における行政評価とは、政策、施策、事務事業について、実施内容やコストなどの現状把握を行い、その達成度や成果及び妥当性を検証し、さらに課題整理と今後の方向性を検討するものをいう。評価主体は、事業担当課による自己評価や庁内組織による評価のほか、有識者や市民による外部評価を取り入れている自治体もある。

評価の単位は事務事業が最も多く、評価結果は事務事業評価シート等の名称で呼ばれる統一の書式にまとめられ、行政自ら政策・施策・事務事業の検証改善を行うことや、予算要求・査定等に活用されるほか、議会への報告、ホームページ等により公表し、住民に対する自治体運営の説明責任を果たす役割も担っている。

競争的対話／競争的交渉

　現在の調達・契約制度においては、総合評価落札方式など、価格と品質を考慮した手法もあるものの、基本的には、あらかじめ仕様等を定めることができる定型的な財・役務を調達する前提のもと、価格競争・自動落札方式が原則となっている。しかし、社会のニーズが多様化・複雑化し、また、民間における技術革新が進む中、発注者があらかじめ仕様を規定し、それに沿って価格競争を行うことは困難になっており、競争的対話および競争的交渉方式が注目されている。

　競争的対話とは、多段階で審査される入札プロセスの中で、発注者と入札参加者が書面や対面によって対話を行うこと。事業内容や事業で求められる性能（発注内容）などを対話によって明確化し、よりよい事業提案を促すもので、イギリスのPFIで採用された後、欧州では2004年のEU指令を受けて導入されている。日本でも、2006年のPFI関係省庁連絡会議幹事会申し合わせで、対象事業（運営の比重の高い案件に適用、段階的審査、対話方法、落札者決定後の変更）について整理され、国・自治体で多数実施されている。

　一方、競争的交渉方式とは、契約者選定に至るまでの段階で、複数の事業者に対して、技術力や経験、設計に臨む体制等を含めた提案書の提出を求め、競争的プロセスの中で各提案者と交渉を行った上、それを公正に評価して業務に最も適した事業者を選定する方式と定義される。WTO政府調達協定では一定の場合に認められているほか、アメリカでは連邦調達規則（FAR）によって認められている。競争的対話と異な

り、入札を行わないことから、入札を原則とする日本での導入には会計法令の改正が必要である。

　「競争的」の意味は、すべての参加者に対話や交渉の権利を付与し透明性、公平性を確保する趣旨である。

関連用語：民間提案制度

クラウド・ファンディング

　クラウド・ファンディングとは、一般に、「新規・成長企業と投資家とをインターネットサイト上で結びつけ、多数の投資家から少額ずつ資金を集める仕組み」と言われている。

　出資者に対するリターンの形態により、主に「寄付型」、「購入型」、「投資型」が存在し、その特徴は、「寄付型」はリターンなし、「購入型」は金銭以外のリターンの提供、「投資型」は金銭によるリターンの提供に整理できる。主な事例としてREADY-FOR（購入型、寄付型）、セキュリテ（投資型）が挙げられる。

　日本においては、必ずしも金銭によるリターンを伴わない形態での取扱いが中心であり、投資型は限定的であったが、内閣府に設置された「ふるさと投資連絡会議」を通じて良質な案件形成を促進するための環境整備が検討された。これに基づき、2014年金融商品取引法改正により、少額（募集総額1億円未満、一人当たり投資額50万円以下）の投資型クラウド・ファンディングを取り扱う金融商品取引業者の参入要件が緩和された。

関連用語：地域密着型金融（リレーションシップバンキング）

公会計改革

　従前の単式簿記・現金主義による手法を改め、複式簿記・発生主義による公会計の整備を行うこと。2006年成立の行政改革推進法、同年の総務省「新地方公会計制度研究会報告書」、2007年「新地方公会計制度実務研究会報告書」に基づく。対象は自治体と関連団体等を含む連結ベースで貸借対照表、行政コスト計算書（企業会計でいう損益計算書）、資金収支計算書、純資産変動計算書の4表を作成する。資産・負債額を公正価値（再調達価格など）で評価する「基準モデル」、地方公共団体の事務負担等を考慮して既存の決算統計情報を活用して作成することを許容している「総務省方式改訂モデル」がある。その他、東京都や大阪府等の方式は、発生の都度複式仕訳を実施する方式であり、官庁会計処理と連動したシステムを導入している。2010年度決算からは人口規模にかかわらず取り組みが必要になった。

　2012年から、国際公会計基準（IPSAS）や国の公会計の動向を踏まえて地方での新公会計についての検討が始まり、2014年10月には、2015〜17年度の3カ年で固定資産台帳を整備するよう全国の自治体に通知し、合わせて台帳の整備手順などをまとめた指針を示した。また、台帳の整備に必要な経費に対しては特別交付税措置を講ずる方針を決めた。固定資産台帳の整備率は2019年度末で100％、一般会計等財務書類の整備率は2018年度末で100％となった。

　2018年3月には「地方公会計の活用の促進に関する研究会報告書」をまとめ、先進事例を基に固定資産台帳の更新実務の取り組み方法、民間事業者等への公表のあり方、財務書類の作成の適切性と固定資産台帳との整合性を確認するチェックリストの整理、財務書類の見方や指標による分析の方法と活用プロセスについて考え方と実例を示した。2019年8月には地方公会計マニュアルを改訂した。
関連用語：PRE／CRE（戦略）、公共施設マネジメント（白書）

公共施設等総合管理計画

　インフラ長寿命化基本計画で定められた地方公共団体の行動計画に該当する。2014年4月22日付総務大臣通知「公共施設等の総合的かつ計画的な管理の推進について」に基づき策定が要請され、同日付の「公共施設等総合管理計画の策定にあたっての指針」で具体的な内容が示された。

　同概要によると、1）所有施設等の現状として、老朽化の状況や利用状況をはじめとした公共施設等の状況、総人口や年代別人口についての今後の見通し、公共施設等の維持管理・更新等に係る中長期的な経費やこれらの経費に充当可能な財源の見込みなどについて、現状や課題を客観的に把握・分析すること、その上で、2）施設全体の管理に関する基本的な方針として、10年以上の計画とすること、全ての公共施設等の情報を管理・集約する部署を定めるなど全庁的な取組体制の構築及び情報管理・共有方策を講じること、今後の公共施設等の管理に関する基本方針を記載すること、計画の進捗状況等についての評価の実施について記載すること等が示されている。計画策定に要する経費について特別交付税措置（措置率1／2）が講じられた。2017年度には、公共施設等適正管理推進事業債が

創設され、長寿命化、転用、除却、立地適正化等への地方債が認められている。

関連用語：インフラ長寿命化基本計画、立地適正化計画

公共施設マネジメント（白書）

公共施設マネジメントとは、公共施設の建築年、面積、構造など建築物の保全管理に必要な静的な情報だけでなく、施設の管理運営に要するコスト、利用状況といった動的な情報も含め、データの把握や施設間比較を可能とすることで、市民と行政が、施設の存続・統廃合の判断、運営体制の見直し等の議論を共有化して、公共施設の更新優先順位、再配置計画の検討等を行うことである。また、そのデータブックとして公共施設マネジメント白書や公共施設白書がある。土地、建物等に対して、経営的視点に基づく設備投資や管理運営を実施してコストの最小化や施設効用の最大化を図るファシリティマネジメントを推進するための基礎資料として極めて有効である。

先進事例として、神奈川県秦野市や千葉県習志野市が知られている。

関連用語：PRE／CRE（戦略）、公会計改革

公募型プロポーザル方式

公募型プロポーザル方式とは、事業の提案を公募し、最優秀提案者を優先交渉権者とする方式。交渉の結果、当該提案者と契約することが原則となる。形式的には随意契約であり、地方自治法上の随意契約の要件（地方自治法第234条第2項、同施行令第167条の2第1項各号）を満たす必要が

ある。

手続きを透明かつ公平に運用することで、競争力のある優れた提案を誘導することができる方式であり、設計業務が含まれる案件で採用されることが多い。

関連用語：総合評価一般競争入札

公民合築施設

公共施設と民間施設とを組み合わせて多用途一建物として設計・建設する施設のことをいう。合築により管理運営の効率化が図られるほか、公共施設の集客能力と民間施設の魅力付けの相乗効果による施設全体の付加価値向上、ひいては地域経済への波及効果が期待される。岩手県紫波町の塩漬けになっていた10.7ヘクタールの土地を公民連携で開発するオガールプロジェクトの中でこの手法が使われている。

ただし、複数所有者による合築は区分所有建物となるため、区分所有者間の管理運営修繕に対する考え方の調整や将来の建替え時の合意形成などに留意が必要である。

関連用語：PRE／CRE（戦略）

国家戦略特区

日本企業の国際競争力強化と世界一ビジネスをしやすい環境をつくることを目的に、経済社会分野の規制緩和などを重点的・集中的に進めるための特区。これまでの特区が地方からの提案を受けて行われているのに対し、国主導で進められている。あらかじめ改革を検討する事項が示され、各特区でそれに沿ったプログラムを提案、実施する。まちづくり、医療、雇用、観光、農業等の分野についての検討が行われ

ている。提案のうち、構造改革に資すると考えられるものは、構造改革特区として認定する。構造改革特区の規制の特例措置についても、計画が総理大臣の認定を受ければ活用することができる。

これまでに、東京圏、関西圏、新潟市、兵庫県養父市、福岡市、沖縄県などをはじめ10都市（圏）が指定されている。

また、AIやビッグデータをはじめ新技術を活用した最先端都市「スーパーシティ」構想の実現に向けた検討が進んでいる。

コンセッション（公共施設等運営権）

コンセッションは、ヨーロッパをはじめ公共施設の整備・運営に関わるPPPの手法として活用されているもの。公共施設の整備・運営において、民間事業者に事業実施に関わる開発・運営等の権利を付与し、民間事業者が民間資金で公共施設を整備し、利用料収入から事業収益を得て独立採算で施設運営を行う事業方式をいう。ヨーロッパでは水道事業をはじめ、橋梁整備、有料道路建設等の幅広い分野でコンセッション方式のPPP事業が実施されている。

わが国では、2011年の改正PFI法で公共施設等運営権が創設された。公共施設等運営権は、譲渡や抵当権の目的となるとともに物権としてみなし、その取扱いについては不動産に関する規定が準用されることとなっている。

2013年6月には、「公共施設等運営権及び公共施設等運営事業に関するガイドライン」が公表された。ガイドラインでは、運営権対価の算出・支払方法等、更新投資・新規投資の取扱い、事業者選定プロセス、運営権の譲渡・移転等、事業終了時の取扱い等について、制度運用に関する基本的な考え方が解説されている。

公共施設等運営権制度は、利用料金を徴収する施設に適用できること、抵当権の設定や譲渡が可能となること、事業期間中で減価償却が可能であることなど、インフラを含む公共施設を民間が包括的に運営する際にメリットがある制度となっており、今後の活用が期待されている。

空港では、仙台空港、関空・伊丹・神戸空港、高松、静岡、福岡、北海道7空港、広島空港で導入が進んでいる。道路分野では、愛知県道路公社の所有する路線で民間事業者による運営が始まっている。また、重点分野に指定されている上下水道でも検討が進んでいる。静岡県浜松市の下水道事業、高知県須崎市の下水道事業、熊本県有明・八代工業用水道で事業が始まった。また、宮城県の上工下水一体運営事業でも事業者の選定が進められている。

コンセッション事業の適用拡大を図るため、2020年6月に改訂された「PPP/PFI推進アクションプラン」では、コンセッション事業に密接に関連する「建設」「改修」等について、運営権事業者が実施できる業務の範囲を明確化し、民間事業者が創意工夫を発揮しやすい環境整備を図る方針が明記された。

関連用語：PFI、改正PFI法、アフェルマージュ、インフラファンド、包括的民間委託

コンバージョン／リノベーション

採算性や収益性など不動産の存在価値を見直し、有効活用する場合に採用する手法

の一つで、躯体は解体せずに、設備や仕様に手を加え、建物の「利用」「用途」を変更すること。コンバージョンは用途変更を伴う改修、リノベーションは必ずしも用途変更を伴わない改修のことを指すのが一般的である。

スクラップアンドビルド（解体＆新築）では採算が合わない場合、既存建物に保存すべき価値のある場合、あるいは解体すると同じものを建てられない場合などに活用される。例えば、建物オーナーから一括で借り受けて、建物をコンバージョンすることにより、テナント収入を増加させることも考えられる。家守（やもり）事業や商店街再生など、自治体や民間の不動産活用戦略のメニューの一つである。

関連用語：家守（やもり）

サービス購入型／独立採算型／混合型

PFI事業は、民間事業者の収入の源泉によって、以下の三つの方式に分けられる。

サービス購入型とは、PFI事業者が整備した施設・サービスに公共主体が対価（サービス購入料）を支払うことで、事業費を賄う方式。公共主体からあらかじめ定められたサービス購入料が支払われるため、安定的に事業を行うことができる。

独立採算型とは、PFI事業者が整備した施設・サービスに利用者が料金等を支払うことで、事業費を賄う方式。同方式の場合、利用者の増減によりPFI事業者の収入が影響を受ける等、PFI事業者が長期にわたり大きな事業リスクを負担することになる。

混合型とは、独立採算型とサービス購入型を組み合わせて、利用者による料金等と

サービス購入料により、事業費を賄う方式。「ジョイント・ベンチャー型」ともいわれ、官民で応分のリスク負担を行う意図がある。

これまでのPFI事業はサービス購入型が多数を占めてきたが、厳しい財政状況の中、公共主体の支出を伴わない独立採算型や混合型を推進するとともに、サービス購入型でも業績連動方式や包括化など財政負担を圧縮する方法を工夫していく必要があると考えられている。

関連用語：PFI

債務負担行為

自治体において、議会の議決により、予算内容の一部として契約等で発生する将来の一定期間、一定限度の支出負担枠を設定すること。PFIなどでは民間に長期の契約履行義務を課しているので、民間の立場を安定させるとともに、契約上対等の権能を持つためには必須の手続きである。

現金支出を必要とするときは、改めて歳出予算に計上し現年度化を行う必要がある。継続費と異なり弾力的な財政運営が可能なため、事業期間が複数年度にわたる公共事業等で広く活用される。地方自治法第214条に規定。国が債務を負担する場合には、「国庫債務負担行為」になる。

市場化テスト

公共サービスの提供を、官と民が対等な立場、公平な条件のもとで入札し、価格と質で優れた方が行う制度。競争原理を持ち込むことで、コスト削減や質の向上などが期待されている。英国サッチャ一政権が

1980年代に導入した「Compulsory competitive tendering（CCT）」に起源があり、米国、オーストラリアなどでもすでに導入されている。わが国では2006年「競争の導入による公共サービスの改革に関する法律」（通称「公共サービス改革法」）により導入された。

同法では、特例として民間に委託できる特定公共サービスを定めうるものとされ、現在、住民票交付業務などが指定されている。市場化テストには、官民競争入札および民間競争入札がある。官民競争入札は、「官」と「民」が対等な立場で競争入札に参加し、質・価格の両面で最も優れたものがそのサービスの提供を担う仕組み。民間競争入札は、「官」が入札に参加せず、「民」のみで入札を行うものを指す。通常の業務委託と同じであるが、市場化テストの枠組みで実施することで、公平性、透明性が担保される。

導入決定事業数は402事業で、コスト削減額は年220億円、3割弱の削減効果である。

自治体財政健全化法

地方公共団体の財政状況を統一的な指標で明らかにし、財政の健全化や再生が必要な場合に迅速な対応をとるための「地方公共団体の財政の健全化に関する法律（いわゆる自治体財政健全化法）」が2009年4月に全面施行され、四つの指標（実質赤字比率、連結実質赤字比率、実質公債費比率、将来負担比率）の算定と公表が義務付けられた。従来の制度との違いは、①財政再建団体基準に加えて早期健全化基準を設け、早期健全化を促す仕組みを導入したこと、

②一般会計を中心とした指標（実質赤字比率）に加え、公社や三セクも含めた地方公共団体全体の財政状況を対象とした指標（連結実質赤字比率）を導入したこと、③単年度のフローだけでなくストックに注目した指標（将来負担比率）を導入したこと、④情報公開を徹底したこと、⑤地方公営企業についても、指標（資金不足比率）を導入し経営健全化の仕組みを導入したこと、などがある。

指定管理者制度

民間企業、NPO等が公の施設（住民の利用に供する目的で自治体が設置する施設。当該自治体による所有権、賃借権の取得など条件がある）を管理できるようにした制度。2003年の改正地方自治法で導入され（地方自治法第244条の2）、2018年4月1日時点で全国で7万6268件の導入例がある。

旧管理委託制度は、公の施設の管理は公共団体（財団法人、公社等）や公共的団体（産業経済団体、自治会等）などに限られていたが、同制度の導入により、民間企業やNPO等による管理も可能となった。利用料金制度の適用も可能で、指定管理者の創意工夫で得た利益は、経営努力へのインセンティブとすることもできる。こうした仕組みにより、施設利用率向上などの効果が上がる事例も見られるが、一方で、指定管理者の硬直化（以前からの管理団体が継続的に受託するケース）などの弊害も指摘されている。

関連用語：利用料金制度

シティ・マネジメント／シティ・マネジャー

シティ・マネジメントとは、自治体運営の経営手法もしくは経営的手法を導入すること一般を指す広い概念であるが、具体的には自治体を経営組織として捉えて地域の客観的データを分析し、公共施設インフラ・マネジメントやファイナンスマネジメント等の多様な民間的経営手法を導入し政策を立案・実行していくことを指す。米国ではシティ・マネジメントの主な担い手として6割以上の市で市長または議会が任命するシティ・マネジャーが置かれている。

シビル・ミニマム

ナショナル・ミニマムに加えて地方自治体が確保する最低限度の生活環境基準である。松下圭一著『シビル・ミニマムの思想』により理論化された造語。都市間でレベルの引き上げ競争が激化し、結果として今日の財政悪化の一因となったと考えられる。
関連用語：ナショナル・ミニマム、大きな政府

市民参加

市民参加とは、市民が地域的公共的課題の解決に向けて、行政や社会等に対して何らかの影響を与えようとする行為で、ここでいう市民は、在住者だけでなく在勤者・在学者も含め広範な視点で捉えられることもある。日本における住民自治の原理に基づく行政参加権としては、首長選挙権、首長等解職請求権、条例制定・改廃請求権、事務監査請求権、住民監査請求権、住民訴訟権、情報公開請求権、住民投票権等があり、2000年の地方分権一括法施行に至る議論を含めた地方分権改革以降、多くの自治体で市民参加に係る条例が定められるようになった。

PPPとの関連においては、官が、市民の意向を十分に把握せずにサービスの内容や提供方法を決めることによって生じるミスマッチ（官の決定権問題）を回避するために、官の意思決定の前提として、無作為抽出の市民アンケートにより市民の意向を確認することや、特定の公共サービスやボランティア団体等の活動を指定してふるさと納税等を行うことも市民参加の一種と捉えている。

世界的には、国際市民参画協会（IAP2）がまとめた市民参加のスペクトラムが広く使われている。これは、市民参加の目的や手法を市民参加の度合いで5段階に整理したもの。行政が一方的に決定や情報を伝える「情報提供（Inform）」、市民の意見を聞く「意見聴取（Consult）」、市民の意見を聞きそれを施策等へ反映させる「意見反映（Involve）」、市民とともに解決策や代案等を検討する「共同決定（Collaborate）」、市民に決定の権限を持たせる「権限移譲（Empower）」に分けられている。

市民資金

税金とは異なり、市民の意思で公共サービスに拠出される資金。寄付・地方債（住民参加型市場公募債等）の購入出資等を含む。特徴として、①市民を中心に、企業・団体も含め、幅広い対象から資金の提供を得ること（資金提供者の広範性）、②市民自ら共鳴する公益性の高い公共サービス等

に資金が活用されることを前提とすること（事業の特定性）、③市民等が自らの選択と責任のもと参加協力する主体的な意思を有していること（市民の参加意思）、④見返りとして社会的なリターンを含むものであること（社会的リターン期待）等が挙げられる。市民資金の活用により、市民が主体となった自立的な地域経営の実現がなされることが期待される。

関連用語：クラウド・ファンディング、マイクロファイナンス

事務の代替執行

自治体の事務の一部を他の自治体に管理・執行させること。2014年の地方自治法改正により可能になった。従来の事務委託制度では、当該事務についての法令上の責任・権限は受託した団体に帰属することとなっていたが、代替執行の場合は、法令上の責任・権限は委託する団体に帰属する。

主に、都道府県が、小規模で事務の管理・執行が困難な自治体の事務を補完することを想定しており、公共施設・インフラの維持管理等での活用が期待されている。受託した団体は、委託側が定めた方針を遵守して執行することとなる。紛争解決の手続きをあらかじめ盛り込んでいることも特徴である。

関連用語：連携協約

受益者負担

特定の公共サービスを受ける者に対して、享受した利益に応じた負担を求めることをいう。分担金、負担金、使用料、手数料、実費徴収金などの種類がある。財政学

分野では、受益者負担の概念とともに受益者負担の基準（応益主義、応能主義）等に関して、多くの研究が蓄積されてきている。法的には、個別法（道路法61条、河川法70条、水道法14条、下水道法20条、都市計画法75条等）に規定があるにとどまり、一般的制度としては確立していない。

従来は、公共財源によって公共サービスを提供し、その費用負担は求めない、もしくは負担の程度を低く抑えるという考え方が一般的であったが、厳しい財政状況等に鑑み、財政の健全化・適切な財源配分等を目的として、見直しを行う動きが広がってきている。なお、地方自治法第224条は、特定の者または自治体の一部に利益のあることに対して分担金を徴収することができるとしていることから、大阪市は、現行法制のもとでBIDを導入した。2018年に地域再生法の改正により、「エリアマネジメント負担金制度」が創設された。

また、受益と負担のあり方を可視化し、公共サービスのあり方の見直しを行う手法として、事業仕分けの実施や、公共施設マネジメント白書や財政白書の作成が挙げられる。

関連用語：公共施設マネジメント（白書）、BID

成果連動型民間委託契約／Pay for Success（PFS）

内閣府が2020年３月27日に公表した「成果連動型民間委託契約方式の推進に関するアクションプラン」では「国又は地方公共団体が、民間事業者に委託等して実施させる事業のうち、その事業により解決を目指す行政課題に対応した成果指標が設定され、地方公共団体等が当該行政課題の解

決のためにその事業を民間事業者に委託等した際に支払う額等が、当該成果指標の改善状況に連動するものを指す」と定義されている。ソーシャルインパクトボンド（SIB）はその一例。成果を生み出す方法を、ノウハウを持つ受託事業者が自ら決定できることから、サービス向上やイノベーションの促進、複合的・総合的な課題解決、対症療法から予防策への転換などが図られる。アクションプランでは、①医療・健康②介護③再犯防止の３分野を重点分野とし導入マニュアルや共通のガイドラインを整備する。2022年度末に重点３分野での実施自治体数100団体以上を目標としている。

英国では2009年にSIBの導入が始まった。保健、福祉、ホームレス対策等に活用されている。英国内では、政府内の予算の配分などにも成果連動（Payment by Results）の考え方が導入され始めており、インフラ整備の際の成果に交付金を連動させるなどまちづくり分野にも応用されている。

性能発注／仕様発注

性能発注は、発注者側がサービスの満たすべき成果水準（要求水準）を規定する発注方式。性能発注では、仕様を自らデザインして提案するため、提案者の創意工夫の余地が大きく、業務効率化のインセンティブが働きやすい。一括発注が前提となるPFIでは、性能発注が求められている。

これに対し、発注者側が施設や運営の詳細仕様を策定する発注方式を仕様発注と呼ぶ。
関連用語：一括発注、包括民間委託、成果連動型民間委託契約

総合評価一般競争入札

総合評価一般競争入札とは、一定の参加要件を満たす者が公告により自由に参加できる一般競争入札の一種で、入札金額だけでなく、提案内容の性能の評価点を加味した総合評価値を求めて最高の者を落札者とする方式。国においては、1998年に導入の方針が示された後、1999年に試行が始まり、自治体においても、1999年の地方自治法改正（地方自治法施行令第167条の10の2）により可能となった。PFI事業では、本方式または公募型プロポーザル方式が原則となっている。PFI事業ではVFM（ここでは価値÷価格の意味ではなく、PSCとPFIの価格差の意味）の最大化を求めるものと考えられがちであるが、実際には総合評価値が最大化される。

評価の方法には、「性能評価＋価格評価」で採点する「加算方式」と、「性能評価÷価格評価」で採点する「除算方式」がある。
関連用語：PFI、PSC、VFM、公募型プロポーザル方式

第三の道

市場の効率性を重視しつつも国家の補完による公正の確保を志向するという、従来の保守−労働の二元論とは異なる第三の路線。いわゆる資本主義と社会主義という思想や政策を超える新しい路線の一つである。「第三の道」は英国の労働党ブレア元首相が説いたことで知られるが、英国の社会学者アンソニー・ギデンズが著書『第三の道』において体系化し、同書では「（第三の道とは）過去20〜30年間に根源的な変

化を遂げた世界に、社会民主主義を適応させるために必要な、思考と政策立案のための枠組みである」（P.55）と述べている。1990年代のヨーロッパ中道左派政権の誕生に影響を与えた。ちなみに、第一の道は福祉国家、第二の道は新自由主義国家路線をいう。

関連用語：大きな政府、小さな政府

ダイレクト・アグリーメント

PFI事業において、国・自治体等と金融機関の間で直接結ばれる協定。契約当事者であるSPC（特定目的会社）が破綻した場合等に備えて、SPCを介した間接的な契約関係にある両者の権利と義務を明確化することで、公共サービスが継続できるようにする趣旨。

関連用語：PFI、プロジェクト・ファイナンス（project finance）

地域密着型金融（リレーションシップバンキング）

金融機関が顧客との間で親密な関係を長く維持することにより顧客に関する情報を蓄積し、この情報を基に貸出等の金融サービスを提供することで展開するビジネスモデルである。資金の貸し手は借り手の信用リスクに関する情報を当初十分有していない（情報の非対称性が存在する）ことから、貸出に当たっては継続的なモニタリングなどのコスト（エージェンシーコスト）を要する。一方、借り手との長期継続関係を築くことにより、借り手の財務諸表等の定量情報からは必ずしも得られない定性情報を得ることにより、貸出に伴う信用コス

ト等の軽減が図られることに着目している。地域金融機関は、地域と密着した関係を生かして地域経済活性化や地域再生の支援機能を担うことを求められる。

2016年10月には、「平成28事務年度金融行政方針」が公表され、過去の厳格な資産査定を中心とする監督・検査からの方針転換が示された。主な内容は、規制の形式的な遵守よりも、実質的に良質な金融サービスのベスト・プラクティスを重視すること、過去の一時点の健全性の確認より、将来に向けたビジネスモデルの持続可能性等を重視すること、特定の個別問題への対応より、真に重要な問題への対応ができているかを重視すること。その一環として、金融機関が企業の財務指標を中心とする融資判断を行い、信用力は低くても事業の将来性・持続性が高い企業へ融資をしない「日本型金融排除」が生じていないかについて企業ヒアリング等により実態把握を行うことが盛り込まれた。

2020年11月27日には、地銀の統合・合併を後押しするため、独占禁止法の適用除外とする特例法が施行された。

小さな政府

第二次世界大戦後の先進各国における福祉国家政策による財政支出の拡大の反省から、市場メカニズムが効率的資源配分を実現することを前提とし、政府が行うべきことは、市場が対応できない領域に限定すべきであり、政府の役割は小さく、最低限のセーフティーネットに限定すべきであるという市場原理的国家の概念。

関連用語：NPM、大きな政府、シビル・ミニマム、第三の道、ナショナル・ミニマ

ム

地方創生

　地方創生とは、地方において「しごと」を作り出すことによって「ひと」を呼び込み、「ひと」が新たな「しごと」を作り出す「好循環」を確立することで、地方への新たな人の流れを生み出し、「まち」に活力を取り戻すことを目的としている。2014年12月にまち・ひと・しごと創生法と改正地域再生法が成立した。まち・ひと・しごと創生法では、2060年に１億人程度の人口を確保するという国の「長期ビジョン」と５カ年の政策目標である「総合戦略」を策定。これを基に各自治体が2060年までの「人口ビジョン」と５カ年の「地方版総合戦略」を定めることを求めている。地方版総合戦略では、実現すべき成果について数値目標を設定し、各施策についても客観的な重要業績評価指標（KPI）を設定するよう求めている。

　地域再生法では、自治体が雇用の創出や地域経済の活性化のための取り組みを定めた「地域再生計画」を策定し、内閣総理大臣の認定を受けることでさまざまな支援措置を受けられるようにするもの。これまで、各省庁の事業の隙間になっていた事業に対して支援を受けられるようになった。

関連用語：KPI

定期借地権

　借地権には、期限内で必ず契約が終了する定期借地権と期限の定めだけでは終了しない普通借地権がある。定期借地権は1992年８月に施行された借地借家法によ

り制度化されたもので、①一般定期借地権、②建物譲渡特約付借地権、③事業用定期借地権の三つの種類がある。普通借地権に比べ、契約期間の更新がない、立退料が不要、建物の買い取り請求ができない等の点で借地人の権利が弱まり、土地所有者が土地を貸しやすい制度といえる。

　香川県高松市丸亀町商店街の事例のような民間主導型の再開発や、自治体保有地を利用した公共施設等整備などにも活用されており、地域再生やまちづくりのツールの一つとして期待される。

ナショナル・ミニマム

　イギリスのS.J.ウエッブ、B.ウエッブ夫妻が1897年に著書『産業民主制論』において提起したもの。国家が国民に保障する生活保障の水準であり、国民に保障された全国一律での福祉の最低限の水準を表す。日本における根拠は、憲法25条に規定する「健康で文化的な最低限度の生活」であり、それを法律として具現化したものが、生活保護法などである。したがって、国はもちろんのこと、地方自治体も、独自の判断でナショナル・ミニマムを下回ることはできないと考えられる。

関連用語：シビル・ミニマム、大きな政府

ネーミングライツ（naming rights）

　命名権。主に施設などにおいて、スポンサー名等を冠する権利。施設の建設・運営資金調達のための長期的に安定した収入を確保し、公共施設の自立的経営に寄与することを狙いとして導入されている。2003年の味の素スタジアム（東京スタジアム）

が公共施設として本邦初の事例で、各地へ広がっている。一方、ネーミングライツの普及により「目新しさ」が薄れ、交渉が難航する事例も発生している。また、近年ではネーミングライツの対象自体の提案を求める事例もある。

パークPFI（Park-PFI）

公募設置管理制度。2017年6月の都市公園法の改正により、創設された。従前からあった、民間事業者等が「公募対象公園施設」を設置・管理できる「設置管理許可制度」では、設置許可の上限が10年だったものを、パークPFIでは上限20年と延長したほか、公園内に設置できる施設の建ぺい率の特例を定めた。民間事業者が公園内での収益活動から得た収益の一部を公園整備、維持管理等に還元してもらい利用者サービスを向上させる。また、都市公園法の改正により公園内への保育所等の社会福祉施設の設置が全国で可能となった。「PFI」という名称だが、PFI法に基づく事業ではなく、SPCの設置や議会の承認は必ずしも必要ない。

バランスバジェット

自治体の単年度収支を赤字とせず均衡させること、もしくはそれを義務付ける法的枠組み。米国では、1980年代の財政赤字拡大を機に85年に連邦法として制定された財政均衡及び緊急赤字統制法（グラム＝ラドマン＝ホリングス法）が有名。

その後、大半の州ではそれぞれ収支均衡（バランスバジェット）制度が規定されている。またその一環として自治体の格付けが資金調達に影響することから、公債費の管理が厳しく行われている（例えば、フロリダ州では一般財源の7%が上限）。さらに自治体によってはバジェットオフィサー（予算編成責任者）が1名または複数任命され、歳入増加（増税、資産売却など）、歳出圧縮の方法や影響などを具体的に分析し専門的な知見から市長・知事やシティ・マネジャーに選択肢を提案している。

普通財産

公共団体が所有する土地や建物などの不動産などの財産のうち、行政の事務事業として供するもの、あるいは公共サービスとして市民が利用するものを行政財産といい、それ以外のものを普通財産という。行政財産では、売却・貸付・譲与・信託・私権の設定等は原則として認められていないが、普通財産には制約がない。このため、近年の自治体財政の逼迫等により、民間への売却のみならず、定期借地権方式による賃貸や別の行政目的での活用など、利活用を進める動きが顕著にみられる。

関連用語：行政財産

プライマリーバランス（primary balance）

基礎的財政収支。国債・地方債の元利払いを除いた歳出（一般歳出）と国債・地方債等の借入金を除いた歳入（税収など）との差によって、国・地方の財政状況を表す指標。均衡している場合、当該年度の政策的な支出を新たな借金（起債等）に頼らずに、その年度の税収等で賄っていることを示す。赤字ならば債務残高が拡大すること

になり、黒字ならば債務残高が減少する。

プロジェクト・ファイナンス（project finance）

企業全体の信用力に依拠して行う資金調達（コーポレート・ファイナンス）ではなく、ある特定の事業から生み出されるキャッシュフローおよびプロジェクト資産のみに依拠して行う資金調達手法のこと。当該事業のみを担う特定目的会社（SPC）を組成し、当該SPCが資金調達（例：金融機関からの融資）を行うのが一般的である。また、資金の返済義務がSPCの株主企業などに遡及しない点（ノン・リコース）が特徴である。

プロジェクト・ファイナンスでの資金調達が可能となる要件として、融資期間中における当該事業の確実な需要が見込まれること、当該事業から得られるキャッシュフローの安定性が見込まれること、さまざまな事業リスクの分析とリスクが顕在化した場合の対応策の検討が行われていること、それらの対応策に実効性が認められること、といった点が考えられる。主な対応策としては、収入安定化、優先劣後関係、メザニンの導入が挙げられる。

収入安定化の例としては、事業期間中における確実かつ安定した需要を確保すべく需要先（例：行政、メインテナント）との長期契約の締結、リスク分担およびリスクが顕在化した際の対応策の明確化、一定の収入保証や各種保険契約の締結が挙げられる。優先劣後関係とは、資金調達をいくつかの階層に分け、金利は低いものの償還確実性の高い部分（トランシェ）と、償還確実性は低くなるが金利が高い部分を作り出すことにより、資金の出し手の多様なニーズに対応し、資金調達の円滑化を図ることである。メザニンとは、シニアローン（優先ローン）に対する劣後ローン、普通社債に対する劣後社債、普通株に対する優先株のように、弁済の優先順位が中位となる（リスクが高くなる分、金利は高くなり配当は優先される）ファイナンス手法の総称であり、英語の中2階が語源である。

ペナルティ

取引開始後の情報の非対称性を利用して、代理人が、依頼人の望んだ行動をしない（モラルハザード）場合に、報酬を払わない、あるいは罰金を科すなどすること。代理人が依頼人の望んだ行動をしているかどうかを監視する（モニタリング）こととセットで行われる。PFIでは、ペナルティを数値化して一定以上の水準に達した場合には、契約でサービス購入料の減額や契約解除といった事項を定めることがある。
関連用語：モラルハザード、モニタリング、インセンティブ、KPI

包括民間委託

公共サービス型PPPの一形態。公共サービス（施設の管理運営など）にかかわる業務を包括的・一体的に民間主体に委託する形態。複数年契約で性能発注とするのが一般的である。委託した業務にかかるコストは、行政が委託費として民間主体に支払う。個別の業務委託に比し、重複業務にかかるコストが軽減されるとともに、民間主体のノウハウも発揮しやすくなるという利点がある。上下水道事業、工業用水道等に

おける活用が進んでいる。また、最近では、一定の地域内の道路・橋りょう等のインフラ、または、多数の公共建築物を対象とする包括委託の事例も登場している。2014年に改正された公共工事品質確保促進法で列挙された多様な入札契約方式には「地域における社会資本の維持管理に資する方式（複数年契約、複数工事一括発注、共同受注）」が盛り込まれ、今後、包括的民間委託の拡大が期待される。

米国サンディスプリングス市における行政運営全般を一括して委託する方式なども指す。

関連用語：性能発注／仕様発注

マイクロファイナンス

低所得者層を対象に、小口の信用貸付や貯蓄などのサービスを提供し、零細事業を興し、自活していくことを目指す金融サービス。これらの層は、物的担保もなく、必要とする資金額も少額であるため、一般の銀行からの融資を受け難い。これに対して、マイクロファイナンスは、①少額の融資を行い、②無理のない返済計画を設定、③担保や保証人を求めない代わりに利用者が小グループを形成する連帯責任制や、④事業のアドバイスや支援を銀行が実施するなど、回収リスクを抑え金融事業として成立させている。2006年にはバングラデシュのグラミン銀行とその創始者であるムハマド・ユヌス氏がノーベル平和賞を受賞したことでも知られている。

日本国内においては、上記の①～④の条件に全て合致するマイクロファイナンスの事例は見られないが、地域再生やメンバー間での相互経済援助を目的としたコミュニティファンドやNPOバンクの事例が存在する。

関連用語：市民資金、クラウド・ファンディング

民営化

公企業を株式会社化して民間資本を導入すること。国の公社、公団、事業団、公庫、自治体の公営企業を民営化することを指すことが多い。民間の活力を部分的ではなく全面的に活用することにより、サービスの質の向上、財政負担の軽減（もしくは売却益の確保）の効果を期待する。

民間提案制度

日本国内における「民間提案制度」としては、PFI法に位置づけられた民間提案制度と各自治体が独自に実施している民間提案制度がある。PFI法に位置づけられた民間提案制度は、2011年6月に改正されたPFI法第6条に実施方針の策定の提案として位置づけられている。改正前のPFI法でも、民間発意による事業提案は可能であったが、ほとんど活用されてこなかった。こうした点から改正PFI法では、民間発意による事業提案について行政サイドで必ず検討し、その結果を提案事業者に通知しなければならないこととなった。これにより、民間事業者からの発意を促し、PFIの活用が増えることが期待されている。改正PFI法では、改正前のPFI法で明文化されていなかった手続きの一部が具体化され、2013年6月に公表された「PFI事業実施プロセスに関するガイドライン」において、具体的なプロセスが示されている。

これまで千葉県我孫子市をはじめ各自治体が独自に実施してきた民間提案制度を参考に、内閣府、総務省、国土交通省は2016年に「PPP事業における官民対話・事業者選定プロセスに関する運用ガイド」をまとめ、公表した。先進的な自治体が取り組んできている民間提案制度の代表的な手法としてマーケットサウンディング型、提案インセンティブ付与型、選抜・交渉型の三つの類型について、先進自治体の事例や留意点、一般的なプロセスなどを示した。
関連用語：PFI、競争的対話／競争的交渉

モニタリング（monitoring）

依頼人の望んだ行動を代理人がとるように監視すること。モニタリングの結果、代理人が望ましい行動をしていなければ報酬を払わない、あるいは罰金を科す（ペナルティ）などの対応を行うことにより問題が解決できる。

例えば、PFIでは、事業者自身、発注者、第三者によるモニタリングが行われ、指定管理者制度でも同様の形が踏襲されつつある。モニタリングが行き届かないと、万一、手抜き工事や契約内容とは異なる運営がなされていてもそれを見つけることが困難となり、市民サービスの質の低下を招くことにつながり、行政側の責任も問われることとなる。

他方で、モニタリング費用が膨らみすぎると、結果としてVFMが確保できないことも想定される。かかるモニタリングコスト削減効果を期待し、KPI（重要成果指標）を導入する試みもみられる。
関連用語：モラルハザード、ペナルティ、KPI、VFM

モラルハザード（moral hazard）

代理人が依頼人の望む行動をしないこと。依頼人と代理人の利害が一致しない場合であって、依頼人が代理人の行動を把握できない（取引開始後の情報の非対称性の存在する）場合に引き起こされる。PPPでは、官（依頼人）と民（代理人）との間で起きるモラルハザードの防止のために、契約により、民が官にとって望ましい行動をするように誘因（インセンティブ）を与える、官が民の行動を監視し（モニタリング）、民が望ましい行動をとらない場合の罰則（ペナルティ）を規定することが必要である。
関連用語：モニタリング、インセンティブ、ペナルティ

家守（やもり）

都市活動が衰退した地域において、行政や地域住民と連携し、空きビルや空き地、閉鎖した公共施設などの遊休不動産を所有者から借り上げ、改修や用途の転換等を行いその地域に求められている新たな経済の担い手を呼び込むことで、地域経済の活性化やコミュニティの再生を目指す民間事業者のこと。江戸時代に不在地主の代わりに店子の家賃管理など長屋内の諸事に携わり、地域の他の家守と連携して地域全体のマネジメントも行っていた職業に由来する。その仕事は賃貸借管理だけでなく、テナント募集戦略の企画立案、仲介、改修工事、資金調達、テナントへの指導助言、まちづくりへの貢献など広範囲にわたる。
関連用語：コンバージョン／リノベーション

優先的検討規程／ユニバーサルテスティング

2015年12月15日に開催されたPFI推進会議において「多様なPPP／PFI手法導入を優先的に検討するための指針」が決定されたことを受けて、国の各機関と都道府県ならびに人口20万人以上の地方公共団体に対し、2016年度末までに「優先的検討規程」を定めるよう要請した。同指針で示した対象事業は、「建築物またはプラントの整備に関する事業」や「利用料金の徴収を行う公共施設の整備・運営に関する事業」でかつ「事業費の総額が10億円以上」または「単年度の運営費が1億円以上」の事業。対象事業は、PPP／PFI手法の適用を優先的に検討するよう求める。各団体が策定する規程では、検討の手続きや基準などを示す。2016年3月には、内閣府が優先的検討規程の「策定の手引」2017年1月には「運用の手引」を示した。

優先的検討規程は、英国のPFI導入初期において採用されたユニバーサルテスティングと呼ばれる普及策を参考にした。ある事業をPFIで実施することが困難であると立証されない限り公共事業として実施できないとするルールで、公務員の意識改革に大きな効果をもたらした。

立地適正化計画

2014年8月1日施行の改正都市再生特別措置法に基づくもの。市町村が都市全体の観点から作成する「居住機能や福祉・医療・商業等の都市機能の立地、公共交通の充実等に関する包括的なマスタープラン」であり、現状の市町村マスタープランの高度化版と位置付けられている。居住を誘導する「居住誘導区域」や医療、福祉、商業等を誘導する「都市機能誘導区域」等を定める。本計画に位置付けられることで、都市機能立地支援事業、都市再構築戦略事業などの支援を受けることができる。2020年9月7日に施行された改正都市再生特措法では、激甚化する災害への対応として、居住誘導区域から災害レッドゾーンの原則除外、居住誘導区域内で行う防災対策・安全確保策を定める「防災指針」の作成を定めた。また、居住エリアの環境向上のため、居住誘導区域内において、住宅地で病院・店舗など日常生活に必要な施設の立地を促進する制度の創設、都市計画施設の改修を立地適正化計画の記載事項とした。
関連用語：インフラ長寿命化基本計画、公共施設等総合管理計画

補足）公共施設等総合管理計画と立地適正化計画の関係

PPP研究センターでは、公共施設等総合管理計画と立地適正化計画の背景は共通であり、記載すべき内容も相当部分重複しているので、地方公共団体にあっては、矛盾が生じないよう両者を一体的にもしくは相互に連携しながら検討することが不可欠であると考えている。

利用料金制度

公の施設の使用料について指定管理者の収入とすることができる制度（地方自治法第244条の2第8項）。指定管理者の自主的な経営努力を発揮しやすくする効果が期待され、また、地方公共団体および指定管理者の会計事務の効率化が図られる。利用料

金は、条例で定める範囲内（金額の範囲、算定方法）で、指定管理者が地方公共団体の承認を受けて設定することになる。また、指定管理者に利用料金を設定させず、条例で利用料金を規定することも可能である。利用料金制を採らない通常の公共施設では、条例により施設の利用料金が定められ、その料金は指定管理者が徴収を代行するものの、最終的には地方公共団体の収入となり、別途、管理運営に必要となる経費が指定管理者に支払われる。これは料金収受代行制度と呼ばれる。

関連用語：指定管理者制度

レベニュー債（Revenue Bond）

　米国の地方債の一つで、指定事業収益債とも呼ぶ。自治体の一般財源ではなく、①電力・ガス・上下水道の公益事業、②高速道路や空港などの輸送インフラ事業、③住宅事業、病院事業などの分野において、特定のプロジェクトから得られる運営収益（キャッシュフロー）のみで元利金の支払財源を賄う。米国証券業金融市場協会（SIFMA）によると、2019年には総額2460億ドルのレベニュー債が発行され、米国地方債市場全体の60.5％を占めた。自治体の徴税権を裏付けとする一般財源保証債と異なり、仮にレベニュー債の対象事業を担う事業者が破たんした場合でも、自治体は債務を履行する必要がない。

　一方、仮に自治体本体の財政が破たんした場合でも、レベニュー債の債権者は当該プロジェクトから優先的に弁済を受けることができるといった利点がある。米国ニューヨーク市が、野球場「ヤンキースタジアム」のチケット収入を裏付けとして発行したレベニュー債のように、収益性の高いプロジェクトを裏付けとすれば、一般財源保証債よりも低利で資金を調達できる場合もある。国内では、茨城県が外郭団体や第三セクターに対して債務保証を行っている借入金のリスクを軽減するために導入した「レベニュー信託」（県環境保全事業団を対象に100億円を調達、2011年6月）、「信託活用型ABL（債権流動化）」（県開発公社を対象に397億円を調達、2013年3月）があり、総務省も第三セクター改革の一環として導入相談を開始した。しかし、公営企業については現行の地方債制度でレベニュー債の発行を認めておらず、これは変更していない。

連携協約

　2014年の改正地方自治法（第252条の2）で創設された自治体間の新たな広域連携を促す制度。自治体は、他の自治体との間で連携して事務を処理するための基本的な方針と役割分担を定める連携協約を結ぶことができる。

　従来の一部事務組合のような別組織を作る必要がないため、簡素で効率的な行政運営につながると期待される。また、従来の共同処理に基づく事務分担に比べ、地域の実情に合わせて連携内容を協議することができる。連携協約を全国の自治体に広めるため、一定の条件を満たす三大都市圏以外の政令市、中核市を地方中枢拠点都市として選定し、モデル事業を展開する。

関連用語：事務の代替執行

【執筆者プロフィール】

根本祐二―――第Ⅰ部第1章、3章、第Ⅱ部序章
東京大学経済学部卒業後、日本開発銀行（現日本政策投資銀行）入行。地域企画部長等を経て、2006年東洋大学経済学部教授に就任。現在、同大学大学院経済学研究科公民連携専攻長、PPP研究センター長を兼務。内閣府PFI推進委員ほか。専門は地域再生、公民連携、社会資本。著書に「豊かな地域はどこが違うのか」（ちくま新書）、「朽ちるインフラ」（日本経済新聞出版社）ほか。

難波悠―――第Ⅰ部第2章、3章、第Ⅱ部第1〜4
　　　　　　章、第Ⅲ部
東洋大学大学院教授。東洋大学大学院経済学研究科公民連携専攻修了。建設系の専門紙記者、東洋大学PPP研究センターシニアスタッフ及び同大学大学院非常勤講師、准教授を経て、2020年より現職。

こうみんれんけいはくしょ
公民連携白書 2020 〜 2021
アフターコロナと PPP

2021 年 1 月 20 日　初版発行

編著者　　東洋大学PPP研究センター
発行者　　武部　隆
発行所　　株式会社　時事通信出版局
発　売　　株式会社　時事通信社
　　　　　〒104-8178　東京都中央区銀座5-15-8
　　　　　電話03(5565)2155　https://bookpub.jiji.com
印刷所　　株式会社　太平印刷社

NOMURA

JAPIC Japan Project-Industry Council

都市に豊かさと潤いを
三井不動産

一般財団法人 日本経済研究所
The Japan Economic Research Institute

想いをかたちに 未来へつなぐ
TAKENAKA

DBJ 日本政策投資銀行
Development Bank of Japan

子どもたちに誇れるしごとを。
SHIMIZU CORPORATION
清水建設

ヒューリック株式会社
HULIC

TAISEI 大成建設
For a Lively World

株式会社 共立メンテナンス

私たちは、公民連携
(Public/Private Partnership)の
普及を通じて、明日の世代に胸を張れる
地域の実現を支援しています

鹿島
KAJIMA CORPORATION

株式会社 長大
人・夢・技術
CONSULTING ENGINEERS & PLANNERS

鹿島道路

SHIDAX
人と社会を健康に美しく
大新東株式会社

戸田建設

株式会社
EJEC エイト日本技術開発

azbil
アズビル株式会社

ジオ・サーチ株式会社